U0514016

陳建著作二種

嶺南思想家文獻叢書
景海峰 主編

［明］陳建 撰
黎業明 點校

上海古籍出版社

本項目由深圳市宣傳文化事業發展專項基金資助

點校説明

陳建，字廷肇，號清瀾，亦號清瀾釣叟，廣東東莞人。明代理學家、史學家，以編撰《學蔀通辨》批評王陽明學説，撰述《皇明通紀》輯評洪武至正德史事聞名於世。

弘治十年（1497）八月二十日，陳建生於江西南安學署，自幼純心篤學。年十九，丁父憂，服未闋，有勸隨俗權娶者，弗聽。年二十三，補邑弟子員，試輒居首。嘉靖七年（1528），領鄉薦。兩上春官，皆中乙榜。年三十六，選授侯官教諭。勤於訓迪，士之貧者贍之，堂齋中無虚席。與諸生論文，謂文有九善九弊，因作《濫竽録》；與巡撫白賁論李西涯樂府，因作《西涯樂府通考》。七載，遷臨江府教授。兩任間，曾受聘爲江西、廣西、湖廣、雲南鄉試考試官，所取皆名士。然不汲汲仕進，聞有引薦則力辭。循資升陽信令，至則以教養爲急，勸課農桑，申明條約，不事蒲鞭而邑大治。以母老乞養，邑民攀留，三詳力請乃得歸，時年四十八。歸後，搆草堂於郭北，益鋭志著述。嘉靖二十五年（1546），其母卒，遂隱不出。隆慶元年（1567），以上書終於南都之留城，年七十一。

陳建官南安時，與督學潘潢論朱陸異同，因作《朱陸編年》。及官臨江，復輯《周子全書》、

《程氏遺書類編》。其時王守仁輯《朱子晚年定論》，羅欽順雖嘗貽書與辨，然學者多信之。會揭陽薛侃學於守仁，請祀陸九淵廟廷，陳建憂學脈日紊，以前所著朱陸之辨非所以拔本塞源也，乃取朱子年譜、行狀、文集、語類及與陸氏兄弟往來書札，逐年編輯，討論修改，探究根極，列爲前、後、續、終四編，凡閲十年，至嘉靖二十七年（1548）夏乃成，名曰《學蔀通辨》。陳建在該書自序中稱：「夫佛學近似惑人，其爲蔀已非一日。有宋象山陸氏者出，假其似以亂吾儒之真，援儒言以掩佛學之實，於是改頭换面、陽儒陰釋之蔀熾矣。幸而朱子生同於時，深察其弊而終身力排之，其言昭如也。不意近世一種造爲早晚之説，乃謂朱子初年所見未定，誤疑象山，而晚年始悔悟，而與象山合。其説蓋萌於趙東山之《對江右六君子策》，而成於程篁墩之《道一編》，至今日王陽明因之又集爲《朱子晚年定論》。自此説既成，後人不暇復考，一切據信，而不知其顛倒早晚，矯誣朱子以彌縫陸學也。其爲蔀益以甚矣。語曰：『一指蔽目，太山弗見。』由佛學至今，三重蔀障，無惑乎朱陸儒佛混淆而莫辨也。建爲此懼，乃竊不自揆，慨然發憤，究心通辨，專明一實，以抉三蔀。前編明朱陸早同晚異之實，後編明象山陽儒陰釋之實，續編明佛學近似惑人之實，而以聖賢正學不可妄議之實終焉。」（《學蔀通辨》總序）其書破陽明之説，而批禍根於横浦，證變派於江門。陳建又以明朝各種制度積久弊滋，著《治安要議》六卷，言宗藩、賞功、取士、任官、制兵、備邊，務於變通以救其弊。其書亦成於嘉靖二十七年夏。初，陳建著《皇明啓運録》，香山黃佐（字才伯，號泰泉）見之，謂曰：「昔漢中葉，有司馬遷《史記》，有班固《漢書》，有荀悦《漢紀》；宋中葉，有李燾《長編》，皆搜載當時制治之跡，以昭示天下。我朝自太祖開基，神子神孫重光繼照，垂二百祀矣，而未有紀者，子纂述是志，盍並圖之，以成昭代不刊之典也？」（陳建《皇明通紀序》，《皇明通紀》，錢茂偉點校，北京：中華書局，二〇〇八年）於是陳建裒輯洪武至正德史事，爲《皇明通紀》三十四卷。其書載録信，是非公，文義簡暢，號稱直筆。嘉靖三十四年（1555）書成，遂爲海内宗寶。此外，陳建著作還有《古今至鑑》、《經世宏辭》、《明朝捷録》、《陳氏文獻録》等。（以上論述，多據陳伯陶纂修《東莞縣志·陳建傳》）

此次整理、點校《陳建著作二種》，收録陳建《治安要議》與《學蔀通辨》。其中，《治安要議》以民國年間陳伯陶輯刊《聚德堂叢書》本爲底本，加以標點；《學蔀通辨》則以嘉靖二十七年刻本（《四庫全書存目叢書》子部第十一册，濟南：齊魯書社，一九九七年影印本）爲底本，以日本寬文三年（1626）刊本（岡田武彦、荒木見悟主編：《和刻影印近世漢籍叢刊·思想三編》第十六册，日本京都：中文出版社，一九七七年影印本）爲校本，加以點校。限於見聞，陋於學識，整理、點校之錯誤在所難免，尚祈博雅君子、大方之家指而正之。

標點者　黎業明

二〇一三年十二月

目録

治安要議

學蔀通辨

治安要議

治安要議序

余著《治安要議》既就稿，或問曰：三代聖王制法，亦有弊乎？曰：有。天下未有無弊之法也。法之不能無弊者，勢也。或起於因循積漸，法久而弊滋也；或起於時異世殊，可行於一時而不可行於異日也。法雖制於聖王，其如勢之不能無弊何哉？使聖王之法皆可永行無弊，則周公之恩兼三王，不至於有不合者仰而思之，夜以繼日矣；孔子答顔淵爲邦之問，不曰「行夏之時，乘殷之輅，服周之冕」，斟酌先王之禮以立萬世常行之道矣；三代叔季不至有衰亂危亡之禍，而井田封建諸法至今行之矣。法立於聖王，而行法之人不皆聖王，時不皆聖王也。聖王雖欲以無弊，如勢何？此我國朝之法所以至於今日而其弊棼如，無惑也。使周孔復生，其必仰思所以斟酌而變通之，不但已矣。《易》曰「變而通之以盡利」，又曰「通其變，使民不倦；神而化之，使民宜之」。《易》「窮則變，變則通，通則久。是以自天祐之，吉無不利」。區區著爲此議，固欲通變以宜民也。程子曰：「時極道窮，理當必變。」周子曰：「極重不可反，識其重而亟反之可也。」此言殆切於今日也。愚也芹曝有懷，而數奇分薄，進寸退尺，甘遯巖穴，思欲排雲披腹一叫閶闔而不可得，閑窗無事，姑私自論述，粗著鄙志而已。范希文曰：「居廟廊之高，則憂其民；處江湖之遠，則憂其君。」建雖不肖，誠不忘江湖耿耿，冒昧爲此，亦惟知言君子諒其愚而矜其志云爾。

嘉靖戊申孟夏既望，東莞陳建書於清瀾草堂。

卷一　宗藩議

自古有天下者，莫不以親親爲先務，然求其協恩義之中、盡法制之善而不啓禍亂之階者，鮮矣。蓋家難而天下易，親者難處而疎者易裁，自三代成周而已然。是故以成王爲君而輔以周公之聖，猶不能無管蔡之亂，而況春秋叔季衰微之際，其尚能制藩侯之恣横而不來繻葛之倒懸耶？嬴秦懲羹吹虀，公族惟食租衣税，遂至孤立，而亡不旋踵。漢興，鑑之，則大封同姓王，三庶孽分天下半，卒於驕横逆節，萌起七國之禍，漢室幾危。曹魏過爲防制，略同嬴秦，是致百足不僵之諷。西晉則諸王擅兵搆亂，略同漢氏，遂啓五胡亂華之禍，益無足言矣。唐宋天潢雖皆封王封公，然亦止食租衣税，又且聚處京師，不之藩國，是以禄山、朱泚爲孽，而諸王駢首就刃；女真陷汴，而趙氏舉族北遷，禍斯烈焉。然二代之法，亦有可稱者：疎屬皆得隨才授官，有累遷至卿相者。宋中葉，又立宗學教養，科舉選用一視進士，使宗室得盡其才，斯又法制之善也。

我太祖有天下，親親之道尤隆，大封親王，分處藩國，歲禄萬石，不典兵民，一切鑑前代之失而爲之制；親王之子則爲郡王，歲禄二千石。親王、郡王皆世世襲封焉。郡王之子，則爲鎮國將軍，歲禄一千石；郡王之孫，則爲輔國將軍，歲禄八百石；郡王曾孫，則爲奉國將軍，歲禄六百石；　玄孫則爲鎮國中尉，歲禄四百石；　五世孫則爲輔國中尉，歲禄三百石焉；　六世孫而下，則世世封奉國中尉，而其禄米亦二百石焉。　若親王、郡王、將軍、中尉之女，則又有郡主、縣主、郡君、縣君、鄉君之封，而其禄米亦有八百、六百、四百、三百、二百之差焉。　又有册封及宫室婚姻、喪葬諸費，皆給於官焉；　又有廚役、齋郎、校尉、鋪排等役，皆編於民焉。　我朝親親之恩，可謂無所不用其厚，遠過前代矣。

但天下之事貴中，固不可過於薄而鮮恩，亦不可過於厚而無節。　過厚無節，則難乎其爲繼，而其弊復因之而起，何也？　國家財賦止有此數，今日貢税所入，視國初不加多也；　而宗室之生生無窮，以一王府計之，國初止親王一人，今則分封郡王多至數十府，分封將軍、中尉多至數百千府矣。　至於郡主、縣主、郡君、縣君之封，亦且數百矣。　近大學士桂蕚《輿地圖紀》「河南歲賦二百餘萬，而宗室頒禄且至百萬」，他省可知矣。　夫國初至今，猶未二百年，僅及五六世也，而已繁衍昌熾至此，況繼此更數十年數百年之久、更十世數十世之遥乎？　將盡天下之財不足以給之矣。　且郡王將軍府第，規制宏鉅，每一册封，即並遷居民數十家，費用官銀數千兩。　宗室分封日繁月盛，民之愁苦不可言喻。　今藩封之處，城郭半爲紅牆。　若更數十百年，將盡城郭不足以容之矣。　況利之所在，人争趨之，如水之就下，不可止也。　宗室年生十歲即受封支禄，如生一鎮國將軍，即得禄千石；　生十將軍，即得禄萬石矣。　生一鎮國中尉，即得禄四百石；　生十中尉，即得禄四千石矣。利禄之厚如此，於是莫不廣收妾媵，以圖則百斯男，甚至花生螟育、房笫微曖，莫可究詰。此近日豐林王所以有定子女以杜宗室之詐之情〔二〕。蓋宗藩中有識者，亦已深嫉此弊而懼其流之不可遏。觀近日言官之疏可知矣。

嘉靖壬辰，給事中秦鼇上言：「臣備員言官，日閲章奏，近見户部題奉欽依，以太倉銀三萬兩補給襄陵等府禄糧，又以河東運司鹽銀萬兩補給代府禄糧。臣竊見太常俸糧于光禄借給，論者猶以爲非，況太倉係上供之需，鹽銀係解邊之用，一旦捐之以給藩封，司國計者豈不知其端之不可啓，而其終之不可繼耶？蓋邇來宗室之困極矣。郡主禄米有經年不得關支者，將軍禄米有三年不得關支者，如成鑽之率衆出城，毆傷吏卒；奇瀤之驀越來京，擅自奏擾。夫宗室日繁，禄米日益，其勢必至此也。今地方之困亦甚矣。山西因禄米不足，科索商人引銀；河南因禄米不足，借用仁壽宫木料；陝西當累年饑饉之餘，加以三邊師旅之擾，所在之存留既少，則各府之供饋難繼，其勢亦必至此也。户部請以太倉運司之積，補禄米不足之數，豈得已而然哉？臣愚以爲，挹盈注虚，爲一時計則可矣，非更化善治，終不可爲萬世法也。臣嘗爲行人，奉

〔二〕「情」，疑爲「請」之誤。

詔河南，聞宗室不知自愛者，往往下偶賤娼，至有『花生殿下』之號。伏見嘉靖九年豐林王台瀚〔二〕，題爲前事，内開『定子女以杜宗室之詐』一節，已經該部具題，奉聖旨：『這事情，待朕從容審處。』臣獲覩德意，不勝喜躍。側耳二年，未蒙聖斷。淺見薄識，固不足以窺用意之所在。竊以豐林王之言，非特爲天下計，亦爲宗室計也。陛下豈不諒其心哉？特以我朝封建之典不宜輕變焉耳。臣以爲，聖祖之神明，豈不知末流之必至此耶？意謂歷世百年之後，自當因時損益。臣恐聖祖在天之靈，不能無望於今日也。若漢高帝封三庶孽半天下，其後文帝用賈誼之言，遂衆建諸侯以分其力。光武中興，封國甚廣。至明帝，諸子食邑太儉，曰：『吾子安得與先帝子等乎？』此漢之文、明所以爲善守法也。蓋事所當革、時所當改，而祖宗有未暇者，子孫能體而行之、遇變而通之，正古人所爲達孝也。現今河南以旱暵奏請，則周府等府不免于匱乏矣；山西平陽又以連被重灾奏請，則交城等府不免于匱乏矣。太倉之積貯、鹽引之羨餘，不足以供各府之奏請，亦明矣。陛下試取户部錢糧出入之數而計之，山西、河南、陜西歲入若干，各府禄米歲用若干，今灾傷免蠲之外存留若干，一覽之間，則宗室難繼之由、斯民坐因之弊，陛下必有不忍不亟爲之處者矣。」愚按：此疏深切著明、勸勉懇懇，臣子愛君憂國不當如是耶？然

〔二〕「瀚」，疑爲「翰」之誤。

疏内亦止言時宜於變通，而導君以自爲變通，而終不敢明言所以變通之策，若有所難言，故爲是引而不發者，雖朝廷有旨「該部看了來説」，而終亦不聞有所施行者，何哉？嗚呼！聖王必爲可久可繼之治。《易》「窮則變，變則通，通則久」。今日宗室禄米之弊，上下困窮已極，其變通損益、更化善治，誠猶厝火積薪，救之有不容少緩矣。然而事體重大，天下之人皆知之而不敢言，在朝臣工皆憂之而不敢議，雖朝廷亦以重違祖訓、重咈宗藩，遲回猶豫而不欲遽然有處矣。天下之事，未知所終。朱子嘗言：「漢法惟天子之子則裂地而王之，其王之子則嫡者一人繼王，庶子則皆封侯；侯惟嫡子繼侯，而其餘諸子皆無封。故數世之後，皆與庶人無異，不免躬農畝之事。如光武少年自販米是也。」朱子所言漢法，即與成周封建之法大抵相同。蓋聖王立爲五服之制，定爲五世之澤，實天理人情事勢之不容已。五服既盡，則恩澤不容於不斬，雖欲懷無已之情，其如理勢之難何哉！朱子於宋事，亦嘗有憂焉，謂：「宗室俸給一年多一年，駸駸四五十年後，何以當之？事極必有變。如宗室生下便有孤遺請給。頃在漳州，因登極恩宗室，量試出官者，一日之間凡六十餘人，州郡頓添許多俸給，幾無以支吾。朝廷不慮久遠，宗室日盛，爲州郡之患，今已有一二州郡倒了。」嗚呼！宋世孤遺之給、量試之恩，比今禄米猶不及十一也，而朱子已不勝其隱憂深慮，使朱子生今之世、覩今之事，其爲憂慮又當若何？

區區私憂過計，謂宜限其妾媵，别其嫡庶。宗室年非四十無子者，不得置妾；有妻之子，妾之子不得封；嫡妻子封不過三人，庶妾子封不過一人。庶乎所謂定子女以杜宗室之詐，以絶其冒濫覬覦之奸，此最首策也。宋制雖親王亦不襲封，今郡王獨不可除襲封之制乎？宋宗室多同居一院，今將軍而下獨不可爲同門異室之制乎？我明祖訓，襲封郡王減半支給，今襲封親王獨不可亦從此例乎？祖訓靖江王府減正支子孫不封郡王，今宜初封親王之子方許封郡王，其襲封親王之子盍止封將軍乎？今制郡王、將軍禄米皆中半折鈔，百官俸米則至有二三分實支而七八分折鈔者，今郡主儀賓而下獨不可同百官之例乎？宋制有孤遺俸給以待袒免而下之親，今宗室自鎮國中尉而下，皆與親王無服、與朝廷疎遠，盍止月給孤遺俸三四石，斯亦足以贍其生乎？宋制又設爲宗學，選疎屬資質明敏者教之，使並得從事科舉，今盍倣行其法而稍寛其取中之數，如庶姓一百卷取中五人，宗室則一百卷取中十人。庶宗室有才者皆爲國家之用，而不至虚生虚死乎？凡此，皆所謂親親之殺、尊賢之等，天理人情事勢之不容已者。私憂過計，經世君子試思之。

卷二　賞功議

當今天下冒濫叢積，虛耗國儲，歲增月益，無有紀極，不可不亟爲之限制者，武職世襲之弊是也。始也賞功之濫，繼也廕襲之濫，又繼也縱罪之濫。夫賞功之典，無代無之。然歷考前代，惟有大功至封侯者，方得世襲，餘惟官爵終身；其首級功次，多只酬以金帛，或以勳格散官而已。國初武臣，身經百戰出百死得一生者，方得世襲指揮，千、百户，今則報二首級，即陞官世襲矣；國初征戰，斬獲受賞，無非實功，近數十年來報功，一切虛詐冒濫矣；國初武臣，廕襲例行比試，今則比試皆虛文矣；國初武職，犯罪依律科斷，今則一切行姑息，律令皆廢格矣。觀諸近日名臣議論，而知三濫之詳，而不可不亟爲之處矣。

何侍郎孟春曰：「武職在國初，非有攻城略地之功，雖千、百户不輕畀；非從征而死事者，至子孫亦多不世襲也。世襲子孫、親弟姪，年未及二十者，襲職，至年二十乃比試；年及者即與試，初試不中，襲職署事、食半俸，三年後再比不中者，降充軍。其立法之嚴如此。國初雖世襲，法不濫也。武職之濫也，其自永樂始乎！革除年間，衛所官旗軍，有稱奉天征討守城征哨拿人有功陞職者，有稱全城歸順陞職者，有稱江上朝見并招船招人擒首姦惡逃叛等項，俱作奉天征討名目陞職者。永樂初，令洪武三十二年至三十五年奉天征討有功陞職者爲新官，子孫年十六出幼襲職替職，免比試；三十一年以前者爲舊官，子孫年十五出幼襲替，俱比試。永樂元年以後，與舊官同。兹令也，所以厚諸奉天征討者如此，武職之濫其始於此乎！正統十四年，有所謂被虜走回遇駕拿馬者；天順初，有所謂奪門迎駕者，或以陞職，或以署試，而得實授、承襲，往往有之。雖然，此猶我祖宗於臣子非常之遇而施非常之恩，有不許後爲例者。今日之事，冒功買級紛紛於天下，權門勢豪、乞養奴隸足迹不出都邑，而四方萬里一有征進，功賞文册必鱗次其名焉，官陞不極其任不止，而子孫又皆世龔[一]也。武職之濫，其極於今日乎！」《餘冬序録》

大學士李賢言於英宗皇帝曰：「自古國家惟怕冗食。今軍官有增無減，一衛官有二千餘員者。且天地間萬物有長必有消，如人只生不死，無處着矣。自古有軍功者，雖以金書鐵券誓以永存，然子孫一再犯法，即除其國，豈有累犯罪惡不革其職者？今若因循久遠，天下官多軍少，民供其俸，必困窮矣。不可不深慮也。」《天順日録》

丘文莊公濬曰：「祖宗立爲武職，專以賞有功之臣以延及其子孫。奈何積之日久，遂至軍

[一]「龔」，疑爲「襲」之誤。

少而官多，欲國計不屈，難矣。孟子曰：『君子之澤，五世而斬。』一介武夫，乘時崛起，因人而成事，隨衆以建功，錫之以爵禄，終其身已爲多矣，況及其子若孫乎？況無子若孫者，又及其旁支別派乎？此國家大事，不可不於無事之時而預有以爲之調停，一旦馴至於無可奈何之地，雖有智者不能善其後矣。」《大學衍義補》

胡端敏公世寧奏議曰：「首級論功，非我國初舊制也。兩軍相敵，當先格鬥者手眼瞬息不得差池，何暇割首？使其取首，則再不能戰，而爲敵所乘，爲後軍所争奪死矣。故首非我大勝、彼大敗遠奔不能割。然割之者，多非殺賊之人，而又或殺已降，或殺良民，或偶得單行之賊、被擄逃出之人而割之，多非真功也。」又曰：「臣初平賊江西，見彼殺賊之人，無一報功；報功之人，無一見賊。及後克軍遼東，見彼冒功之人，勢焰薰灼，總鎮官奪邊軍血戰所得之首級以與之報功。又有等身不出京而寄名各邊，地之相去各數千里，而或同時皆報此人獲功，其虚冒何可言也？」又曰：「今天下軍職，有罪者不革，有功者日增，俸禄日多，民財有限，將何以給？昔我太祖高皇帝優厚功臣，雖定軍官子孫皆得世襲，然必比試得中而後用之，固不以生民膏血養無能之人也。《欽定大明律》有云：『若軍官有犯私罪該笞者，附過收贖；杖罪，解見任，降等敘用；該罷職不敘者，降充總旗；該徒流者，照依地里遠近發各衛充軍；若建立事功，不次擢用。』固不以朝廷爵禄賞有罪之人也。暨後，法司奏奉天征討官當論功定議，我成祖文皇帝聖諭有曰：『朝廷大公至正之道，有功則賞，有過則刑。刑賞者，治天下之大法。不以功掩過，不以私廢公。此輩征討之功既酬以爵賞矣，今有犯而不罪，是縱惡也。縱惡，何以治天下？其論如律。』此我祖宗報功之厚、立法之嚴，是亦天地春生秋殺並行而不悖耳。今論軍官私罪，徒流以下徑擬還職；雖雜犯斬絞，亦止發立功。且又立功定以年限，無功亦得還職，全非祖宗定律示法之意，縱惡孰甚焉？借使天地常春而秋殺不施，則天下之物積而不散，往者不過，來者難續，天地之化亦幾乎息矣。今之軍官有增無減，有賞無黜，何以異是？況今新官襲不比試，舊官比試亦爲虛應故事，故此輩自倚世襲之官，不須才能，不畏罪黜，恣爲驕貪，不習武藝，不惜軍士。論今天下軍職動數萬計，歲支俸給何啻百萬，而其間無一人堪爲將領、能出戰陣者，此以全盛之天下而坐困於胡虜之跳梁，真可爲之流涕也。失今不處，後益難圖。」

愚按：四三君子，皆一時名臣，號稱有識，而所以憂之議之者，如出一口，則天下之事尚孰有甚於此，而今日之所當救尚孰有急於此者哉？竊謂首級賞功之弊，大概有三：奪買軍人所得之首級，一也；或殺已降，或殺被擄逃回，或戮平民以充首級，二也；參隨不親戰鬥、富勢寄名邊閫而虛報功級，此尤欺君欺天可誅可痛，三也。所謂「殺賊之人，無一報功；報功之人，無一見賊」，兹言誠切中今日。今欲釐弊飭治、革故鼎新，在凡有征戰，遴選强明剛正之人以爲紀功之官，痛懲此虛冒之弊，明詔天下。自今四方首級功次，非開國靖難比，只陞職止其身，並不許世襲，如此庶可杜賞功之濫乎！餘見《備邊》第九議，宜參考。若夫廕襲之法，宜不分新舊官，皆令比試，中者准襲職，不中者發回習弓馬；後五年再比試，中者降襲一級，不中者仍發回；又五年再比試，中者降襲二級，不中者仍前施行。其立功祖父無正支子孫者，並停襲。如此，庶可革廕襲之濫乎！若夫犯罪，一切依律問擬勿宥。其犯死罪及永遠充軍者，除其籍勿襲；犯本身充軍者，降襲二級；其他罪犯，並須待犯人身故，然後許起送比試。如此，庶可免縱罪之濫乎！夫杜賞功之濫，始可以窒其源，而武職不至日增；革廕襲與縱罪之濫，始可以節其流，而武職庶幾日減。武職不日增而日減，庶乎所謂可久可繼之治，而國家財用其庶乎少紓乎！

嗟夫！天下未有不敝之法，顧在人變而救之何如耳。小變則小益，大變則大益，早變一日則有一日之益，遲變一日則增一日之害，天下之事莫不皆然，而在宗藩與武職尤爲當務之急。然宗藩尚爲難處，而武職實爲易裁，所謂家難而天下易。況遵祖宗之法以正末流之弊，在理勢尤甚順易也。但患臣工各懷苟且而無憂國任事之忠，朝廷惟務因循而憚變法更張之果，此則古今通患。天下之事所以不入於大壞極弊不止者，往往由此也。區區遯跡山林，犬馬之心，無路上達，姑著于篇。

卷三　取士議

取士之道，愚有一根本之論，合於成周、兩漢，合於我國初之時，而少違於今日。今欲縷縷言之，不合時宜，見之未有不以爲迂闊而遠於事情者。雖然，此實治安首務，不容默默。請試陳之，以俟天下後世識治君子之采擇。

古今取士之道，大概有三：漢以前之取士也，專尚行誼，如成周之鄉舉里選、兩漢之辟舉孝廉諸科是也；魏晉以下之取士也，兼尚門地，如中正九品之法是也；隋唐以來之取士也，惟以文辭，如明經進士制科諸科是也。君子尚論其世，而其得失之故可考而知矣。我國家始初取士，與中間、後來亦有三截之不同：洪武初年，專用薦舉任人，進士之科暫一行而復罷；至洪武十七年，始行今科舉法，與薦舉並行不悖，至永樂、宣德皆然；成化而後，然後專重進士之科，而薦舉不復行矣。考之國初，令有司每歲薦舉賢良、方正、孝廉、秀才及山林隱逸之士。洪武三年，詔開科舉。六年，詔科舉暫且停罷，別令有司察舉賢才，必以德行爲本，文藝次之。十七年，頒行科舉成式，凡三年一大比。是年，又令各布政司直隸府、州、縣舉秀才，人材必由鄉舉里選，知州、知縣等官會同境内耆宿長者，訪求德行聲名著於州縣之人，先從鄉里保舉，有司再驗言貌、書判，方許進呈。永樂初，詔山林隱逸懷才抱德之士，有司詢訪，以禮敦請赴京，量才擢用。宣德中，詔各處有文學才行出衆、賢良方正之士，令所在有司保舉，赴京選用。景泰中，詔各處有文學才行堪授職任之士隱於民間者，許在京四品以上官，在外巡撫、巡按方面并各府、州、縣正官，指陳實跡，薦舉赴京考用，所舉之人後犯贓罪，連坐舉主。

粤稽載籍，成周以鄉三物教萬民而賓興之。一曰知仁聖義中和，取其德也；二曰孝友睦婣任恤，取其行也；三曰禮樂射御書數，取其才也，文辭弗與也。兩漢取士，則郡國歲有孝廉之察，有賢良方正之舉，公卿則得自召補掾史，州郡則得自辟用僚屬，亦無非取其行義、取其才能，猶未以文辭爲重也。是以當時士修於家而聘召自至，士不孜孜於求用而人之好德自不能舍之，布列在位，濟濟多賢。雖至於東漢桓靈之衰，而一時人才風俗之美，雖成周不過是也。尚賢興行，其效豈小小也哉？魏晉而降，中正九品之法雖未免兼尚門地，然猶以德行爲目，而察舉辟召之良法亦未嘗不行乎其間，非如隋唐以來專尚文辭，世道一變，遂以一日之長而易終身之富貴，甚至以一辭之工而擅終身之官爵，有如吕東萊、葉水心之所議者，而古者尚賢興行之意無復存矣。嗚呼！古之人修其天爵，而人爵從至；後之人乃修其空文，以邀人爵，而惟恐其不至。漢晉之士，皆席珍待舉於上，至徵書踵門、聘幣交至而猶有不就者；後世乃投牒自舉、躁競汲汲，而惟恐人之或我遺，何古今相懸如是哉？

嘗觀昔人之議矣。唐洋州刺史趙匡曰：「漢朝辟舉用人，天下之士修身於家而辟書交至，以此士務名節，風俗用修；本朝選舉，用隋氏之制，歲月既久，其法益訛，進士詞賦，務求巧麗，

所習非所用，所用非所習，爭第急切，險薄成俗。」《文獻通考》

劉曉《疏》曰：「今銓曹以書判爲得人，禮部取士以文章爲甲乙，故天下之士皆舍德行而趨文藝，有朝登甲科而夕陷刑辟者，雖日誦萬言，何關理體？文成七步，未足化人。」《通鑑綱目》

朱子曰：「今之爲法，教之之詳，取之之審，反覆澄汰，至于再三，而其具不越乎無用之空言，如之何其可也？」《性理大全》

項安世曰：「科舉之法，此今日不可如何之法也。自太平興國以來，舉天下之人才，一限於科目之内。入是科者，雖檮杌、饕餮，必官之；出是科者，雖周公、孔子，必棄之。習之既久，上不以爲疑，下不以爲怨。一出其外而有所取舍，則上趦蹜而不安，下睥睨而不服，共知其弊而甘心守之，不敢復議矣。不論伊、傅、周、召如何，使諸葛亮、王猛處此，必當自出意度，別作爐鞲，以陶鎔天下之人物，以收拾天下之才智，決不矻矻受此纏縛也。」

嗚呼！科舉之法之弊，觀數子之言，思過半矣。

我太祖起自淮濠，定鼎金陵，平一天下，身致太平，凡所任用輔佐諸臣，無非薦舉辟召，如宋濂、劉基、章溢、葉琛則胡大海所薦也，王禕、王天錫則李文忠所薦也，其餘彬彬輩出，卓然爲開國名臣者，不可枚舉縷數也。洪武中，治定功成，然後始行今科舉法，然每科所取不過數十百人而止，與薦辟之士同登並用。下至正統、景泰間，猶如故也。以故楊文貞以白衣薦舉，歷編修而入内閣；吴思庵以儒醫薦舉，歷御史以至都憲；況鍾以吏才薦舉，仕至蘇州知府，並爲一時名臣，他可知矣。自後進士之科日重，薦舉之塗漸湮。至天順初，吴康齋之一薦，遂爲朝陽鳴鳳，舉世驚訝，而康齋亦不敢安於其位，薦舉之事，自後絶響。自是舉天下之人才，一限於科目，誠有如昔人之所議，謂「入是科者，雖檮杌、饕餮必官；出是科者，雖周、孔亦棄，共知其弊而甘心守之」，兹言尤切中於今日矣。嗚呼！薦辟任人，其爲效如彼；科舉取士，其爲弊如此。然後世乃不由彼而由此，共知其弊而甘心守之者，夫豈果古今之異宜，而古之道不可復行於後世也哉？使古之道不可復行於後世，我聖祖不由之以平一天下、身致太平矣。今欲興化致治，而用人不法聖祖，是猶卻行以求及前人也。

《易》曰：「正其本，萬事理。」今每歲按黜貪酷，中外不下數百員，每次考察所黜動至數千員，法網嚴矣。然而貪墨之風竟不聞少止，而民生日見凋瘵者，凡以致理之未得其本也。致治以賢才爲本，求才以興廉舉孝爲本，而空言末矣。經曰「居家理故治可移於官」，傳曰「求忠臣於孝子之門」，此探本之論也。李克曰：「窮視其所不爲，貧視其所不取。」此察廉之方也。修之於家而壞之於天子之庭，理無是也。《虞書》曰：「静言庸違。」孔子曰：「有言者不必有德。」又曰：「始吾於人也，聽其言而信其行；今吾於人也，聽其言而觀其行。」聖人知言之不可以取人也，是故發爲此言以警世也。

或曰：人心不古，審欲舉行而略文，則恐教天下相率以矯行立名干譽，如蘇軾所謂「上以孝取人，則勇者割股，怯者廬墓；上以廉取人，則敝車羸馬，惡衣菲食。凡可以中上意者，無所不至」，況於司薦舉者又或不能無徇私之弊乎？此近世所以略德行而寧取其文，舍薦辟而從事科舉也。子寧不是之思耶？曰：是固然矣。不曰「求士於三代之上，惟恐其好名；求士於三代之下，惟恐其不好名」耶？好名而矯强爲善，不愈於不好名而安肆爲惡耶？語曰：「上有好者，下必有甚焉者矣。」如使天下之人皆慕孝之名，而相率矯行以爲孝；皆慕廉之美，而相率矯行以趨廉，斯固庶幾於比户可封之俗，而可少乎？昔人有言：「人皆作之，作之不止，乃成君子。」固有國之所以厲世磨鈍，立其的而示之趨也，而何嫌於矯行，而何嫌於好名，而又何疑於干譽也哉？其間萬一有僞行以欺人、家修而廷壞與夫徇私而謬舉者，則自當彰國法以懲之，嚴舉主連坐之法以罪之，孰敢不畏？豈可因噎而廢食，因蹶而廢走，逆詐億不信而廢先王致治之良法哉〔二〕？大抵薦辟取士與科舉取士，究極而論之，雖皆不能以無弊，然薦辟之取士也，擇而後用；科舉之取士也，用而後擇。擇而後用，縱使失之，亦不過十之一二，而得人已八九，觀《文獻通考》所載兩漢孝廉與夫我國初所用薦舉之士，類多名臣，可徵矣。蓋尚賢好德，人之秉彝，

〔二〕「先王」，原誤作「先生」。

果能執此之政，堅如金石，行此之令，信如四時，則天下皆争自濯磨砥礪，舉人者必求無負知人之明，舉於人者必求無負於舉主之知，百僚師師，誰肯自甘私僞，以干憲於明時，取譏誚於君子也哉？ 科舉之法，宋太宗有言曰：「非敢望拔十得五，止得一二，亦得爲致治之具矣。」此亦已知其不足以盡得人，用而後擇，庶幾致望於什一耳。 觀於今日，則又有不然者。 今制：進士、舉人授職之後，有三年五年之考察，有科道撫按之糾劾，考察、糾劾數過，士無不以不職被譴黜者，其間完名全節以禮歸休者寥寥僅見矣，況敢望致治之具於什一乎？ 其始也進之輕，其終也退之輕，孰若察行義而舉之，擇孝廉而用之，慎選之于未用之先，信任之于既用之後，而使宗社生靈蒙福耶？ 楊龜山氏曰：「三代、兩漢人才之盛、風俗之美，後世莫能及者，取士以行，不專以言故也。」謂宜別立一科，稍倣三代、兩漢取士官人之法，舉明經行修之士；至於投牒乞試、糊名謄録之類，非古制者，一切罷之。 待遇恩數，居詞科之上，庶使學者尊經術、敦行義，人人篤於自修，則人才不盛、風俗不美者未之有也。 愚謂敦舉行義有五效，善莫大焉。 民興于行而風俗美，一也；風俗美而賢才衆，二也；賢才衆而政事治，三也；政事治而民生安，四也；民生安而國家安，五也。 信能行此三十年不變，其效將至世變風移、太平有象矣。 孔子曰：「舜有天下也，選於衆，舉皋陶，不仁者遠矣。湯有天下也，選於衆，舉伊尹，不仁者遠矣。」司馬温公論東漢風化，謂：「自公卿大夫至于郡縣之吏，咸選用經明行修之人。是以教立于上，俗成于下。 其忠厚清修之士，豈惟取重于縉紳，亦見慕于衆庶；愚鄙汙穢之人，豈惟不容于朝廷，亦見棄于鄉里。自三代既亡，風化之美，未有若東漢之盛者也。」此二者，所謂世變風移、太平有象之效。所患者，與今日世情竽瑟，時勢難行耳。歐陽永叔云：「不以爲狂人則以爲病子，不怒則笑之矣。」其科條，見《任官》首議。

卷四　任官十議

嘗讀胡氏《管見》曰：「後世治不及古者，人君之取士、用人、任官不師先王也。取士莫善於鄉舉里選，莫不善於程其詞章也；用人莫善於因人任職，莫不善於用非其所長也；任官莫善於久居不徙，莫不善於轉易無方也。莫善焉者，古皆行之；莫不善焉者，後世皆蹈之。廉恥道喪，愚不肖居人上，爲斯民病，豈有量哉？必也略法先王，盡蠲宿弊，明君賢相，斷而行之，其庶幾乎偏得賢才森布中外，致君堯舜而措俗成康乎！」杜氏《通典》曰：「凡爲國之本，資乎人甿；人之利害，繫乎官政。欲求其理，在久其任；欲久其任，在少等級；欲少等級，在精選擇；欲精選擇，在減貢舉名目，俾士寡而農工商衆，始可以省吏員，可以安黎庶矣。誠宜斟酌理亂，詳覽古今，推仗至公，矯正前失。或許辟召，或令薦延，舉有臧否，論其誅賞。課績以考之，升黜以勵之，拯斯刓弊，其效甚速，實爲大政，可不務乎？」愚因二氏之言，有慨於中，酌古鑑今，爲議有十，以俟經世君子考焉：一曰選舉之始不可輕取浮文也；二曰小官之選不可不歸本省也；三曰入仕之途不可傷於冗濫也；四曰冗官之員不可不加省并也；五曰初選之職不宜驟貴也；六曰遷轉之期不宜太速也；七曰資級之遷不宜太限也；八曰推讓之風不可不興也；九曰考察之行不可不慎也；十曰小官之禄不宜折減也。

夫何謂選舉之始不可輕取浮文也？唐楊綰上疏曰：「古之選士，必取行實。自隋煬帝始建進士之科，專事文辭，從此積弊轉而成俗；又舉人皆令投牒自應，欲其返淳朴、崇廉讓，何可得也？請依古察孝廉，令縣令取行著鄉閭，孝友、信義廉恥而通經術者，縣薦之州，刺史考試，升之於省。自縣至省，皆勿自投牒。任各占一經，朝廷擇儒學之士，問經義十條、對策三道，上第即注官，中第得出身，下第罷歸。」按：《唐書》本傳謂「楊綰此議，事雖不行，識者是之」。温公《通鑑》、朱子《綱目》皆備著之，以俟後之君子。愚謂宜倣此意，特設孝廉一科，許郡守縣令正官皆得薦舉，取行著鄉閭、學通經史者，薦之於省，亦三年一舉行。大縣舉三人，中縣舉二人，小縣一人，州與縣同府倍之，大府六人，中府四人，小府二人。其荒僻郡縣人才尤稀處間一舉。須限年三十以上、學行成立者方舉。府州縣舉同者，聽至期巡按御史會藩臬官考之，問經書義共六條，《四書》三條，各經三條。條以三百字爲率，如講義式，不必用破承結尾藻飾；策一道，内問鑑史或先儒議論共十事，以一千字爲率。考試只作一日，不必分場，試卷惟彌封姓名，不必謄録。其經義全通、策能答八事以上爲上等，經義通四以上、策能答六事以上爲中等，不及此者爲下等。閲卷不必遠聘考官煩擾，考試次日，巡按即會同藩臬官，堂上公同校閲去取。合省所舉，多不過二百人，一日可畢。上等，續令薦於朝廷策試之，第一人授以京秩，餘悉授縣令；中等，就令巡撫官注授本省府幕縣佐署試之職，以准古者辟署之意，注授畢，然後奏聞付吏部爲據，三年無過，然後實授之，其治行卓異、才堪任重者，撫按藩憲保奏之，不次擢用；下等，遣歸學問，以俟再舉。府州縣舉同者，除文理全不通外，下等陞中等，中等陞上等。如守令徇私謬舉徒文無行者，撫按藩憲覺察，劾免之；其誤舉寡學無文致考下者，守令無罰；所舉人士守令終身保任，他日有犯贓私、干行止者，降舉主官二級，庶乎守令知慎而不敢輕舉濫薦矣。朱子嘗與門人論當時之弊，謂：「朝廷只有兩般法，一是排連法，今銓部是也；一是信采法，今科舉是也。」嗚呼！非孝廉之科興，難乎免於是二者之病矣。

夫何謂小官之選不可不歸本省也？馬端臨曰：「兩漢二千石長吏皆得自辟曹僚，而所辟大概多取管屬賢士之有才能操守者，蓋必如是乃能知閭里之奸邪、黔庶之休戚，故治狀之顯著恒必由之。」杜氏《通典》曰：「隋文帝素非學術，盜有天下，不欲權分，罷州郡之辟，廢鄉里之舉，内外一命，悉歸吏曹，纔厠班列，皆由執政，銓綜失序，授任多濫。豈有萬里封域，九流叢湊，掄材受職，仰成司銓，以俄頃之周旋，定才能之優劣，尊賢先乎文華，鑑別擇乎書判，求其無失，不亦謬歟？」觀二氏之言，則前代得失居焉可見，而隋文一時之權制，後世固未可襲爲百王不易之令典矣。嘗考唐宋諸君，間亦有略知其弊而少改其轍者。唐制，嶺南五管、黔中都督府得即任士人。高宗時，乃遣郎官御史爲選補使，謂之南選；其後，江南、淮南、福建因歲水旱，皆遣選補使，即選其人。宋神宗詔川陝、福建、湖南、廣南等八路之官，令轉運司立格就注，免其赴選，著爲令。二君所行，是皆使其選歸各省，而未嘗拘拘於隋文必欲專總吏部之制矣。愚謂小官選歸本省有五利：今日遠方士人，數千里之京，候選逾年，回家挈妻孥，又數千里之任，日月歷二三載，盤費不啻百金，士人家裕者有幾？率多倍息稱貸，抵任償還，皆未免取諸民也。欲責其廉介、無侵漁百姓，固難。今若選歸本省，則此費十省八七，其利一也。京師之地，天下之人所輳集焉，薪米踴貴，恒倍於南方。唐太宗嘗分選人集于洛州，緣此。今若選歸本省，則京師米價可稍平，其利二也。四方官職有缺，類季報上，候銓補到任，多至逾歲，甚至數載者有之，曠官廢事日久。今若選歸本省，則隨缺隨補，其利三也。四方之人，情僞剛柔，異俗南北，水土異齊，非本省附近之人，則無由以安其水土而諳其情僞，以展布其志。故胡端敏奏議亦有「有司等官，宜於本省相近人員陞選」之説云。知府、知州、知縣并方面有司等官陞選，俱合注于原籍相近地方，雲貴、兩廣有司，宜只于本省人員内陞選，庶免其不服水土，且得到任易便，不致地方曠官日久耳，其利四也。人情所深願者，莫大於禄養其親，故毛義捧檄，喜動顔色，然任遠塗遥，則迎養尤難。久宦違親，於義又不可。今若選歸本省，則士人奉親之念易遂，而忠君報國之念愈篤，其利五也。愚謂外官初選八品以下，宜委各巡撫都御史銓注册報于朝，付吏部爲據，此後遷轉黜陟皆吏部主之，巡撫無與焉。夫取士用人，察舉於守令，考試於巡按，銓注於巡撫，陞黜於吏曹，參酌古今法制之善，似亦可行。

夫何謂入仕之途不可傷於冗濫也？考之前代，唐黃門侍郎知選事劉祥道上疏曰：「今之選司取士，傷多且濫。每年入流，數過一千四百人，是傷多也；雜色入流，不加銓揀，是傷濫也。古之選者爲官擇人，不聞取人多而官員少也；今官員有數，入流無限，以有數供無限，遂令九流繁冗、人隨歲積，爲政之弊也。」蘇軾言于上曰：「近歲以來，吏多而闕少，率一官而三人共之，居者一人、去者一人，而伺之者又一人，是一官而有二人者無事而食也。且其莅官之日淺而閑居之日長，以其莅官之所得而爲閑居仰給之資，是以貪吏常多而不可禁，此用人之大弊也。」胡寅曰：「善爲天下者，減省吏員而賢才是擇，惟恐其壅於上聞也。專顧己私者不爲官擇人，入仕者數倍於員缺，以收其虛譽。於是服膺官使，新故更代，往往恣睢嵬瑣之流，而天下之禍亂起矣。」丘文莊公曰：「吏多而缺少，在宋時猶一官而三人共之，今待一官又不止三人矣。洪武、永樂間，入仕之途，科舉有定額，歲貢有常數，學校歲舉與吏部選調其數適相當，當時選用者未聞乏人，而需選者未聞淹滯。近因言者憫士子之在學校者多衰老，乃增開貢例；其後又因國計不足，立納粟、上馬、入監等名目，於科貢之外，别開歧徑。選調止於此數，而入仕之路比舊加多，日積月累，遂致人才數倍於前，給假家居，有需次十年不得選者，臣恐積愈久而愈多，往往衰老於選調而不得及時以進用，衰老之人昏眊消沮布滿天下，而欲事理民安，難矣。」愚按：

古今入仕多途，選調淹滯之弊多起於中葉，非惟不便於士，其爲蠹政殃民不既深乎？夫取士任官以爲民也，而至反爲民病，其弊可革而不能革者，咎在上下因循玩愒，而廟堂無憂國任事、不恤流俗之臣也。蘇軾嘗言：「天下之學者莫不欲貴，如從其欲，則舉天下皆貴而後可，惟其不可從也。是故仕不可以輕得，而貴不可以易致。」蘇氏斯言，灼知流俗之情之不可恤也。嗚呼！必廟堂之上，有憂國任事、不恤流俗之臣，而後胡氏所謂「減省吏員，惟賢才是擇」之言可行也，而後丘文莊所謂「科貢之外，別開歧徑」之途可塞也，而後國初「貢舉與選調人數相當」之制可復也，而後天下可幾而理矣。

夫何謂冗官之員不可不加省併也？唐虞稽古，建官惟百；夏商官倍，亦克用乂隆。古之制邈乎不可復矣。成周、兩漢，內外之官員數雖衆，然皆官治一事，未有無事而徒食於民上者也。唐《選舉志》：「太宗謂房玄齡曰：『官在得人，不在員多。』命玄齡省併，留文武總六百四十餘員。」又《百官志》謂：「太宗初，省內外官，定制爲七百三十員，曰：『吾以此待天下賢才，足矣。』高宗而後，日增歲益。至玄宗開元末，官自三師以下至一萬七千餘員，其冗甚矣。李吉甫謂：『自漢至隋，設官之多，無如唐者，請敕有司詳定省吏員、併州縣，減入仕之塗，定俸給之數。』於是省併八百餘員，諸邑流外千七百餘人。」亦一快也。宋朝曾鞏議經費言：「景德，官一萬餘員；治平中，增至二萬四千員。」《朝野雜記》言：「祖宗時，內外文武官通一萬三千餘員；至寧宗初，增至二萬四千有奇。」宋朝官冗又甚於唐矣。胡寅目擊其弊，亟稱劉晏『官多民擾』之言爲名言。蘇軾、曾鞏輩議國家財用，皆惓惓以省冗官爲急，可謂有見。我太祖平一天下，官有定員，至今垂二百年，官職日增，幾倍於舊。冗員可省者甚多，如各府首領官共四員，儒學官至五員，州縣學亦三四員，皆冗閑無事，可省其半；其附郭縣學，宜省併入府學，如順天、應天，及江西南安府，及湖廣漢陽府之例。正統八年，革漢陽縣學，并入府學。蓋一城中，止宜設一學、一孔子廟，今乃一城至有三學四學、三廟四廟者，甚煩褻無謂也。至如遞運所，亦宜省併歸驛。其各道右布政使，無職掌，今祇爲充資養望候陞之官，皆在任數月而遷，甚至有未及抵任即遷者，此尤可省；其各道兵備、分巡宜合爲一官，屯田職事亦宜併歸分巡，庶不至十羊九牧。今京朝官，如翰林編修、檢討，六科給事中，尚寶司丞，中書舍人，行人司行人之類，皆職清事簡，不宜多設至數十人，宜裁省使有定額；至如大理寺副及各部員外郎之類，亦可省。雖然，省冗官有本焉。如杜佑所謂「欲求其理在精選擇，欲精選擇在省貢舉名目，俾士寡而農工商衆，始可以省吏員，可以安黎庶矣。」朱子《語録》曰：「商鞅論人不可多學爲士人，廢了耕戰，此無道之言，然以今觀之，士人千人萬人不知理會甚事，真所謂游手。傜地底人，一旦得高官厚禄，只是爲害朝廷，何望其濟事，真是可憂。」朱子此言，憂士人之多而欲其寡，即與杜氏同意。朱子又嘗與門人云：「今士人所聚多處，風俗便不好。太學真無益，於國家教化之意何在？向見陳魏公，亦以爲可罷。」又曰：「今教授之職，只教人做科舉時文。若科舉時文，他心心念念要争功名，若不教他，你道他自做不做？何待設官置吏、費廪禄教他做？」愚謂：自古以設學養士爲美談，而朱子乃以爲冗費廪禄無益，可罷省，其所感也深矣。嗚呼！安得朱子、杜氏十數輩生於今時，得時行政，罄其施爲，以復古帝王之治之盛也哉？

夫何謂初選之職不宜驟貴也？昔唐虞用人，必歷試諸艱；孔門高弟，初仕皆爲邑宰。漢宣帝謂「所用皆更治民以考功」，以蕭望之在平原日淺，復試之於三輔。唐宋進士，初授皆主簿、縣尉之職，雖狀元初授亦止外州簽判，蓋試之民事以觀其才能、察其操守、閱其功勞，然後漸遷以至京秩，不遽然輕畀以清望華要之官也。我朝之制，進士惟一甲徑除翰林，第二甲出身從七品，第三甲出身正八品。故洪武初年，進士皆授縣丞，蓋即與唐宋同意。永樂而後，二甲以下進士始徑由庶吉士入翰林、徑選科道與吏部主事之華要，而以各部主事爲尋常，以推官、知縣爲不屑矣。胡端敏奏議曰：「我祖宗朝立賢無方，故能得真才實用；今則清要之官專取一途，百官叙轉惟憑初選；進士初選美官，則惟循資可立登要地。故今士人初入仕途，即有夤緣求得美選之心；既得美除，即爲持循保守禄位之計。近年進士之輪選者，聞有南京之缺，而即避近侍之；該陞者，遇有京堂之缺而即争。養成此等士風，而欲與圖新政理，難矣。古者，刺史入爲三公，郎官出宰百里；唐宋所取狀元、進士，皆先歷試民事而後召試館職，或令再試他官而後擢居臺諫。蓋以翰林、臺諫上寄朝廷耳目之司，下儲公卿宰輔之望，不敢輕試以新進之士也。我聖祖論人之姦良，亦言試之以事而後見。今豈可以新進未試之人，而概居耳目股肱之任也。」又曰：「洪武初年，取中進士，多選縣官，徵至天下賢才，悉授守令。乞今後百官陞授，略倣李唐均調内外，不歷刺史，不得任侍郎列卿；不歷縣令，不得任臺郎。給舍之制，進士出身，不得徑選科道部屬；舉人出身，不得徑選同知知州；京官外補，不得徑陞參政副使，而惟推訪知府、知州、知縣之久任卓異者而遞遷之，則守令知重而凡善政可行，民生蒙福矣。」愚謂胡端敏此議，通達國體，今日可行。

夫何謂遷轉之期不宜太速也？漢王嘉上疏曰：「孝文時，［吏］居官者［或］長子孫[二]，至以官爲氏；其二千石［長吏］亦安官樂職[三]，然後上下相望，莫有苟且之意。其後，稍稍變易，公卿以下轉相促急，或居官數月而退，送故迎新，交錯道路，中材苟容求全，下材懷危内顧，一切營私者多。」黃霸曰：「數易長吏，送故迎新之費，及姦吏因緣絶簿書盜財物，公私費耗甚多；所易新吏又未必賢，或不如其故，徒相益爲亂。」二子皆漢賢臣，其言深識治體矣。漢宣帝以爲

[二]「吏」、「或」二字原缺，據《漢書·王嘉傳》補。（班固撰：《漢書》，北京，中華書局，一九九二年，第一一册，第三四九〇頁。）

[三]「長吏」二字原缺，據《漢書·王嘉傳》補。

「太守，吏民之本，數變易則下不安業。民知其將久，不可欺罔，乃服其教化」。故二千石有治理效，輒以璽書勉勵，增秩賜金，或爵至關内侯，公卿缺則選諸所表，以次用之。是故漢世良吏於是爲盛，稱中興焉。史又稱宋文帝元嘉之政，「百官皆久於其職，守宰以六朞爲斷，吏不苟免，民有所係。三十年間，四境之内，晏安無事，户口蕃息，士敦操尚，鄉恥輕薄，江左風俗於斯爲美」。二君久任之效，明著史册，班班可考矣。丘文莊公曰：「按九載黜陟之典，始於唐虞。後世任人，惟西漢爲最久，黄霸在潁川至於八年，然未有一定之制。惟我聖祖稽古定制，始復有虞之典，官皆三年一考，六年再考，九年通考。中有善政著聞者，即行旌異之典；其秩滿者，則又增秩加官，仍其舊任。是以官安其職，民安其生，仕者無奔走道路之勞，居者無送舊迎新之費。百年率循是道。近自選法淹滯以來，乃行一切苟且之政，數有變更，甚非祖宗立法之初意矣。」胡端敏奏議曰：「藩臬守令，皆久任而責成功，弘治以前皆然也，今則遷徙不常矣。是故春爲知府或僉事於南，秋陞副使或參議於北，來春則又陞參政或憲使於東西矣。甚者，初陞右布政使，憚遠不行，在家稍候三二月，即改左而之近矣；到任未及三二月，即望轉而京堂矣。由是一歲之間，往來道路如織，月日過半，其能在任幾何？至於進士爲知縣者，亦惟僅及三年即擢，中間朝覲科場差委參謁奔走，曠廢歲月居半，事在承上而不在恤下也。故今藩臬守令皆過客也，其視地方之凋弊，若見驛舍之損壞，誰爲之修也？視生民之困苦，若見驛馬之疲瘠，誰爲之恤也？」愚按：二公一言國初久任之善，一言近日速遷之弊，何國家法制多善於初年而敝於承平之世也？愚親見近一仕人，先任江西參政，不半歲即陞廣東憲使，又僅半歲遂陞廣西右方伯，抵任纔兩月又陞福建左方伯，不半月又轉應天府尹，抵任未幾又陞甘肅巡撫都憲，遂遷侍郎。不三載間，凡六七遷。攜揭妻孥，往來道路，所至坐席未煖而行李又戒途矣。如此遷轉頻數，不遑寧居，雖其人亦不願也。雖使聖賢居此，亦無由以當官行志，而使民被其澤也。嗚呼！使其人果才堪大用，則前時如楊信民猶以參議徑陞都憲、葉盛自參政徑陞都憲，亦何不可？如何文淵猶以知府徑陞侍郎、陸瑜以布政徑陞尚書，亦不爲過，何必使之輾轉繁促，僕僕道途，重煩郡縣夫馬供頓，勞費不貲乎？近日有爲策議者曰：「子産爲政累年而後化成，伯禽治魯三年而後報政。今之人未必皆聖賢也，聰明得於簡册之陳言，志力奪於舉業之舊習，其奮翼策步，必一二年，治乃有緒焉。而旁視同列，超遷内拜者屢矣。於是而速進之念生，速進之念生，則爲民之意短而求上之意急，謀身之術巧而取民之計多，百姓何利於是哉？下之人知其意欲速也，吏胥得以肆其謾，豪猾得以窺其弊，上下之間一切苟且而已。有志者拜一命之寄，亦欲展布以爲永圖，而速進者得以惑其意，是使天下無誠心爲民者矣。」愚按：天順以前，官多久任而致績效，如周忱之巡撫蘇松，自侍郎至尚書，凡二十二年；王翺之提督遼東，自僉都歷陞副都、左右都，凡十一年；于謙之兼鎮河南、山西，凡一十八年。此撫臣久任見于名臣録者，可稽也。如吾東莞知縣盧秉安，任至一十九年而清操不易，臨行惟受士民之詩；秉安臨別自述詩云：「不貪自古人爲寶，今日貪民詩滿囊。十有九年官劇邑，幸無一失掛心腸。」吾鄉前輩陳璉知滁州，垂十年而異政著聞，當時亟來褒擢之典。璉治滁績最，廷臣薦之，滁人詣闕乞留，遂陞揚州府知府，掌滁州事，賜綺衣一襲、鈔五百貫，給驛遣還。在滁十年，陞四川按察使。尋召還，陞通政使，改禮部左侍郎。此守令久任見于郡邑志者，可考也。以此方之今日，其爲是非得失，不待智者而較然矣。然而今日乃不能行此者，以恒情慕榮速化，世習成風，而司銓衡者不敢違衆以召怨謗，寧爲身謀而不敢爲國謀也。故愚以爲，此事今日惟朝廷主張於上而已，明詔天下，自今斷行久任。如巡撫守令皆以九載爲滿，以六期爲限，非逾六載不得遷轉。其貪殘不職者，歲按黜如今法；其政事卓異者，璽書旌奬，增秩賜金，超遷大拜，如漢世及我朝天順以前何文淵、陳璉諸人之例。如此而不政善民安者，未之有也。

夫何謂資級之遷不宜太限也？如知縣陞主事，主事陞員外郎，員外郎陞僉事，僉事陞參議，參議陞副使，副使陞參政，參政歷陞按察使、右布政使，又轉左布政使，復擢府尹或光禄太僕卿，然後陞巡撫、都憲，遷侍郎至尚書，此近日陞遷資格也，國初無是也，天順以前亦不如是也。夫超遷之法，與久任之法相爲流通補助，若非行超遷則久任不可得而行，何也？蓋循資而遷，躐級而擢，則自知縣至尚書，階級繁多，其勢不得不速遷，而況司銓衡又務爲循資速遷以弭謗怨乎！此久任之所以不能行也。且循資之説，止可以待常才而非所以鼓舞豪傑，止可以酬年勞而非所以振勵事功。雖欲言治，皆苟而已。考之天順以前，仕之賢者，或先超遷而後使之久任，或先久任而後超遷以補之。如周忱由長史徑陞侍郎，于謙由御史徑陞侍郎，王翺由御史徑陞都憲，所謂先超遷而後使之久任也；如陸瑜由布政徑陞尚書，何文淵由知府徑陞侍郎，陳璉由知州徑陞知府、知府徑陞按察使、又徑陞通政使，所謂先久任而後加以超遷也。愚謂循資而速遷與久任而超遷，此正朝四暮三、朝三暮四之説，總而較之，其爲遲速乘除適均無分毫損益，雖於仕者無分毫損益，而於國於民則所損益天淵矣。正使少損於仕者而利民利國，猶當爲之，况於仕者無分毫損，何憚而不爲？近日胡端敏奏議謂「府尹、布政使稱職者宜留久任，選陞六部侍郎不必更陞巡撫、都御史，以致遷徙不常、不得盡心民事」；又曰「在外布按二司官，宜照弘治以前事例。僉事徑陞副使，副使徑陞按察使，參議徑陞參政，參政徑陞布政使，不必如今逐級挨陞、南北遠調，以致往來不常虚曠歲月、地方常致缺官誤事。」愚謂此議鑿鑿可行，杜氏《通典》所謂「欲久其任，在少等級」，即此意也。

夫何謂推讓之風不可不興也？昔舜命九官，濟濟相讓，禹讓稷、契暨皐陶，益讓熊羆，伯夷讓于夔龍。唐虞之時，任官莫不皆讓也。周成王訓迪百官，曰：「推賢讓能，庶官乃和，不和政厖。舉能其官，惟爾之能，稱匪其人，惟爾不任。」三代之世，莫不以推讓爲美也。下迨春秋，晉悼公擇帥，范宣子讓其下，韓厥輩亦皆讓焉，是以民和而諸侯睦，數世賴之。讓之效也。秦漢而降，古道不興。至魏晉時，士人益務進趨，廉遜道缺，劉寔乃著《崇讓論》以諷之，其略曰：「古聖王之化天下，所以貴讓者，欲其出賢才、息爭競也。夫人情莫不欲己之賢，故勸令讓賢以自明，故讓道興，賢能之人不求而自至矣，至公之舉立矣。百官具任，爲百官之副亦先具矣。一官缺擇，衆官所讓最多者而用之，審之道也。在朝之士相讓於上，下皆化之，推賢讓能之風從此生矣。人臣初除，通表上聞，名之謝章。原謝章之本意，欲進賢能以謝國恩也。季代不能讓賢，虛謝見用之恩而已。夫人情爭則欲毁己所不如，讓則競推於勝己，推讓之風行則賢不肖殊矣。」

愚按：劉寔所論崇讓之美，深切著明，有國者能舉而行之，其有益于人才、風俗、政治不少矣。至宋真宗，令内外七品以上清望官，授訖三日内上表讓一人以自代，其表付中書、門下，每官缺則以見舉多者量而授之。此制即本劉寔之論也。近日尚書霍文敏公韜嘗疏請令在京堂上官到任半年後各舉一人以自代，胡端敏世寧爲兵部侍郎亦嘗上《因疾讓賢疏》，亟稱李承勛、何孟春二人之才，而舉以自代焉。二公所陳，無非欲薦賢爲國，欲遜讓成風也。嗚呼！使今日制典，許人人如此，持以必行，其無舉與謬舉者皆有罰，何古之治之不可復也哉？或曰：「賢愚各從其類，如使舉官自代，則許敬宗必薦李義府，王安石必薦吕惠卿，則將奈何？」曰：「寔《論》固云『擇所讓最多者用之』，宋制亦云『以見舉多者授之』。不賢之人，其所讓者必有限，其見舉者必不多矣。固可無慮也。」

夫何謂考察之行不可不慎也？ 我朝之法，百官自按罪問黜之外，内有科道之糾彈，外有撫按之舉劾，負愆者無不去，當黜者無不黜，每歲通計不下數百員，法已嚴矣。 後來又立爲考察之法，京朝官五年一考察，外員官三年一考察，每次考察，黜退老疾罷軟、貪酷不謹等項，兩京至二三百員，在外至三四千員，此則法外意矣、法網太繁密矣，前代未嘗有是也，我國初亦未有是也。丘文莊曰：「仰惟本朝，三年一朝覲，天下司府州縣官吏各齎須知文册來朝，六部都察院行查其所行事件有未完報者，當廷劾奏之以行黜陟。 近歲，爲因選調積滯，設法以疏通之，輒憑巡按御史開具揭帖以進退天下官僚，不復稽其實跡、録其罪狀，立爲老疾罷軟、貪酷、素行不謹等名以黜退之，殊非祖宗初意。」按舊制： 官員考滿，給由到部，考得平常及不稱職者，亦皆復任，必待九年之久、三考之終，然後黜降施焉； 其有緣事降職除名，亦許其伸理，其愛惜人才、不輕棄絶之如此，可謂仁之至義之盡矣。 彼哉何人，立爲此等名目？ 其所謂「素行不謹」者，尤爲無謂。 夫人所行，安能事事盡善、事事合人哉？ 不事則已，一履外任，稍爲人所憎嫉，則雖有顔閔之行，有所不免矣。 竊觀漢時長吏不任位者，三公遣掾吏案驗，然後黜退。 其後不任三公，而權歸刺舉之吏。 朱浮謂「有罪者心不厭服，無罪者坐被空文」。 意謂當時長吏雖心不厭服，然猶有罪可名； 雖被空文，然猶有文可考。 今則加以空名，受此曖昧不明之惡聲，以至於没齒齎恨，禁錮人於聖世，謂之何哉？ 後文莊召入内閣，適當考察吏部，上大小庶官當黜者幾二千人。 文莊遂言于孝宗皇帝，敕「凡歷官未及三載者，俱復其任；　雖經一考，非有貪暴實跡者，亦勿黜」。文莊非徒言之，復施行之，可謂忠厚之至、慎之至矣。　愚按：　考察之法，原其初意，蓋以補按問糾劾之所遺，以疏通選調之積滯，使先進之士不得以久據禄位而壅閼仕途，使後來之士皆得以均沾一命，不至老死牖下也。　今仕途惟進士出身者不限，其舉人、監生，每榜所選，初一考察，即十黜去二三矣；　經再考察，十已黜去六七矣；　經三考察，不去者十一而已，況雜流乎？　聞之何文肅公喬新云：「洪武、永樂以來，凡百司朝覲，命部院考其尤不職者乃黜之，不過數十人；其後吏部患人言，務以多黜爲公，方岳而下，少有微瑕，輒黜之。　至弘治初，幾二千人矣。」見何文肅所作《丘文莊墓誌》。　至近年，所黜遂逾三千、幾至四千，視國初不啻百倍矣。　是何國初禁網之闊疎，而近年嚴密若是也？　是何國初禁網闊疎而治，近年嚴密百倍，而反不足以懲姦也？　其得失之故，可考而知矣。　按：　此之行，利一而害三，利小而害大。　此法止便疏通選調而已，所利者小也；　而三弊不可勝言矣。　一起上官恣私喜怒陰除異己之弊，一起下司阿諛承迎祈免下考之弊，一起在位亟圖囊篋以防速退之弊。　此法不罷，此弊不去，太平未有期也。　夫是己非人、好諛惡逆，人之常情。　上官所行，或偏或私，勢所不免，僚屬或一言不合、或一事違拂，則喜怒愛惡從之，而考語之賢否因之矣。　一州官員之賢否，繫於知州一人；　一府官員之賢否，繫於知府一人。　愛惡出於一人之口，而撫按藩臬守巡之考語，莫不因據附和、同然一辭矣。　司考察者，只見撫按藩臬守巡之皆同然一辭，而不知其初起於一人之私愛惡也。今之考察去任如此者，大半也。胡端敏奏議謂「嘉靖初年，朝覲考察，多將剛正有爲、不肯逢迎交結之人黜退，致令人才缺乏」，謂此也。夫是之謂起恣私喜怒陰除異己之弊。夫上官既以從違爲喜怒、以喜怒爲賢否，於是爲僚屬者，不論事之是非、理之可否，專務承順、一意逢迎，以圖免下考，以冀免考黜，其有不便於民者，仰屋竊歎而已，不敢言也。胡端敏奏議謂「今守令各官，惟撫按批問詞狀。或委勘事情，則禀其意而亟爲之；虛實輕重，惟彼所欲聞而報上耳，誣枉固不恤也」，正此意也。夫是之謂起阿順承迎之弊。夫既入仕數年，寧能免一事之無違咈於上？轉瞬居諸，考察之期將至，而罷黜懷虞矣。自非天性不移者，能不起囊篋之計、爲好官不過多得錢之想耶？胡端敏奏議謂「今之爲仕，上焉者惟事奉承取名以求早陞，下焉者惟圖取覓得錢以防速退」，斯言盡今日仕人之病矣。夫是之謂起亟圖囊篋之弊。嗚呼！考察之行，莫不以小懲大戒、廉頑立懦之風，莫逾於是也，而不知適所以長恣私、益阿諛、速貪計；莫不以爲除舊布新，後來者庶幾愈於前日也，而不知考察不除，三弊如故，三年之後考黜之數未嘗減於三年之前，賢否實無大相遠，正昔人所謂「徒相益爲亂」也。法繁而弊愈滋，法久而人愈玩，國家生民何賴焉？孰若返國初之舊，而爲愛惜人才之計耶？況朝廷愛惜之，則士亦必自加愛惜；士既自加愛惜，則必爲國家愛惜生民，而宗社生靈長久之計終必賴之矣。或曰：「久不行考察，則耄者、疾者、才不勝者坐視其隳政，貪暴不謹者坐視其肆於民上耶？」曰：「今巡撫、巡按，歲一考劾知縣，以上疏于朝而罷黜之，但未及於司府首領、州縣佐貳與雜職爾，宜令撫按并雜職以上，歲會藩臬面考覈之。年老者必明註其年已若干，疾者必明註其有某疾，貪者酷者必明註其所貪所酷之實跡，素不謹者必註明其不謹何事，册報于朝，罷黜如法。如此，庶乎被黜者心服而不坐被空文、而不致受此曖昧不明之惡聲而齎恨於没齒矣。」

夫何謂小官之禄不宜折減也？嘗稽之經訓矣，《中庸》曰「忠信重禄，所以勸士」，而朱子釋之曰：「盡其誠而恤其私，則士無仰事俯畜之累，而樂趨事功。」《洪範》曰「凡厥正人，既富方穀，汝弗能使有好于而家，時人斯其辜」，蔡沈釋之曰：「在官之人，有禄可仰，然後可責其爲善。廩禄不繼，衣食不給，不能使其和好于而家，則是人將陷于罪戾矣。」此聖經之言，昭乎萬世君人之軌範。考之歷代，能知此而行之者三君。漢宣帝詔曰：「吏不廉平則治道衰。今小吏皆勤事而俸禄薄，欲其無侵漁百姓，難矣。其益吏百石以下俸十五。」後漢光武亦詔：「百官俸千石以上，減於西京舊制；六百石以下，增於舊秩。」宋太祖詔曰：「吏員冗多，難以求其治；俸禄鮮薄，未可責以廉。與其冗員而重費，不若省官而益俸。州縣宜以口數爲率，差減其員，舊俸外增給五千。」三君所行，誠有得於勸士體臣之道矣。我朝洪武定制，於百官禄皆無甚厚薄，雖九品卑秩，亦月支俸五石。不知始自何年，方行折鈔之例。京官三分本色，七分折鈔；外官二分本色，八分折鈔。大官俸多，折鈔猶可；小官俸小，折鈔愈少矣。以縣官言之，兩漢縣令，秩六百石；今知縣七品，原定月俸七石五斗，歲止八十石，已多寡不侔，況今折鈔例行，一歲實支之數，猶不及兩漢一月之半乎！今士受職之官，必攜揭父母妻孥十餘口，有終歲温飽之需，有往返道塗之費，又有推其餘以仁三族之望，此皆爲士者俯仰之私，不可不恤也。今禄薄如是，誠不足以恤其私，於勸士之道固有未盡。漢蕭望之言于君曰：「倉廩實而知禮節，衣食足而知榮辱。今小吏俸率不足，常有憂父母妻子之心，雖欲潔身爲廉，其勢不能。」宋夏竦亦曰：「爲國者，皆思吏之貪，而不知去貪之道也；皆欲吏之清，而不知致清之本也。去貪致清之本，在乎厚其禄、均其俸而已。夫衣食缺於家，雖嚴父不能制其子，況人君能檢其臣乎？凍餒切於身，雖巢、由、夷、齊不能固其守，況凡人能守清白乎？」二子之言與二君之詔一轍。今朝廷欲體臣興化、責廉求理，誠不可不察乎此矣。然則如之何而可？其即以今制從九品月支五石爲準，等而上之，每品皆加一石，至正七品則爲俸十石，至正二品則爲俸二十石，皆不必【以下底本原缺】

卷五　制兵議

夫兵者，生民之大命，國家之盛衰興亡，恒必由之。故曰「天生五材，誰能去兵」，兵固有國者之所不可已也。然制兵之法，莫善乎兵寓於農，莫不善乎兵養於官。愚請詳陳前代得失之故，而後及於今日之事。

成周井田之法，邈乎尚矣。《周官·小司徒》：「乃會萬民之卒伍而用之。五人爲伍，五伍爲兩，四兩爲卒，五卒爲旅，五旅爲師，五師爲軍。以起軍旅，以作田役，以令貢賦。」此先王所因農事而定軍令者也。居則爲比閭族黨州鄉之民，行則爲伍兩卒旅軍師之衆，欲其恩足相恤、義足相救、容服相別、聲音相識也，兵、農無彼此也。周衰，王制壞而不復。

至唐府兵之法，始一寓之於農，史稱其「居處教養、畜材持事、動作休息皆有節目」。居無事時耕於野，其番上者宿衛京師而已；若四方有事，則命將以出，事解輒罷，兵散於府，將歸於朝，故士不失業，而將帥無握兵之重，所以防微杜漸，絶禍亂之萌。此唐初之所以盛，由兵寓於農也。至開元中，承平日久，府兵法壞，張説、李林甫始奏募人爲長征兵，卒啓方鎮跋扈之禍。李泌謂其「兵不土著，又無宗族，不自重惜，忘身殉利，禍亂遂生。下陵上替，不可救止」。歐陽修《唐史》謂「置兵所以止亂，及其弊也，適足以爲亂；又其甚也，至困天下以養亂，而遂至於亡焉」。此唐室後來之禍，皆源於輕變府兵之法，而兵、農爲二也。

蘇軾論宋兵之弊，嘗曰：「唐府兵之法，無事則力耕而積穀，是以兵雖聚於京師而天下不至於弊者，未嘗無事而食也。今天下之兵，不耕而聚於畿輔者以數十萬計，皆仰給於縣官。天下之財，近自淮甸而遠至於吴楚，凡舟車所至、人力所及，莫不盡取以歸於京師，而三司之用猶苦其不給，其弊皆起於不耕之兵聚於内，而食四方之貢賦也。」葉適曰：「康定以後，謀國日誤，召募日廣，而後天下有百萬之兵。弱天下以奉兵，而其治無可爲者矣，則又爲之俛首以事驕虜，而使之自安於營伍之中，將兵之官充滿天下，坐縻厚禄而未嘗有一日之用。政和以後，軍制大壞，而士卒不能披甲持戈。幹離不始挾兵萬餘，長驅而至，莫有敵者，倉卒召天下兵以勤王；京師不守，而勤王之人潰散爲盜寇，掠遍天下矣。嗚呼！痛哉！養兵以自困，多兵以自禍，不用兵以自敗，未有甚於本朝者也。」觀二公之言，則宋家之禍未始不起於養兵之弊也，明矣。羅大經《鶴林玉露》曰：「五代前，兵寓於農，素習戰鬥，一呼即集。本朝兵費最多，兵力最弱，皆緣官自養兵。乾道初，陳福公獻民兵之策，兩淮荆襄皆用其策。開禧用兵禁旅多敗，而兩淮山水寨萬弩手率有功。丙寅，虜大舉南牧，圍安襄宣司，檄召諸郡兵與湖北義勇俱往救，諸郡兵不待見敵而潰，所過鈔掠甚於戎寇，獨義勇隨其帥進退，不敢有秋毫犯，蓋顧其室家門户故也。」觀此，則兵寓於農與兵養於官，其爲得失利害較然矣。

昔唐李抱真節度澤潞，荒亂之餘，土瘠民困，無以贍軍，乃籍民，三丁選一壯者，免其租徭，使農隙習射，歲暮都試，行其賞罰。比三年，得精兵二萬，既不費廩給，府庫充實，遂雄視山東。宋張方平曰：「昔太宗籍兩河强壯爲兵，使之捍邊。壯者入籍，衰者出役，不衣庫帛，不食廩粟，邊不缺戍，民不去農，何在乎蓄之營堡而後爲官軍也？」此二者所行，蓋彷佛寓兵於農之遺意矣。范仲淹曰：「夷狄建官置兵，不用禄食，每舉衆犯邊，一毫之物皆出其下，風集雲散，未嘗聚養。」滕甫曰：「中國外夷之兵，常患多寡不敵。蓋中國兵有定數，至於平民則素不知戰；外夷之俗，人人能戰，舉國皆兵，此其所以多勝也。」觀此，則外夷猶合於兵農不分之意，得寓兵於農之利，中國何獨不然也。馬端臨曰：「《周官·小司徒》『伍、兩、卒、旅、軍、師』之法，此教練之數也；《司馬》『井、邑、丘、甸』之法，此調發之數也。教練則不厭其多，家家使之爲兵，人人使之知兵，故雖至小之國，勝兵萬數可指顧而集也；調發則不厭其簡，甸六十四井，家可任者一千二百八十人，而所調者止七十五人，是十六次方調發一人也。教練必多，則人皆習於兵革；調發必簡，則人不疲於征戰。此古者用兵制勝之道也。」蘇軾曰：「三代之兵，不待擇而精，蓋兵出於農，有常數而無常人。國有事要以一家而備一正卒，民各推其家之壯者以爲兵，使之足輕險阻而手易器械，聰明足以赴旗鼓之節，强鋭足以犯死傷之地，千乘之衆而人人足以自捍。故殺人少而成功多，費用省而兵卒强。後世兵民既分，兵不得復還爲民，於是始有老弱之卒，徒爲無益之費，而不可使戰。」由此言之，寓兵於農之制誠行，則兵可强，費可省，無將帥專兵之虞，無募兵潰亂之禍，永世保民之道莫加於此，有國者何憚而不爲乎？

我太祖平一天下，設置衛所，分布内外。爲衛者四百九十有三，爲守禦所者三百一十有七，每衛旗軍以五千六百名爲率，每所以一千一百餘名爲率，可謂盛矣。然承平日久，武備廢弛，軍士逃亡故絶者過半，甚至十無二三者，其存者率多懦弱不堪，雖每歲勅差御史清勾，司府州縣皆設官清理，然亦徒有其名，無益於事。近閲《袁州府武衛志》，謂「承平百七十年，法綱日踈，武衛尸其職而兵不教戰，流竄逋徙十亡六七，其存者率柔脆，聞枹鼓格鬥聲，畏怖欲死。正德間，華林嘯聚及寧濠所集，皆烏合耳。平時佩虎紆金、糜廩食粟者，不能被介胄、挾弓矢一戰。顧鼓勇而陣，盡市井民兵，國家所獲衛力，僅轉漕歲千人耳。」嗚呼！此言確盡當今軍衛之病，觀袁州一衛而天下可知矣。今雖逃亡耗缺之餘，總計天下實在兵帳猶逾九十四萬，而西北邊兵且四十萬，然近年達虜深入我并汾，虔劉我幾甸，如蹈無人之境，諸衛之兵曾不能向達虜發一矢、交一戰。今縱清勾充滿衛伍，亦徒耗國儲，而何益於勝負之算、保障之功也哉？語云：「養軍千日，用在一朝。」今國家竭帑庾以供軍，而實何嘗得一朝之用？如此，雖有衛猶無衛也，雖有軍猶無軍也。朱子嘗曰：「今朝廷盡力養兵，而兵嘗有不足之患。自兵、農既分之後，計其所費卻是無日不用兵也。」觀之今事，實然，實然。近胡端敏奏議曰：「今天下衛所原額軍士，逃絶者多，實在者少。以逃絶者言，則遠年丁盡或埋没者，歲歲清查，既無根影；近日病故或逃亡者，年年勾解，隨復逃回，空累里甲造册勞費、貼解艱難。以見在者言，今養軍雖多，能戰無幾，在邊遇敵，則嬰城固守，而坐視鄉民之被掠；在内有警，則奏聞後遣，而先累民壯之被傷。此民間空出力以養軍，而又先代軍死，甚可痛也。況今東南力薄之人，充軍西北，既不得用；西北近邊之人，充軍東南，亦嘗逃回，尤爲無益。」愚嘗因胡端敏此言推之。竊見近年每解一軍，即累里甲盤費數十金，長解方回，逃軍繼踵。每一軍逃，即遺棄所買充妻小，流落乞丐，凍餒而死。今天下每歲軍解、軍逃，何啻數千？是即每歲累窮里甲數千户、累死軍妻數千人也，其可矜憫甚矣。抑尤有異焉者，近年大同、宣府以至遼東、福建諸軍，每給糧稍不如期，動輒詬噪群起，思欲爲亂，甚至戕脅主帥者有之，此風豈盛世所宜有也？使兵寓於農，詎至此乎？近日胡參政松奏疏曰：「大同兵自頃年鎮巡諸臣失於撫馭，致其悖逆、驕慢、偃蹇日甚一日，邇來教場鞠爲蓬藋，金鼓幾於絶響，每邊警交馳、烽火四照，將或躬先出城，彼悍夫驕卒方抱其愛子若孫熟寐以寢，苟稍稍繩縛，則群起而噪呼、脱巾而詬詈，事勢至此，豈不可爲之痛哭也哉？」馬端臨謂「宋兵雖多，劣弱而不可用；唐兵雖多，驕悍而不爲用」，今日兼有其弊矣。竊謂今日承平玩愒，百度懈弛、百弊叢積，天下之事莫不皆然，而軍衛一事爲尤甚。邇者有事交南，因衛兵不足而行募兵之令矣。然兵方集而劫掠已肆，沿途騷然，有司不敢詰、將領不能禁，彼寇未平而吾民已先受禍。募民益寇，古今天下同一揆也。嗚呼！清軍無益，勾軍無益，解軍無益，謫發罪人充軍無益，養兵於預無益，募兵於暫無益，非惟無益而害反有甚焉，盍亦反其本而求其善矣。董仲舒曰：「琴瑟不調，甚者必解而更張之，乃可鼓也；爲政不行，甚者必改而更化之，乃可理也。」丘文莊曰：「天下之事，譬如器用，有舊而壞者，必又爲之新製，則其用不窮矣。」今日之軍伍，可謂舊而壞矣。失今而不爲之更制，吾恐日甚一日，一旦有事，倉猝之際，其將噬臍無及矣。愚於此有策焉，不煩清解，不煩謫充，不煩預養，不煩召募，不至大更張駭世，而兵自足、民自安，則有民壯一事，因今法而稍加損益焉，俾合於人情、宜於土俗，而不失乎寓兵於農之意，且足爲經久可行之法矣。

何以言之？今日州縣民壯，各省或稱機兵，或稱健步，或曰快手。朋丁均糧，十年一編，聽差操捕，無衛所處，即用以守城，亦彷彿出兵於農之意。愚嘗備員臨江府，原無衛所附郭，清江縣止編有機兵八百餘名，亦設置教場，四時操練，一如軍制，或有寇警，則督捕官即率以往，無養兵之費，而亦足以遏寇安民。但今民壯貼户，皆是朋合，別圖丁糧，雇募頂役，亦未盡善。又十年一另編，分合不常，亦非畫一，不若各隨其里甲編定，如一圖十甲一百户，即編民壯一百名，圖甲内人户有多寡大小者，隨爲增減，不拘一律，大率以中户爲準，一户編一名，大户丁衆糧多者一户編二三名，小户丁單糧寡者二三户朋編一名，就如里甲之制，十年一次，輪班聽役。縣小兵少者，二班合爲一班，五年一次聽役。馬端臨謂「教練必多，調發必簡」之意。除有非常大寇警，方盡起用之；次警則酌量起用，以次一二班，周而復始；小警則用本班。至十年一界造册，圖甲内人户丁糧或有消長，民壯之數亦隨增減，每户必推擇户丁正身精壯者出當。即蘇氏謂「有常數而無常人，各推其家之壯者以爲兵」之意。其或糧多而丁不足者，方許令義勇應當，不許雇募代替生弊。推行如此則雖不必拘拘於井田府兵之既往，稍損益今之法，而即得寓兵於農之意，有國制兵簡易經久百世可行之法，無過於此矣。

若夫今日一時補偏救弊之權宜，則又有可言者，在於調停衛軍之制而已，何也？國初衛軍，籍充垛集，大縣至數千名，分發天下衛所，多至百餘衛、數千里之遠者。近來，東南充軍亦多發西北，西北充軍亦多發東南，然四方風土不同，南人病北方之苦寒，北人病南方之暑溼，逃亡故絶，莫不由斯。道里既遠，勾解遂難，謂宜更制，各歸土著。除國初編發，子孫已數世，慣彼風土，不願回原籍者聽；中間有願回者，官司給文發回原籍衛所補伍，以後充軍，俱即編本省附近衛所，庶鮮逃亡，易爲勾解。雖然，法雖善，要不過補偏救弊，一時權宜之政而已，終不若隨圖里編民兵之爲經久無弊，何也？蓋軍隨土著，止省清理、勾解之煩，小利而已，他弊固自若也；

若兵隨里甲，則可省養兵之費，可省募兵之害，可無逃亡缺伍之虞，可無孱弱充數與夫驕兵悍肆之患，凡昔之所謂弊者一掃而空之，所謂利者悉兼而有之矣。不井田、不府兵，而自得寓兵於農之利。迂疎一得，妄謂聖人復起，或有取於吾言而潤澤之矣。

卷六　備邊禦戎十議

禦戎之道，在先定國是。國是定，而後修攘制禦之策、安邊固圉之略可次第而舉矣。古今議國是者，莫善於漢趙充國、班固與宋伊川程子。伊川謂：「禦戎之道，守備爲本，不以攻戰爲先。」趙充國曰：「帝王之兵以全取勝，是故貴謀而賤戰。」班固曰：「聖王制禦蠻夷之常道，不與約誓，不就攻伐，來則懲而禦之，去則備而守之。」觀三子之言，禦戎、國是，其定於此乎！何也？誠以兵凶器戰危事也。況胡人以鞍馬爲家，其兵尤長於野戰，鼂錯謂：「上下山阪，出入溪澗，中國之馬弗與也；險道傾仄，且馳且射，中國之騎弗與也；風雨疲勞，饑渴不困，中國之人弗與也。」此胡虜之長技，而中國之所短也。帝王之道，出於萬全。是故古今善謀國者，必較量於彼我長短之間，必即我之所長以制彼之所短，不以吾之所短而犯彼之所長，使彼戰無所施，騎無所騁而自不得不屈於我，夫是之謂貴謀賤戰，夫然後以全取勝，而國是莫逾於此矣。其間修攘制禦之策、安邊固圉之略，愚請詳陳既往之得失，以證當今之宜行。

一曰宜修車戰以當胡騎。夫兵戰用車，其來尚矣。然古今異宜，古兵車之制不可復矣。今當師其意不師其制，則必斟酌損益今民間獨輪小車而用之乎！蓋大車難行而小車易運，大車之造費多而小車費省，大車用騾畜費芻而小車一二人可推挽，大車重滯，難於前卻，而小車開合周旋，易爲布陣，大車遇險阻溝塍難逾，而小車遇險即可舁以度。是故今欲車戰，酌用小車便矣。宋李綱論用兵，謂：「步不足以勝騎，而騎不足以勝車。」吴淑請復車戰之法，謂：「匈奴所長者騎兵，苟非連車以制之，則何以禦其奔突哉？戰之用車，一陣之鎧甲也。故可以行止爲營陣，賊至則斂兵附車以拒之，賊退則乘勝出兵以擊之，出則藉此爲所歸之地，入則以此爲所居之宅。故人心有依，不懼胡騎之陵突也。」二子所言，其達車戰之利乎！自漢而下，備邊禦狄用車者不一而足。衛青出塞擊胡，以武剛車自環爲營；光武造戰車，上作樓櫓，置塞上以拒匈奴；隋禦突厥，皆戎車步騎相參，與鹿角爲方陣；哥舒翰節度隴右，嘗造戰車以收黄河九曲。是數者，皆知車戰之利而用之也。不特此也，馬隆擊鮮卑，作偏箱車，爲木屋施於車上，轉戰千餘里，殺傷甚衆，遂平涼州；劉裕伐秦，爲魏軍所遏，命將軍朱超石等以車七百乘渡河北岸，爲卻月陣，以大弩及矟千餘禦之，魏師奔潰；後魏攻鍾離，梁武帝遣豫州刺史韋叡救之，魏將軍楊大眼勇冠軍中，將萬餘騎來戰，所向皆靡，叡結車爲陣，以强弩二千一時俱發，殺傷甚衆，矢貫大眼右臂，大眼退走；唐馬燧鎮河東，爲戰車，冒以狻猊，行則載兵，止則爲陣，遇險以遏奔衝，討田悦，大破之。前代名將用車取勝，往往如此。況於今日，而何不可行之有？若夫戰車制度，則往籍所載不一，今姑舉其可行者著之。宋魏勝常創爲如意戰車、弩車、砲車矣，其制：上爲獸面木牌，垂氈幕軟牌，每車用二人推轂，可蔽五十人，行則載輕重器甲，止則爲營掛搭如城壘，人馬不能近。列車則如意車在外，以旗蔽障；弩車當陣門，其上置牀子弩；砲車在陣中，施火石而陣。相近，則陣間發弓弩箭砲；近陣門，則刀斧鎗手突出；交陣，則出騎兵兩嚮掩擊、救陣追襲；少卻，入陣間稍憩，進退俱利，伺便出擊，慮有拒追，預爲解脱計。近日何燕泉《餘冬序録》載今寧夏戰車之制矣，云寧夏近作戰車，一人可推而四人翼之。其制：面設一牌以衛人，箱上横兩鎗牀，左右附兩銃，俱孔達。牌外牌下拴二木，止則爲車前脚，行則鐵鉤約之，其牌亦有消息，可偃豎。車近身爲繩袋，裝搭什物，入夜下營，人與車從。《大明會典》、《雙槐歲鈔》皆嘗録及當時戰車矣，《大明會典》：天順八年，造戰車，制如民間小車，但前增三面木板，闊二丈三尺、高六尺，彩畫龍虎獸面，上開小窗，三面各留銃眼。○成化二年，令每步隊進小車六輛，輛載九人，車裝一人，推挽、放銃七人〔一〕，行則爲陣，止則爲營，空處張掛布圍，畫作獅頭牌面。又於營外每車添設木樁二根，絆馬索一條；每車用布幙二扇，俱用旗鎗張掛小紅纓頭并生鐵鈴鐺。○《雙槐歲鈔》：成化二十年，總督尚書余子俊上言邊務曰：「自古命將出師，誅暴禁亂，見可而進，知難而退，進退之間，非車不可。臣奉命以來，熟看大同地方，山川平曠，宣府地方，一半相等門庭。寇至，車戰爲宜。今爲軍之計，大率以萬人爲一軍，戰車五百餘輛，用步軍千人駕拽〔二〕，行則繼以爲陣，止則横以爲營。[營]車空缺去處〔三〕，以鹿角柞補塞。凡戰士器械，不勞馬馱，乾糧不煩自齎。若使虜賊合衆對壘，彼用弓

〔一〕「輛載九人車裝一人推挽放銃七人」，明萬曆刊本《大明會典》作「每輛二人推挽，七人放銃，軍裝俱載其上」。（李東陽纂、申時行重修：《大明會典》，《元明史料叢編》，臺北，文海出版社，一九八五年影印本，第二輯第十九种，第五册，第二六二五頁。）

〔二〕「千人」，《雙槐歲鈔》作「十人」。（黄瑜撰：《雙槐歲鈔》，北京，中華書局，二〇〇六年，第一五〇頁。）

〔三〕「營」字原缺，據《雙槐歲鈔》補。

矢，止有百步技能，我用鎗砲，動有三四百步威勢。如相持過久，彼將分散搶掠，我則出兵〔二〕，或首遏其驕横，或尾擊其惰歸。前項車營，取便策應，運有足之城〔三〕，策不飼之馬，此億萬年守邊簡易之法也。」復具圖本五，其説甚詳。丘文莊亦嘗言小車之制，著於《大學衍義補》，尤詳可考。而近日邊臣亦嘗言輕車之利矣，胡參政松奏議曰：「聞沿邊故亦有戰車，然體質重大，推移爲難。近見潞安前兵備副使陳大綱所制戰車，甚爲簡便，其上既可以安置兵器，其下又可以載糗糧，綴衣物，即遇險阻，兩人可舁以行。夫此不惟有資於戰，而又大利於守；不惟省芻秣之費，而又資餽餉之給。」今誠欲舉行，但參考三者，斟酌行之，斯善矣。抑守邊用車，尤有説焉，亦時焉而已。蓋承平之世，與開國創業時勢，霄壤不侔。開國利於戰，承平利於守。開國之初，乘百戰之餘威，士馬精强，將臣彪武，有不戰，戰必勝，斯時也，車固爲贅也，不用可也。若夫承平，恬熙之餘，百不如前，戎寇内侵，非守何以爲策？非車何以爲守？不暇遠引，即以我國朝言之，國初兵勢視今日何如也？高皇命將四征而漠南肅清，文皇親駕六征而豹踪遠遁，皆無敢努臂當轍，請降恐後，斯時也，守在四夷，邊雖不備，無警也，而何談於車？至後來則有不然者。正統己巳之役，王師二十萬騎覆於土木；近日邊臣搜套，亦以數萬騎敗於花馬池，是皆不知承平時勢之宜守而不宜於戰，不

〔二〕「我則出兵」，《雙槐歲鈔》作「我則隨處起其伏兵」。

〔三〕「有足之城」，《雙槐歲鈔》作「無足之城」。

知禦虜之宜車而不宜於騎，以我所短角彼所長，一敗塗地，無惑也。使二役也有車爲拒，長短兵夾輔之，胡馬豈能近？驅車以衝之，胡馬將退走，豈有此禍哉？悲夫！一時謀臣不知出此也。愚備徵今古，而灼知車戰爲守邊禦戎之長策，不容於已，故首陳之。

二曰宜設强弩以輔車戰。按：自古用兵，以弩爲尚。自戰國秦漢以來，多以弩取勝。迺今日朝廷官軍，北方兵器並未見有用弩者，惟南方民兵或用之，惟西南夷兵專用之，何古今南北之不同哉？考之前代，《周官》有「六弓、四弩、八矢」之法，荀子謂「魏武卒操十二石之弩」，鼂錯謂「勁弩長戟爲中國之長技」，漢制將軍有强弩積弩之名，《唐書》「擇宿衛勇者爲番頭習弩射」，宋有弓弩院造牀子弩、虎翼弩、馬黄弩。從前有國未有不用弩者也。至於歷代以弩取勝，則尤可稽。孫臏抵魏馬陵，萬弩齊發而龐涓死；漢高帝平城之圍，陳平請强弩傅兩矢外向而匈奴卻；虞詡禦武都羌，使二十强弩共射一人而發無不勝；盧耽節度西川，爲大艙連弩而南詔憚之；宋師討李繼遷，非萬弩齊發，賊未易破走也；景德澶淵之役，非伏弩射殺撻凛，契丹未易服也；以至劉裕敗魏河上之師，韋叡走楊大眼之衆，則又無非以弩輔車之效也。丘文莊曰：「昔人謂弩爲中國之勁兵，四夷所畏服，蓋射堅及遠，争險守隘，怒聲勁勢，遏衝制突，非弩弗克。」自古用兵，以弩取勝，見於史傳者不可勝紀。今世則惟用弓矢，而所謂弩者，隊伍之間不復用矣。意者有神機火鎗之用以代之，故不復置與！愚謂弓、弩、火鎗三者雖同爲長兵，然而弦木爲弩，削竹爲矢，價廉而工省，其制造甚易而爲用甚速，有國者何憚而不爲？但歷代弩制，人各不同。古有連弩，諸葛孔明損益爲摧山弩，一弩十矢俱發；唐有伏遠弩，自能弛張，縱矢三百步；宋有牀子弩，矢及七百步；又有千步弩，矢及三里；又有李宏獻神臂弓，韓世忠獻克敵弓，皆弩也，皆能射遠攻堅。今日守邊，誠能每軍造車數千輛，勁弩數千張，何虜之足畏？近見胡參政松疏陳邊計亦云：「以臣所見，揆臣所聞，當今之時，計莫如多造戰車、廣置火器强弩便。蓋夷人最善馳突，故常以驍騎踐我軍，我軍多不能支，往往失事，至於殲將莫救，以此也。惟車最能捍禦而不爲之動，又利多置强弩，設火器於車箱之上，則彼不能近以即我，此實兵家之利器、今日所宜最先者也。但歷代强弩之制，今官府既無而民間亦多不知製造，乞下令天下吏民，但有能獻善治强弩法式者，奏予一官。」

三曰宜省騎兵以紓軍民。夫中國之馬不如北虜之馬，古今無智愚皆知之，其不可以我所短角彼所長也明矣。今既以守爲策，是故車在所宜益，而騎在所宜省。五代范延光言於明宗曰：「國家養馬太多，計一騎之費，可贍步軍五人。既無所施，虚耗國力。」宋沈括論賦民出馬備邊之病，謂：「北虜多馬而人習騎射，猶中國之工强弩也。今舍我之長技，强所不能，何以取勝？」此皆工於謀國者也。丘文莊曰：「我朝馬政，兩京畿及河南、山東牧之於民，山西、陝西、遼東牧之於官。在官者有名而無實，在民者有損而無益。今天下無事之秋，欲爲武備，内疲齊民，外苦邊卒，皆以馬之故。馬之弊極矣，而迄無善政。今日内地編户養馬之法，尤甚於宋熙寧保馬之法。宋人保甲養馬，自願者聽，且免其體量草束及折變緣納錢；今日則論丁養馬，丁及數者與之，不及者足諸他户，不問其願與否也，糧草户役徵輸如故，民以一身而當數役，其害實比宋爲甚矣。假令百姓竭力破産以飼養馬匹，官得其用，雖曰有損於民而實有益於官，猶之可也；今所養之馬既皆小弱羸瘠，有之若無，馳逐數十里固已困憊矣，況用以出塞禦戎乎？是官民胥失之也。夫養馬之令，生必報數，死必責償，一馬之斃未償而一馬又斃，前歲之生未俵而嗣歲又生，生者歲增而供給愈難，死者日繼而賠償無已，民何以爲生乎？」又曰：「官軍領馬騎操，遇有倒死，責以追償，是固足以爲不行用心保惜者之戒；但馬之給於官軍者，多係餓損并老弱羸疾者，及至官給草料多不以時，或馬有不時之疾者，亦往往有之。律文：『死損數目並不准除。』然一軍之産不滿十百，而一馬之直多逾數千，傾家之所有不足以償，甚至賣三子不足以償一馬。興言及此，可傷也。邊城萬里，牧馬之多，未嘗以之臨敵出陣，往往老死皁櫪之間，而困吾士卒以賠償之苦，其亦誤矣。請自今沿邊屯戍，率以守疆界爲重，扼要害爲主，惟限虜使不得入，不必窮追。一軍之中，大率步八而騎二，馬非壯健不以給軍，軍非驍勇不以爲騎。步以爲正，騎以爲奇，如此則馬雖不多而皆得其用，内可以寬保户之孳生，外可以免騎士之賠累矣。」愚按：文莊所言軍民養馬困苦之狀，宛然如見。仁人君子讀此，寧不爲之蹙頞動念耶？然文莊但知馬不足恃，欲省騎而增步，欲步八而騎二，而不知步兵猶未易以當胡騎，雖增亦奚以爲也？

故愚以爲宜省騎而增車，以車而衛步，步卒皆令將車，官旗方令乘馬。車以布陣，馬以備緩急，壯軍容，通信息而已。一軍五千人中，得五百騎亦可矣；一鎮二萬人中，得二千騎已多矣。如此，則監牧之馬亦足以應各邊之用，而民間之牧可省矣。民牧既省，即可變賣其馬以爲造車之費，移民間養馬之費使少納造車之需，於國計有益矣。民間養馬一疋，每日類費草料銀二三分。今止令納銀一分，每歲合納銀三兩六錢。語曰：「官添一員，民增一害。」民馬既省，即可省州縣管馬之官，可省太僕點馬之擾，可省汙吏一椿騙局，可省馬户責俵孳生、賠償倒死之苦，雖使少納造車之需，民亦樂其省便矣。各邊之騎兵既省，則各邊之草料亦可省輸，或令改輸邊糧，或令折納銀兩，而官民亦不無皆益矣。嗚呼！牧馬之政，安邊之宜，其爲敝害如彼，其爲有益如此，有國者豈可此之不爲而顧彼之久行哉？

四曰宜重勸賞以墾屯田。自古守國以兵，而邊兵尤爲難强；養兵以食，而邊食尤爲難給。蓋邊塞之地，舟楫不通，千里陸運，勞費十倍。故秦人轉輸，率三十鍾而致一石，苟非即其地分屯力耕，食未易給也。蓋土地本生物以養人，天下未有不毛之土。司民牧者，苟能使地無遺利、人無遺力，則何兵食之不可給也？語曰：「千里餽糧，士有饑色。」此爲一時行兵者言也，豈有邊塞常屯、空棄地利不力耕自給，而顧歲歲仰餉於千里之外、非計之得也？昔者，戰國分裂，燕趙特彈丸黑子耳，北抗强胡，南支齊秦諸國，未聞有兵食不足之患也。秦人初爲山東諸國所擯，自孝公以亟耕力戰，遂强其國，莫有與抗者。今以天下之大，舉太倉之積以輸邊，而猶皇皇然有不足之慮，反不如戰國一隅之君，此其故何哉？古之地利盡而今之地利不盡也，古之兵皆自食其力而今之兵悉仰給於官也，然則屯田之策謂非今日守邊急務乎？故鼂錯勸募民徙田塞下，謂「使屯戍之事益省，輸將之費益寡，爲惠甚大」；趙充國擊先零，願罷兵屯田，人二十畝，益畜積，省大費，卒滅戎，振旅而還。二子其真知邊計者乎！不特此也，李泌勸其君以屯田關中之策，而士卒多應募願耕矣；唐德宗問李泌以復府兵之策，對曰：「陛下誠能用臣之言，可以不減戍卒，不擾百姓，糧食皆足，粟麥日賤，府兵亦成。請鑄農器，給牛種，分賜沿邊軍鎮，募戍卒耕荒田而種之。關中土沃而久荒，所收必厚。戍卒因屯田致富，則安於其土，不復思歸。舊制戍卒三年而代，及期將滿，下令有願留者，即以所開田爲永業，家人有願來者，本貫給長牒續食而遣之。不過數番，則戍卒皆土著。乃悉以府兵之法理之，是變關中之疲累爲富强也。」上喜曰：「如此，天下無復事矣。」命即行之。既而戍卒應募願耕屯田者什五六。韓重華募人營田於代北，而歲省度支二千餘萬緡矣。元和中，振武軍饑，宰相李絳請開營田，可省度支漕運〔二〕，乃命韓重華爲營田使〔三〕，起代北，墾田三百頃，出贓罪吏九百餘人，給以耒耜、耕牛，假種糧，使償所負粟，二歲大熟。因募人爲十五屯，每屯百三十人，人耕百畝。就高爲堡，東起振武，西逾雲

〔二〕「漕運」後，《新唐書》有「及絶和糴欺隱，憲宗稱善」十字。（歐陽修、宋祁撰：《新唐書》，北京，中華書局，一九八六年，第五册，第一三七三頁。）

〔三〕「營田使」，《新唐書》作「振武京西營田和糴水運使」。

州，極於中受降城，凡六百餘里，列栅二十，墾田三千八百餘頃，歲收粟二十萬石，省度支錢二千餘萬緡。按：李泌、韓重華所營屯田，即今大同、宣府、陝西諸邊之地；而趙充國所屯，即今甘肅地也。前人之事即後人之師，有爲者亦若是，豈有可行於古而不可行於今者哉？但邊塞之地，風沙旱寒，耕穫比南方爲難，而又每有胡人寇鈔之慮，今若不先爲防護且重勸賞以來之，則雖日談屯田無益矣。故必修車戰，繁林木，議在後。列伏兵，以爲之屏衛捍禦，然後田者有所恃而不恐。若夫勸賞之令，則莫若倣周人之田畯命官，秦人之以力耕受爵。秦法，惟農與戰，始得入官。漢有孝弟力田之科、賜帛之詔，唐有給耒耜耕牛、假種糧之令，皆無非所以鼓舞斯民，使趨事赴功也。又按：洪武中，大學士宋訥上《守邊策》，有曰：「備邊在乎足食，足食在乎屯田。今諸將中，豈皆借才於異代哉？宜選其有智勇謀略者數人，每將以東西五百里爲制，隨其遠近高下，分屯所領衛兵。斟酌損益，率五百里一將，彼此相望，首尾相應，耕作以時，訓練有法，遇敵則戰，寇去則耕，此長久安邊之策也。」景泰中，葉文莊公盛以左參政協贊獨石等處軍務，嘗請官銀買牛千餘頭，摘戍卒不任戰事者，俾事耕稼，歲課餘糧于官，凡軍中買馬、勞功、恤貧諸費皆於是乎取給，自是邊人歡洽，歲亦屢登。葉文莊所行，即與宋學士之策相表裏。使今日各邊皆如此，則糧粟不可勝用，而尚何患邊餉之不充哉？又按：近日胡端敏奏議一款，欲廣屯種以足邊儲：「夫屯種，孰不欲廣？然每差官督勸不能增者，急於起科得利也。夫歲收不常而租有定額，則開墾者利未得而害已隨，故人不敢開種。今若查照北直隸地方，欽奉太宗皇帝聖旨，『聽令各屯原額抛荒及空閑地土，不拘土客官民軍舍，儘力開墾，永不起科』；及正統四年令，『大同、宣府、遼東、陝西沿邊空閑之處，許官軍户下人丁儘力耕種，免納子粒』，如此則有利無害，而人樂于興種矣。蓋所貴乎廣種多收，民間米穀價賤，發銀可糴，則邊儲易足矣。」丘文莊亦請「於凡邊塞立屯田，分軍耕種，不必征其租入，士卒能於本田之外多耕者，立爲賞賚則例，使人人奮耕，家家有積，邊城自然充足。於是令内地該運邊糧州郡，俾其齎價來糴，家積有餘，市價自平，不獨邊軍皆贍，而内地之民亦省累矣」。愚按：二公之言，尤合於「王道藏富於民」、「無見小欲速」之意。

五曰宜因屯田以制邊縣。宋滕甫有言：「中國外夷之兵，常患多寡不敵。蓋中國兵有定數，至於平民則素不知戰；外夷之俗，人人能戰，舉國皆兵，此其所以多勝也。」馬端臨曰：「《周官》伍、兩、卒、旅、軍、師之衆，此教練之數也。家家使之爲兵，人人使之知兵，故雖至小之國，勝兵萬數可指顧而集也。」觀滕甫之言，則知外夷之所以强而中國之所以弱；觀馬端臨之言，則知古列國之所以强而今天下之所以弱，其故皆由於兵矣。愚謂今宜稍倣此意，創法立制，略如漢鼂錯所謂「制邊縣以備敵」者焉。蓋既重勸賞以墾屯田，則兵民願耕者衆矣；然後編之，悉使爲兵，一切他役無所預，如佃田百畝即出一兵，則田千頃即可得千兵、萬頃即可得萬兵矣；兵至滿萬，則大縣矣；合數縣爲一郡，則大郡矣；得良守令撫綏之，良將帥統御之，戎雖强不足畏矣。新縣既立，俾沿邊舊所有州縣亦皆一從此制，什伍其民，盡習兵戰，專以守邊禦戎，上供歲賦一切除免，凡軍需雜役，取諸近邊司府以給之，使民自爲兵之外，一無所事，事則民得專於備禦、樂於戰鬥，藩籬成而邊防永固矣，庶幾滕甫所謂「人人能戰，舉國皆兵，外夷之所以强」者，轉而爲中國之强矣；馬端臨所謂「勝兵數萬，可指顧而集，古列國之所以强」者，轉而爲今天下之强矣。昔鼂錯言於漢文帝曰：「遠方之卒，不知夷人之能[一]，不如選常居者，家室田作，且以備之。以便爲之高城深塹。要害之處，調立城邑，毋下千家。先爲室屋，具田器，乃募民，免罪拜爵，復其家。予冬夏衣，廩食，能自給而止。古之制邊縣以備敵也，使五家爲伍，十伍一里[二]，十里一連[三]，十連一邑，皆擇其賢材、習地形、知民心者爲之長，居則習民於射法，出則教民於應敵。服習已成，勿令遷徙，幼則同遊，長則共事。夜戰聲相知，則足以相救；晝戰目相接，則足以相識；懽愛之心，足以相死。如此而勸以厚賞，威以重罰，則前死而不旋踵矣。」按：錯之言，當時文帝一一施行之，邊防賴焉。唐李泌嘗言於其君，欲行屯田之策以復府兵，亦略與錯同意。嗚呼！時無古今，人無古今，顧力行何如耳！今日誠能酌行此策，因屯田以制

[一]「夷人」，《漢書·鼂錯傳》作「胡人」。（班固撰：《漢書》，北京，中華書局，一九九二年，第八册，第二二八六頁。）
[二]「十伍一里」，《漢書·鼂錯傳》作「十長一里」。
[三]「十里一連」，《漢書·鼂錯傳》作「四里一連」。

邊縣，但籍爲兵，不收其稅；但資其力，不取其財；但爲保障，不爲藩籬，實安邊長計。嗚呼！此策行，則衛所坐食無用之兵可省矣。

六曰宜行經界以寓地網。夫胡騎利在平曠易爲馳突，今邊塞之地多平原曠野，一望極目，險阻實希。宜因屯田，定其經界、開爲溝洫，就用田者之力，每一里共濬一溝，略如古者井田之制，一可以息爭端，二可以備旱潦，三可以阻胡騎，四者我兵車禦胡，即可依此爲營陣，免臨時掘塹之勞。《草木子》曰：「井田之法，非獨爲均田制祿而已，蓋所以陰寓設險守國之意。中原平衍，設立許多溝澮、許多阡陌，使車不得方其軌，騎不得騁其足故也。豈非寓至險于大順之中者乎？觀晉郤克欲使齊人盡東其畝，以便戎車；吴玠在蜀，於天水軍作地網，以阻金兵之騎，於此可驗矣。」宋紹興間，金人侵蜀，近邊地勢平衍，騎兵縱横無礙。宣撫使吴璘乃創地網於平田間，縱横鑿爲渠，闊八尺，深丈餘，連綿不絶如網。其後金人來犯，騎兵始不得肆。宋太宗時，議者謂「順安軍至北平二百里，地平廣無隔閡，每歲胡騎多由此而入」，謂「宜度地形高下，因水陸之便，建阡陌，浚溝洫，益樹五穀，所以實倉廩而限戎馬」。愚謂古今智謀之士所見略同。

七曰宜繁林木以資扼伏。夫胡騎慓悍，不可輕敵，在乎多方以阻之、制之而已。林木叢密，則敵騎不能入；非惟不能入，且不敢入；非惟不敢入，且不敢近，何也？彼懼有伏焉故也。夫林木之中，小車可由也，步卒可屯也，騎不可騁也，兵伏焉則莫測其多寡也，此敵人之所甚畏也。古之智將，鮮不以伏兵而勝。兵無伏，是無謀而浪戰也。無叢林深箐，兵難埋伏也。是故繁植林木者，所以便伏兵而拒胡騎之上策也。蓋窮邊曠土，空而棄之，不若植林木之有益於備禦也。今宜於邊界二三十里之內，皆厚植樹木，如榆柳之類，皆易生之物；如棗柿之類，皆北土之宜，廣植成林，則不惟大可以收扼胡之效，而小亦可以收薪果之利，有益於官民日用之資。夫邊塞之內，而有數十里叢林；叢林之內，而繼以屯田溝洫，阻前扼後，胡騎雖强何施？雖招之使來，且不敢矣。烽堠居叢林之外，兵車伏叢林之中，屯田居叢林之內，則田者得安於耕耨而無虞，農益勸而田疇益闢，而兵食益有賴矣。夫繁植林木，其勞費省於築長城而功倍於長城，其勢壯於十萬師，其險逾於山川丘陵，有國者患在因循玩愒而不爲耳。爲無不成，成無不效，一勞而永利矣。丘文莊謂：「今京師切近邊塞，所恃渾、蔚等州西來一帶重岡複嶺，蹊逕狹隘，林木茂密，以限胡騎馳突。不知何人始於何時，乃以薪炭之故、營繕之用，伐木取材，折枝爲薪，燒柴爲炭，致使林木日稀，蹊徑日通，險隘日夷，不幸一旦有風塵之警，將何以扼其來而拒其入乎？請於邊關一帶，東起山海，以次而西，沿山種樹。遇有罪犯應罰贖者，隨其輕重，定爲則例，專責栽種，以必成爲效。其所種之木，必相去丈許，列行破縫，參錯蔽虧，使胡馬不得直馳，官軍可以設伏，仍嚴督官司巡視看守，不許作踐砍伐，待其五七年茂盛之後，歲一遣官採取枝條，以充朝廷薪炭之用，而邊防亦因之以壯固矣。」文莊此議，鑿鑿可行。或曰：「古今拒胡，自戰國至隋每有長城之築，魏高閭嘗言修長城之利，我朝諸臣亦每有修邊牆之議，有築邊牆之舉矣，其是非利害何居？」曰：「此有損無益，勿作可也。」夫工程浩大，所費不貲，一也；勞役軍民，怨讟煩興，二也；逼近寇境，胡騎出没，丁夫驚擾不時，三也；築之縱成，曠遠難守，久益頽廢，四也；胡寇倏來，動輒數萬，潰牆而入，無異平地，反爲所笑，五也。與此役者，殆所謂運府庫之財以填盧山之壑，百勞而無一益，以此爲策，策斯下矣。故愚以爲不若創地網、植林木扼胡之爲便，此不戰而屈人之兵，上策也。

八曰宜募驍勇以習砍營。夫兵凶戰危，浪戰實難。浪戰者，胡騎之所長；砍營者，中國之所利。兵法曰「先人有奪人之心」，又曰「攻其所不備」，乘夜砍營之謂也。歷考古今用兵，能行砍營之術者，十戰九勝，況胡虜無營栅壁壘，砍之尤無不勝也，稽之往籍而可知矣。安禄山將令狐潮圍張巡於雍邱，相守四十餘日，巡以死士五百，乘夜砍潮營，潮軍大亂，焚壘而遁。宋尹繼倫遇契丹耶律休哥南寇，命士卒捲甲銜枚秣馬，俟夜從後急擊，殺契丹一大將，衆皆驚潰，休哥爲短兵中其臂而遁，契丹爲之奪氣。劉錡禦金兵于順昌，募壯士五百，夜砍其營，乘電奮擊，敵衆大亂，積屍盈野。國朝大將軍徐達、常遇春攻元將廓擴帖木兒于太原，步兵未集，遇春與徐公謀，遣精騎夜劫其營，廓擴中傷而遁。正統中，昌平侯楊洪守邊能用奇兵，遇虜入寇，必擣其虚，出其不意，善於劫營，胡人畏之，呼爲楊王。此古今砍營取勝，明效大驗，歷歷也。今日守邊禦胡，尤當以此爲長策。昔後魏太武帝，英雄主也，亦畏南人砍營，觀其遺宋主書曰：「吴人止有砍營伎，我亦不癡，晝則遣騎圍繞，夜則離彼百里外宿，彼不過行五十里，天已明矣，其首豈得不爲我所有哉？」胡人之畏砍營如此。張巡與令狐潮戰，矢盡。巡縛藁爲人千餘，被以黑衣，夜縋城下，潮兵爭射之，得矢數十萬。其後，復夜縋人，賊笑，不設備，乃以死士五百砍潮營，潮軍大亂，焚壘而遁。按：此等兵法尤妙，一計而三誤敵，既誘敵箭，復懈敵心，乃取砍營大勝。今日禦虜，倣此尤妙。噫！巡何人哉？有爲者亦若是。

九曰明賞罰以振國威。昔人有言：「有功不賞，有罪不誅，雖唐虞不能以治天下。」斯言至哉。自古及今，未有賞罰明而兵威不振不强者，未有兵强威振而敵不懾者。賞罰不明者反是。故《書》曰：「威克厥愛，允濟；愛克厥威，允罔功。」又曰：「用命賞于祖，不用命戮于社。」又曰：「功多有厚賞，不迪有顯戮。」此古先聖王用兵制勝之道。而我祖宗所以驅逐胡元，肅清沙漠，莫非由此致之也。奈何百餘年來，承平日久，人情漸狃於宴安，法度日趨於懈弛，朝廷之賞罰或不能嚴於將帥矣，將帥之賞罰或不能行於士卒矣。賞罰不行，因循姑息，苟且玩愒，邊防日隳。以全盛之天下，而困於醜虜之憑陵，誠可爲長太息也。今日邊方賞罰之失，不能一一盡陳，姑即諸臣奏疏粗見其概。胡參政松疏曰：「邊境近年侵盗驅略，虜大入則大利，小入則小利，竟不聞有鼓堂堂之陣、正正之旗與之一角於疆場者。雖朝廷之上嚴令勦殺，要不過息鼓偃旗，徐尾其後。賊如東向，我則西馳，俟其志欲充滿，整服而歸，其所略老羸孱弱，行不能逮，彼乃視爲棄核，委以啗我，而我則因之以爲利，邀之以爲俘，以巧於張皇，奏功闕下，而不知率皆我之編氓與其老耄嬰孺也，豈不重傷天地之和而遠遺醜虜之笑哉？」此退縮當罪而不罪也，朝廷之賞罰不能嚴於將帥者，一也。許都憲《九邊圖論》曰：「成化以前，敗軍法重無苟免者，是以邊臣知畏，地方少事；弘治中，太平濫觴，稍已解弛；正德則一故事耳。今寧夏失機屢矣，而舊將晏然無事。求之各邊，無不然者。此不可爲邊民痛哭哉？」此失機當罪而不罪也，朝廷之賞罰不能嚴於將帥者，二也。又曰：「先朝軍機法重，邊臣不敢蔽，否則禍出不測。今乃造爲活套，竄避任情，巡撫將臣同然一律。本屬陣亡，而云回營身故；本是敗失，而云走死官馬；襲殺老小，而云入寇斬獲；戎馬在門，而云追襲出境。殺掠至萬而不以聞，連城陷没而報無事，死者含寃而不蒙恩，生者憤懣而無所控訴。若不痛懲此弊，賞罰何以得明？賞罰不明，則邊事未可知也。」此欺蔽當罪而不罪也，朝廷之賞罰不能嚴於將帥者，三也。議者謂「近日禁網，嚴密於巖廊之前，闊略於邊境之上，欲求諸邊激勸，不可得也」。誠切證也。有爲《邊議至言》者曰：「兵必先定制而後士衆不亂，士衆不亂而後刑罰乃明，刑罰既明而後萬人齊力。」故兵法曰：「卒畏將甚於畏敵者勝。」未聞豪悍緩散、擁數萬之師、執狐疑之心乃得勝策者也。大同鎮軍自癸巳李瑾之變以來，猖狂恣睢，驕氣未殄，將帥曲爲包容，教場鞠爲茂草。鎮軍既然，諸部相效。閑居則揚揚莫禁，有事則巽耎不前。胡參政疏謂：「每邊警交馳，烽火四照，將或躬先出城，彼悍夫驕卒方抱其愛子若孫熟寐以寢，苟稍稍繩縛，則群起而噪呼，脱巾而詬詈，事勢至此，豈不可爲痛哭哉？」此今日將帥之賞罰威令不能行於卒伍，莫此爲甚矣。嗚呼！朝廷之賞罰不能嚴於將帥，賞罰尚安所施？將帥之賞罰不能行於卒伍，養兵尚復何用？由今之道無變今之俗，邊事吾不知其所終，宜諸臣發憤痛哭、觸目激中，惓惓然憂治世危明主而不能自已也。

議者又謂：「胡虜之所以致强，能爲中國患，蓋彼得休息生養，而吾則徭役困敝；彼得威殺專行，而吾則文法牽制；彼勝則利均於下，敗則恥歸於上，而吾敗則禍貽於下，勝則利歸於上。彼雖夷狄，然其賞罰信必，能得人之死力。」昔金酋粘没喝對宋使馬擴説道：「南朝劉起慶用兵，一夕逃遁，你看我家用兵，有走的麽？」嗚呼！夷狄且以信必致强，況堂堂中國而顧有愧於彼耶？昔者戰國之世，齊國不治久矣，一旦威王奮怒，封即墨，烹大夫及左右嘗譽者，於是群臣悚懼，莫敢飾非，務盡其情，齊國大治，强於天下。嗚呼！列國且以賞罰致强，況有天下者何獨不然耶？五代之季，下陵上替，胡虜盛强，中國衰亂極矣，周世宗因高平之戰，按誅潰將樊愛能、何徽等以振軍法，遂能變弱爲强，戰勝攻克。宋太祖始爲周世宗將，與敵戰，士卒有不致力者，宋祖陽爲督戰，以劍砍其皮笠，明日偏閲皮笠有劍跡者數十人，皆斬之。由是部兵莫敢不盡死。暨即位，復斬川班直妄乞恩澤者四十餘人。因與臣下論及唐莊宗事，撫髀歎曰：「二十年夾河戰争，取得天下，不能用軍法約束，誠爲兒戲。朕今撫養士卒，固不吝爵賞，苟犯吾法，惟有劍耳。」嗚呼！周世宗、宋太祖二君，皆居危處亂，際時多艱，猶能奮其賞罰，克致强盛，況今全盛之天下，而能賞罰信必如二君，將見事半古人而功必倍之矣，患不爲耳。大抵我朝邊事，一向只爲「因循姑息、玩愒偷安」八個字所破壞，不斬釘截鐵、斷除此根，天下事未可知也。又按：胡端敏奏議有更賞罰一節，尤切時弊，今附録之。奏議曰：「夫以賞言，首級論功，非我國初舊制也。兩軍相敵，當先格鬥者，手眼瞬息不得差池，何暇割首？使其取首，則再不能戰而爲敵所乘，爲後軍所爭奪，死矣。故首非我大戰、彼大敗遠奔不能割。然割之者，多非殺賊之人，而又或殺已降、或殺良民、或偶得單行之賊、被擄逃出之人而割之，多非真功也；又或因爭首級自相蹂踐，而爲敵所敗，此邊人之大恨、兵戰之大患也。以罰言，則原奏邊例，交鋒傷擄四五人即問充軍，殺擄十名口以上不報者止降一級，輕重不倫，隱瞞得利，人何苦而實報哉？又或兩軍對敵，勝負相當，殺傷相抵，我軍被殺，指名可驗，殺彼之人，不能取首，不得論功，亦問前罪，故今邊將惟以退縮保守爲事，而整堡任其攻克，鄉民任其殺擄，上下相聯，惟事欺隱而已。宜更定賞罰之格，惟嚴隱匿之罪。其兩軍交鋒，而殺傷相抵，不曾割取首級，撫按明知回奏者，不問其罪；至於退縮擁衆自衛、縱賊深入者，但被擄數十人之上，俱問失機。其戰勝論功，止憑巡撫兵備查審衆證，某人設策，某人當先破陣，某人殺死幾人，皆巡撫官即時賞給銀兩，不必論功陞官。其有三次設謀，或當先破陣，或一起連殺四五人之上，勇力出衆者，方保陞官。其若巡撫總兵失事，扶同隱匿，或冒功賞其所私者，卻從巡按訪實糾舉，必問重罪，如此庶幾賞罰當，而人心思奮，朝廷亦不致多費官爵矣。」愚按：胡端敏此議，明白深切。蓋首級論功，起將士妄殺虚冒之弊；交鋒殺傷問發充軍，起邊將擁衆自保退縮不敢戰之弊。此二弊，皆爲邊民深禍。不痛革此弊，太平未有期也。夫首級論功，暴秦商鞅之作俑也。然臨陣斬獲真賊甚難，而所謂或殺已降、或殺良民、或殺被擄逃出之人甚易，故今首級真功不一二，而僞冒者恒八九，上官但見其獲功即喜，而何假復辨其功之真僞也？〔二〕夫律，殺一家三人，凌遲處死，極惡也。今

〔二〕「何假」，疑應作「何暇」。

妄殺三功，即得陞官世襲，賞延于世，極賞也。以極賞而加於極惡之人，天命天討兩失之矣。夫殺良民報功甚易，無辨而受極賞，貪功者誰不欲爲也？故愚以爲今日不變此法，妄殺良民之禍未已也。自古兵家，惟退縮罪重，不罪其戰而殺傷士卒也，雖殺傷或衆而殺敵相當，亦足以示威懼敵，猶當以功掩罪也。諺云：「壯士臨陣，不死帶傷。」蓋殺傷，兩軍之常也。戰豈有全勝之理也哉？能向無懼已足多矣。今邊例如此，是促之使退縮自保，而致寇敢於深入而無忌也。夫朘民膏血以養兵，欲以禦寇安民也。乃退縮縱寇，復使民肝腦塗地，則何用朘民膏血以養此無用之物爲矣？有之如無，不若什伍其民，使自爲兵，猶能自竭力相救助，捍衛之爲愈矣。愚謂不變此法，邊民係擄之禍未已也。胡端敏此議，經世君子所宜致思。

十曰宜重將任責以成功。夫重將之道，其要有三：一曰選之精，二曰信之專，三曰任之久。選之精，而後其人可得也；信之專，而後其志可行也；任之久，而後其功可成也。三者闕一不可。夫邊方之任，與尋常腹裏不同。寇迫門庭，風雨飄忽，苟非其人，則修攘無術，制馭無方，生民蒙其殃而國家受其敗，是誠不可一日不得其人以處之也。精選矣，得人矣，而信任之不專，謀焉而不聽，行焉而疑之，掣肘焉，中制焉，則亦無以使之展其才，行其志，而茫乎不足以收得人之效，亦終於無益而已。得人矣，信任矣，而用之未久，又倏遷而屢易焉，則人無固志，所行雖善，而後來者又已易其轍矣，欲望其功之成，不亦難哉？故曰三者闕一不可。凡用人之道皆然，而在邊方將任尤爲當務之急。求之於古，若趙將李牧守鴈門而大破匈奴，十餘年不敢近趙邊；唐置李世勣於晉陽而民夷懷服，十五年邊塵不驚，由有得於茲三者之全效也。降及近世，得任將安邊之道者，莫如宋太祖。宋失邊險，胡虜最强，南方未一，斯正時勢之難也。宋祖乃注意謀帥，命郭進、李漢超等備契丹，董遵誨等備西夏，專制焉，久任焉，至十餘年不易，凡郡中筦榷之利悉以與之，恣其貿易，免其所過征税，許其召募亡命以爲爪牙，凡軍中事皆得便宜，每入朝必召對命坐，厚爲錫賚以遣之。由是邊臣富實，能養死士，使爲間諜，洞知敵情；及其入寇，設伏掩擊，多致克捷，皆能以一郡之力抗禦强胡。宋祖因無西北之憂，得專力東南，削平諸國。宋祖將將之賢，誠萬世有國者之軌範矣。與治同道罔不興。使今日任將能如此，尚何邊事之足憂、醜虜之足患哉？乃竊觀近日諸臣疏議，似有不然者。謂「今邊將巡撫有缺，視爲常階，不論所宜。甚至廟堂之上，相顧無人，非因分誼疎逖、登崇日淺者舉以中之，則爲人處決而己不問其堪與否也」，則今日之選將用人，與宋祖異矣。又云「今總督諸臣，動輒牽制，賞罰不能自決，繕修不能自專，芻糧不能自給，攻守不能自調，動須奏請，事由中制，倏然欲行，忽欲報罷，甚至擿狀小疵至相繩責；請兵請糧，此正爲國事焉耳，旁皇哀求，延頸企踵，而内應不至，宜其鰓鰓然結疑慮之懷而臨事蓄縮也」，則今日之委任邊將，與宋祖異矣。又謂「今之巡撫甫至任而即望遷官，焉得有固志？無固志，焉得有遠圖？無遠圖，焉得有善政？其甚者，旦夕掊剋，日夜鑽刺，圖維所以移徙遷陟而冀他命，其視地方曾遽廬火窟之弗若，而又何暇經營展布，勞來安集，爲國家無窮之計耶？」則今日之任將久速，與宋祖異矣。三者皆與古異，無怪乎邊防日益隳壞，胡虜益輕中國，長驅深入，莫敢誰何也。今之論者動曰「天下無才」，嗚呼！是何言也？愚謂爲此言者，非愚則誣矣。古今天下，未嘗有無才之世，但患上之人不能知而識之，舉而用之，自古豈聞借才於異代耶？更借宋事明之。宣和之季，宴安日久，紀綱盡隳，金虜侵陵，靖康潰覆。斯時也，天下似乎無才矣。建炎繼之，名將輩出，韓、劉、吴、岳、王德、牛皋、張憲、郭浩之儔，狂虜褫魄。天下未嘗無才，顧君相所以用之者何如耳。古之取將者，或起於椎埋屠狗，或拔於俘囚桎梏，或擢自卒校，如韓、劉、吴、岳，初皆起於卒校也。今日推將，必限自指揮以上，千百户而下且鮮及焉，不亦狹乎？古之選將者，多取於戰陣，或以謀略，或以勇貌。如韓信坐法當斬，而滕公奇而薦之；岳飛坐法當刑，而宗澤奇而用之，壯其貌也。蕭何數與韓信語，而稱其國士無雙；張所因岳飛論用兵，而矍然謂非行伍中人，奇其謀也。今日推將，惟憑撫按薦章，而究其所以薦，則或以文雅，或以阿奉，或以權囑以賄致。由今之道，無變今之俗，縱令韓、岳復出，吾知其死於囚梏、老於卒校而已，何由而知之、識之、舉之、用之，而使著虜功於當時，流聲光於百世也哉？故愚以爲，今日非無將之患，而識將之難；非專信久任之難，而舉將得人之難。使居宰輔居本兵者，有蕭何、宗澤之賢，則何患乎無韓、岳諸人之才出，而應國家之求，膺方虎之寄，而所謂信專任久，舉而措之，無難事者矣。

附録：序跋

重刻治安要議序

古之儒者，必有以上窮天道之奥，下察地理之宜，中極人事之變，然後通筴持籌，斟今酌古，大無不該，細無不舉，乃經世之大猷，非救時之小術也。漢之賈誼，唐之陸贄，宋之韓、范，其庶幾矣。要之，賈氏切而未醇，陸氏詳而近霸，韓、范盛於德業而道則未全，是知士不本於性學，使大本大源先植其基，雖有所建白，而於帝王不易之法，君子終有所未許。東莞清瀾陳先生磨礱經義，酣醉儒修，心性既明，經綸復裕，惜其僅領賢書，投閑置散，未得展其底藴，一竭胸中之奇，而退食於家，著書見志。予自束髮從師，稔悉先生文章經濟爲先朝一代儒宗，曾掌教吾閩之侯官縣，倡明絶學，力挽時趨，學士大夫翕然矜式。流風餘韻，閱百餘歲猶赫然在人耳目間。兹予奉命督學嶺南，亟欲叩其故里，擷厥英華，每試諸生，輒加採訪。歲丁酉科考，得先生五世孫陳文彬、鍾秀兄弟，爲予道其父璋欲刻先人遺書，因出《學蔀通辨》、《治安要議》、《樂府通考》，乞序於予。予三復其旨，益歎先生片言隻字皆根據六經，陶鎔子史，雖著術甚富〔二〕，未窺全豹，然即此已足領略一斑矣。其《通辨》、《通考》紙貴洛陽，無容贅縷，惟《治安要議》碩畫宏謨，明體達用，予懼人狃於近習，不能採其説而衷之也，因付數言以弁於首。

康熙五十六年丁酉八月既望，嶺南督學使者鄭晃書於羊城試院。

跋

右《治安要議》六卷，清瀾先生著。《廣州鄉賢傳》稱巡按陳聯芳、都御史李壯、侍御萬士和、恭順侯吴繼爵嘗取清瀾所著《要議》及《通紀》、《通辨》、《古今至鑑》爲之梓行，此本則其玄孫瑋重刻，擡頭處皆跳行或空一格，蓋猶沿明本之舊也。議中所論明中葉積弊，斟酌改革，按之時勢，鑿鑿可行，故瞿睿夫九思《謁墓文》言「《要議》多君國大訏謨，當事每每採用之」。序題嘉靖戊申，以清瀾生弘治丁巳推之，時年五十二。考《明史》，嘉靖間韃靼最强，吉囊、俺答屢犯邊，山西尤被其害。二十三年甲辰，俺答復自萬全右衛入掠蔚州完縣，京師戒嚴。清瀾著議，於備邊禦戎講求切至以此。至二十九年庚戌，俺答又自古北口入，直犯京師，凡飽掠八日始出塞去。

〔二〕「術」，疑爲「述」之誤。

清瀾成此書時，尚未之見，然其云「我朝邊事，一向只爲『因循姑息，玩愒偷安』八個字所破壞，不斬釘截鐵，斷除此根，天下事未可知也」，蓋早慮及之矣。惜其時分宜柄國，廷臣無敢採其議上之於朝，遂令韃靼縱横，終嘉靖之世不能制此，可爲太息者也。《明史·藝文志》、《四庫提要》載有清瀾《通紀》、《通辨》二書，而無《要議》，蓋傳本久佚，當時未得其書。此本「任官議」卷末有缺文，亦無從校補，然大意已足見一斑云。

庚申五月，陳伯陶謹跋。

學蔀通辨

學蔀通辨總序

天下莫大於學術，學術之患莫大於蔀障。近世學者所以儒佛混淆而朱陸莫辨者，以異說重爲之蔀障，而其底裏是非之實不白也。《易》曰「豐其蔀，日中見斗」，深言掩蔽之害也。夫佛學近似惑人，其爲蔀已非一日。有宋象山陸氏者出，假其似以亂吾儒之真，援儒言以掩佛學之實，於是改頭換面，陽儒陰釋之蔀熾矣。幸而朱子生同於時，深察其弊而終身力排之，其言昭如也。不意近世一種造爲早晚之說，乃謂朱子初年所見未定，誤疑象山，而晚年始悔悟，而與象山合。其說蓋萌於趙東山之《對江右六君子策》，而成於程篁墩之《道一編》，至今日王陽明因之又集爲《朱子晚年定論》。自此說既成，後人不暇復考，一切據信，而不知其顛倒早晚，矯誣朱子以彌縫陸學也。其爲蔀益以甚矣。語曰：「一指蔽目，太山弗見。」由佛學至今，三重蔀障，無惑乎朱陸儒佛混淆而莫辨也。建爲此懼，乃竊不自揆，慨然發憤，究心通辨，專明一實，以抉三蔀。前編明朱陸早同晚異之實，後編明象山陽儒陰釋之實，續編明佛學近似惑人之實，而以聖賢正學不可妄議之實終焉。區區淺陋，豈敢自謂摧陷廓清，斷數百年未了底大公案？而朱陸儒佛之辨，庶幾由此無蔀障混淆之患；禪佛之似，庶乎不亂孔孟之真，未必不爲明學術之一助云。其卷目小序，繫列于左。

嘉靖戊申孟夏初吉，東莞陳建書于清瀾草堂。

前編

上卷所載，著朱子早年嘗出入禪學，與象山未會而同，至中年始覺其非而返之正也。

中卷所載，著朱子中年方識象山，其説多去短集長，疑信相半，至晚年始覺其弊而攻之力也。

下卷所載，著朱陸晚年冰炭之甚，而象山既没之後，朱子所以排之者尤明也。

後編

上卷所載，著象山師弟作弄精神，分明禪學，而假借儒書以遮掩之也。此爲勘破禪陸根本。

中卷所載，著陸學下手工夫在於遺物棄事、屏思黜慮、專務虚静以完養精神，其爲禪顯然也。

下卷所載，著象山師弟顛倒錯亂、顛狂失心之弊，其禪病尤昭然也。

續編

上卷所載，著佛學變爲禪學，所以近理亂真，能溺高明之士，文飾欺誑，爲害吾道之深也。

中卷所載，著漢唐宋以來，學者多淫於老佛，近世陷溺推援之弊，其所從來遠矣。

下卷所載，著近年一種學術議論，類淵源於老佛，其失尤深而尤著也。

終編

上卷所載，心圖心説，明人心道心之辨，而吾儒所以異於禪佛在此也。此正學之標的也。

中卷所載，著朱子教人之法，在於敬義交修、知行兼盡，不使學者陷一偏之失，而流異學之歸也。此正學之塗轍也。

下卷所載，著朱子著書明道、闢邪反正之有大功於世，學者不可騁殊見而妄議。末附總論遺言，以明區區通辨之意云。

學蔀通辨提綱

一、朱陸早同晚異之實，二家譜集具載甚明。近世東山趙汸氏《對江右六君子策》乃云：「朱子《答項平父書》有『去短集長』之言，豈鵝湖之論至是而有合耶？使其合并於晚歲，則其微言精義必有契焉，而子静則既往矣。」此朱陸早異晚同之説所由萌也。程篁墩因之，乃著《道一編》，分朱陸異同爲三節：始焉若冰炭之相反，中焉則疑信之相半，終焉若輔車之相倚。朱陸早異晚同之説於是乎成矣。王陽明因之，遂有《朱子晚年定論》之録，專取朱子議論與象山合者，與《道一編》輔車之卷正相唱和矣。凡此，皆顛倒早晚以彌縫陸學，而不顧矯誣朱子、誑誤後學之深。故今《前編》編年以辨，而二家早晚之實，近世顛倒之弊，舉昭然矣。

一、自老莊以來，異學宗旨專是養神。《漢書》謂：「佛氏所貴，修錬精神。」胡敬齋云：「儒者養得一個道理，釋老只養得一個精神。」此言實學術正異之綱要。陸象山講學，專管歸完養精神一路，具載《語録》可考，其假老佛之似以亂孔孟之真，根柢在此，而近世學者未之察也。故今《後編》之辨陸、《續編》之辨佛，皆明其作弄精神，所以異於吾儒之學；至《終編》則明吾儒之理學異於異學之養神，蓋此書樞要只此云。

一、朱子有朱子之定論，象山有象山之定論，不可强同。專務虛静、完養精神，此象山之定論也；主敬涵養以立其本，讀書窮理以致其知，身體力行以踐其實，三者交修並盡，此朱子之定論也。觀於《後編》、《終編》，可考矣。乃或專言涵養，或專言窮理，或止言力行，則朱子因人之教，因病之藥也。惑者乃單指專言涵養者爲定論，以附合於象山，其誣朱子甚矣，故不得不辨。

一、此書本散採諸書，今繩以屬辭比事、引伸觸類之法，其文理接續，血脉貫通，句句理會，其言自相發明。

一、此書多剪繁蕪而撮樞要，不敢泛録以厭觀覽。

一、採據諸書：《朱子文集》、《朱子語類》、《朱子年譜》、《象山文集》、《象山語録》、《象山年譜》、《程氏遺書》、《伊洛淵源録》、《六子書》、《四書大全》、《文獻通考》、《事文類聚》、《傳燈録》、《大慧語録》宋僧宗杲著、《崇正辨》宋建安胡寅著、《慈湖遺書》宋慈溪楊簡著、《鶴林玉露》宋盧陵羅大經著、《草木子》元括蒼葉子奇著、《居業録》國朝餘干胡居仁敬齋著、《白沙集》新會陳獻章著、《荷亭辨論》東陽盧格著、《篁墩文集》、《道一編》並休寧程敏政著、《陽明文録》、《傳習録》並餘姚王守仁著、《象山學辨》南海霍韜渭厓著、《困知記》泰和羅欽順整庵著。其摘引單言者，書目不列，止見本文。謹按：朱子未出以前，天下學者有儒佛異同之辨；朱子既没之後，又轉爲朱陸異同之辨。此聖學顯晦所由繫，世道升降之大幾也。蓋自周衰降爲戰國，天下雖有異端，如楊、墨、申、韓之屬非一，然其爲説尚淺，未足以深惑乎人也。迨至東漢而佛學入中國，至南北朝而達磨西來傳禪，其「明心見性」之論，始足以陷溺高明之士；其「本來面目」之似，始足以混《中庸》「未發」之真矣。嗚呼！禪佛之近似，已足以惑人，而況重以象山之改頭換面，假儒書以彌縫佛學，爲説益精益巧乎？又況重以篁墩諸人又顛倒早晚，假朱子以彌縫象山，爲謀益工益密乎？常觀程子闢佛氏，曰「邪誕妖異之説，塗生民之耳目」，塗言蔀也；朱子排陸氏，曰「分明被他塗其耳目，至今猶不覺悟」，言益蔀也。孰意近年又爲《道一編》諸書所塗，成三重蔀邪？建無似，究心十年，著成此辨，垂十萬言。其大要明正學，不使爲禪説之所亂；尊朱子，不使爲後人之所誣；撤豐蔀，不使塗後學之耳目而已。君子其尚虚心而熟察之哉！

學蔀通辨前編卷上

此卷所載，著朱子早年嘗出入禪學，與象山未會而同，至中年始覺其非而返之正也。

庚戌，宋高宗建炎四年九月甲寅，子朱子生。《朱子年譜》

己未，高宗紹興九年二月乙亥，象山陸子生。《象山年譜》

辛未，紹興二十一年，陸子十三歲。陸子生穎異，幼嘗問父賀曰：「天地何所窮際？」父笑而不答，遂深思至忘寢食。後十餘歲，因讀書至「宇宙」二字，解者曰：「上下四方曰宇，往古來今曰宙。」忽大省悟，曰：「原來無窮。人與宇宙，皆在無窮之中者也。」援筆書曰：「宇宙內事，乃己分內事；己分內事，乃宇宙內事。」又曰：「宇宙便是吾心，吾心便是宇宙。東海有聖人出焉，此心同也，此理同也。西海、南海、北海有聖人出焉，此心同也，此理同也。千百世之上，至千百世之下，有聖人出焉，此心、此理亦莫有不同也。」《象山年譜》

按：陸子「宇宙」字義之悟，正禪家「頓悟」之機。然其言引而不發，學者卒然難於識破，必合《後編》所載「作弄精神一路」觀之，然後其禪昭然矣。蓋此編專明朱陸早晚，至《後編》方究極象山禪蘊也。

癸酉，紹興二十三年，朱子二十四歲。赴任同安主簿，始受學於延平李先生之門。《年譜》云：初，朱子學靡常師，出入於經傳，泛濫於釋老。自云：「初見延平，說得無限道理，也曾去學禪。李先生云：『公恁地懸空理會得許多道理，而面前事卻理會不下，道亦無他玄妙，只在日用間着實做工夫處，便自見得。』某後來方曉得他說。」《朱子語類》云：「佛學舊嘗參究，後頗疑其不是，及見李先生之言，初亦信未及，亦且背一壁放，且理會學問看如何。後年歲間漸見其非。」

朱子早年之學，大略如此。後十年，延平先生方卒。

戊寅，紹興二十八年，朱子二十九歲。作《存齋記》云：「人之所以位天地之中而爲萬物之靈者，心而已矣。然心之爲體，不可以見聞得，不可以思慮求。謂之有物，則不得於言；謂之無物，則日用之間無適而非是也。君子於此，亦將何所用其力哉？『必有事焉而勿正，心勿忘，勿助長也』，則存之之道也。如是而存，存而久，久而熟，心之爲體，必將瞭然有見乎參倚之間，而無一息之不存矣。《朱子文集》

按：此《記》爲同安學者許順之作。朱子初年之學，亦只說一個心，專說求心、見心，全與禪陸合。

戊子，孝宗乾道四年，朱子三十九歲。《答何叔京書》云：「熹奉親遣日如昔。向來妄論持敬之説，亦不自記其云何。但因其良心發見之微，猛省提撕，使心不昧，則是做工夫底本領。本領既立，自然下學而上達矣。若不察良心發見處[二]，即渺渺茫茫，恐無下手處也。所喻『多識前言往行，固君子之所急』，熹向來所見亦是如此。近因反求未得個安穩處，卻始知此未免支離。如所謂因諸公以求程氏，因程氏以求聖人，是隔幾重公案？曷若默會諸心以立其本，而其言之得失自不能逃吾之鑑邪？」《朱子文集》

朱子此書，《道一編》指爲朱子晚合象山，王陽明採爲《朱子晚年定論》。據《年譜》，朱子四十歲丁母祝孺人憂，此書有「奉親遣日」之云，則祝無恙時所答。朱子年猶未四十，學方日新未已，與象山猶未相識，若之何得爲晚合，得爲晚年定論邪？其顛倒誣誑，莫斯爲甚。

朱子又《答何叔京書》云：「今年不謂饑歉至此。夏初所至洶洶，遂爲縣中委以賑糶之役。百方區處，僅得無事。博觀之敝，此理甚明，何疑之有？若使道可以多聞博觀而得，則世之知道者爲不少矣。熹近日因事，方少有省發處，如『鳶飛魚躍』，明道以爲與『必有事焉勿正』之意

[二]「不察」後，《朱子文集》有「於」字。（朱熹撰：《朱子全書》，上海、合肥：上海古籍出版社、安徽教育出版社，二〇〇二年，第二二册，第一八二二頁。）

同者，今乃曉然無疑。日用之間，觀此流行之體，初無間斷處，有下功夫處，乃知日前自誑誑人之罪，蓋不可勝贖也。此與守書册、泥言語全無交涉，幸於日用間察之。知此，則知仁矣。」《朱子文集》

按：賑饑事，考《年譜》正在是年。王陽明所編《定論》，採答何叔京凡四書，前一書也，此一書也，尚有二書又皆在此録二書之前，皆祝孺人猶在、朱子未識象山時所答。至淳熙乙未，朱子方會象山，而何叔京亦卒矣。見朱子作《叔京墓誌》。陽明何得概指爲晚年哉？

右答何叔京二書，學專説心，而謂與書册言語無交涉，正與象山所見不約而合，此朱子早年未定之言，而篁墩、陽明矯取以彌縫陸學，印證己説也。朱子嘗謂：「李伯諫所論，大抵以釋氏爲主，而於吾儒之説近於釋者取之。」今觀《道一》、《定論》二編，大抵以陸氏爲主，而於朱子之説近於陸者取之，而顛倒早晚不顧也。學者察此，禪蔀大略可覩矣。

庚寅，乾道六年，朱子四十一歲。

朱子《答薛士龍書》云：「熹自少愚鈍，事事不能及人。顧嘗側聞先生君子之餘教，粗知有志於學，而求之不得其術，蓋舍近求遠、處下窺高、馳心空妙之域者二十餘年。比乃困而自悔，始復退而求之於句讀文義之間，謹之於視聽言動之際，庶幾銖積絲累，分寸躋攀，以幸其粗知義理之實，不爲小人之歸，而歲月侵尋，齒髮遽如許矣。」《朱子文集》

朱子初年，學專説心，而謂與書册、言語無交涉，其馳心空妙可見。據朱子自謂「馳心空妙二十餘年」，當不啻年垂四十，而此書當在此年以後矣。下三書皆相發。

又按：《語類》廖德明録癸巳所聞云：「先生言，二三年前，見得此事尚鶻突，爲他佛説得相似，近年來方看得分曉。」按癸巳，朱子四十四歲。言二三年前，則正是四十歲前，而近年看得分曉，則正是四十以後，尤可徵也。

朱子《答許順之書》云：「大抵舊來之以佛老之似亂孔孟之真[一]，故每有過高之病[二]。近年方覺其非，而亦未能盡革，但時有所覺，漸趨平穩耳。順之此病尤深，當痛省察矯揉也。」又《答許順之書》云：「三復來示，爲之悵然，已輒用愚見附注於下。只於平易慤實之處，認取至當之理。凡前日所從事一副當高奇新妙之説，並且倚閣，久之見實理，自然都使不着矣。蓋爲從前相聚時，熹亦自有此病，所以相漸染成此習尚。今日乃成相誤，惟以自咎耳。」並《朱子文集》

朱子初年，學專説心，而謂與書册、言語全無交涉，此正「過高之病」、「一副當高奇新妙

[一]「舊來之」之「之」，《朱子文集》作「多」。（朱熹撰：《朱子全書》第二二册，第一七五五頁。）

[二]「病」，《朱子文集》作「弊」。（朱熹撰：《朱子全書》第二二册，第一七五五頁。）

之説」也。

朱子《答汪尚書書》云：「熹於釋氏之説，蓋嘗師其人、尊其道，求之亦切至矣，然未能有得。其後，以先生君子之教，校乎先後緩急之序〔二〕，於是暫置其説而從事於吾學。其始蓋未嘗一日不往來於心也，以爲俟卒究吾説而後求之，未爲甚晚。而一二年來，心獨有所自安，雖未能即有諸己，然欲復求之外學以遂其初心，不可得矣。」《朱子文集》

朱子曰：「某年十五六時，亦嘗留心於此。一日，在劉病翁所會一僧，與之語，其僧只相應和了説，也不説是不是，卻與劉説某也理會得個昭昭靈靈底禪。劉後説與某，某遂疑此僧更有要妙處在，遂去扣問他，見他説得也煞好，及去赴試時，便用他意思去胡説，試官爲某説動了，遂得舉，時年十九。後赴同安任時，年二十四五矣，始見李先生，與他説。李先生只説不是。某倒疑李先生理會此未得，再三質問。李先生爲人簡重，卻不甚會説，只教看聖賢言語。某遂將那禪來權倚閣起，意中道禪亦自在，且將聖人書來讀。讀來讀去，一日復一日，覺得聖賢言語漸漸有味，卻回頭看釋氏之説，漸漸破綻罅漏百出。」《朱子語類》

此書與此語相表裏，遂明説師釋扣僧來歷。朱子爲人光明，不少隱諱如此。病翁，即

〔二〕「乎」，《朱子文集》作「夫」。（朱熹撰：《朱子全書》第二一册，第一二九五頁。）

劉屏山子翬也。

朱子《困學詩》云：「舊喜安心苦覓心，捐書絶學費追尋。困横此日安無地，始覺從前枉寸陰。」《朱子文集》

朱子初年，學務求心，而謂「與守書册泥言語全無交涉」，故致捐書絶學而苦覓心也。嗚呼！禪學近似亂真，能陷溺高明，雖朱子初猶捐書絶學，馳心二十餘年，而於象山又何怪焉？但朱子中年能覺其非而亟反之，象山則終身守其説而不變，此朱陸所以爲早同而晚異耳。好事者乃欲移朱子之早年以爲晚，是誣朱子終身爲禪而不反也，不亦悖哉！

「安心」、「覓心」，出《傳燈録》：二祖謂達磨曰：「我心未安，請師安心。」師曰：「將心來，與汝安。」二祖良久曰：「覓心了不可得。」師曰：「與汝安心。」按：象山《與鄧文範書》云：「得倉臺書，謂別後稍棄舊而圖新，了然未有所得。殆似覓心了不可得者，此乃欲有所得之心耶？」王陽明詩云：「同來問我安心法，還解將心與汝安。」其言皆本《傳燈録》。羅整庵《困知記》云：「近時以道學鳴者，泰然自處於程朱之上，然究其所得，乃程朱早嘗學焉而竟棄之者也。夫勤一生以求道，乃拾先賢所棄以自珍，反從而議其後，不亦誤耶？」整庵此言，實彈文公案，切中其病矣。

按：程篁墩《道一編》謂：「朱子晚年，深悔其支離之失，而有味於陸子之言。」王陽明《定論序》謂：「朱子晚歲，大悟舊説之非，痛悔極艾，至以爲自誑誑人之罪不可勝贖。」此等議論，皆是矯假推援，陰謀取勝；皆是借朱子之言，以形朱子平日之非，以著象山之是，以顯後學之當從。陽雖取朱子之言，而實則主象山之説也；陽若取朱子，而實抑朱子也。其意蓋以朱子初年不悟而疑象山，晚年乃悔而從象山，則朱子不如象山，明也；則後學不可不早從象山，明也。此其爲謀甚工，爲説甚巧，一則即朱子以攻朱子，一則借朱子以譽象山，一則挾朱子以令後學也。正朱子所謂「離合出入之際，務在愚一世之耳目，而使之恬不覺悟以入於禪也」。嗚呼！敝也久矣。象山以改頭換面之術蔀障天下，已數百年矣。篁墩輩以顛倒早晚之術蔀障天下，又數十年矣。今欲一旦辨而明之，誠不自量，姑盡吾心焉耳。韓子曰：「知而不以告者，不仁也；告而不以實者，不信也。」蘇子曰：「我知之不以告人，其名曰棄天。」愚雖不肖，敢不惟不仁、不信、棄天之懼乎！

學蔀通辨前編卷中

此卷所載，著朱子中年方識象山，其說多去短集長，疑信相半。至晚年始覺其弊而攻之力也。

甲午，孝宗淳熙元年，朱子四十五歲，陸子三十六歲。

朱子《答呂子約書》云：「陸子静之賢，聞之蓋久，然似聞有脱略文字、直趨本根之意，不知其與《中庸》『學問思辨然後篤行』之旨又何如耳？」○又《答呂子約書》云：「近聞陸子静言論風旨之一二，全是禪學，但變其名號耳。競相祖習，恐誤後生，恨不識之，不得深扣其説，因獻所疑也。然恐其説方行，亦未必肯聽此老生常談〔一〕，徒竊憂歎而已。」《朱子文集》

此二書，猶未會象山時所答。

乙未，淳熙二年，朱子四十六歲，陸子三十七歲。

〔一〕「老」，原作「先」，據《朱子文集》（朱熹撰：《朱子全書》第二二册，第二一九一頁）及《叢書集成初編》本《學蔀通辨》（《叢書集成初編》，北京，中華書局，一九八五年，第六五三册，第九頁）改。

五月，呂伯恭約陸子及兄子壽會朱子於鵝湖，論學不合，各賦一詩見志。陸子壽詩云：「孩提知愛長知欽，古聖相傳只此心。大抵有基方築室，未聞無址忽成岑〔一〕。留情傳註翻蓁塞〔二〕，着意精微轉陸沉。珍重友朋勤琢切，須知至樂在於今。」子靜和云：「墟墓興哀宗廟欽，斯人千古不磨心。涓流積至滄溟水，卷石崇成太華岑。易簡工夫終久大，支離事業竟浮沉。欲知自下升高處，真僞先須辨只今。」朱子續和云：「德義風流夙所欽，別離三載更關心。偶扶藜杖出寒谷，又枉籃輿度遠岑。舊學商量加邃密，新知培養轉深沉。只愁說到無言處，不信人間有古今。」朱、陸《年譜》

《朱子年譜》謂：其後，子壽頗悔其非，而子靜終身守其說不變。是以子壽後五年卒，朱子祭之以文，有「道合志同，降心從善」之許，而於子靜日益冰炭云。子壽，名九齡。

十二月，朱子《答張敬夫書》云：「熹於文字之間，覺向來病痛不少。蓋平日解經，最爲守章句者，然亦多是推衍文義，自做一片文字，非惟屋下架屋，說得意味淡薄，且是使人看者將註與經作兩項工夫做了，下稍看得支離，至於本旨全不相照。以此方知漢儒可謂善說經者，不過

〔一〕「址」，原作「趾」，據《陸九淵集》改。（陸九淵撰：《陸九淵集》，北京，中華書局，一九八〇年，第四二七頁。）
〔二〕「蓁」，原作「榛」，據《陸九淵集》改。（陸九淵撰：《陸九淵集》，第四二七頁。）

只説訓詁，使人以此訓詁玩索經文〔一〕，訓詁經文不相離異〔二〕，只做一道看了，直是意味深長也。王陽明採入《定論》止此。《大學中庸章句》緣此略修一過，再録上呈，然覺其間更有合删處。《論語》亦如此，草定一本，未暇脱稿。《孟子》則方欲爲之，而日力未及也。子壽兄弟氣象甚好，其病却是盡廢講學而專務踐履，却於踐履之中要人提撕省察，悟得本心，此爲病之大者。要其操持謹質、表裏不二，實有以過人者。惜其自信太過，規模窄狹，不復取人之善，將流於異學而不自知耳。」《朱子文集》

王陽明節録此書入《晚年定論》，其欺弊有三：此書在既會象山之後、《論孟集註》未成之時，何得爲晚？其欺弊一也。删去「《學》、《庸》緣此修過」以下者，蓋《定論》序文以爲「中年未定之説」、「思改正而未及」，故於此删去修過之由，以彌縫其説也，謾人以爲未及改也，其欺弊二也。亦删去「子壽兄弟」以下者，以譏陸之故而特爲諱避也。考《定論》一編，凡譏及陸學處皆删去，惟一二稍稱陸學處則不删，其欺弊三也。只看陽明録此一書，便有許多弊。篁墩、陽明專挾朱子手書驅率後學，致後學亦以爲彼據朱子手書不疑也。此權

〔一〕「玩索」二字原脱，據《朱子文集》補。（朱熹撰：《朱子全書》第二一册，第一三四九頁。）
〔二〕「訓詁經文」四字原脱，據《朱子文集》補。（朱熹撰：《朱子全書》第二一册，第一三四九頁。）

詐陰謀，不合用之於講學。

又按：張敬夫卒於淳熙庚子，先朱子之卒二十載。

朱子《答吕子約書》云：「孟子言『學問之道惟在求其放心』，而程子亦言『心要在腔子裏』。今一向耽著文字，令此心全體都奔在册子上，不知有己，便是個無知覺、不識痛癢之人，雖讀得書，亦何益於吾事邪？」《朱子文集》

按：《文集》此書，全文乃有爲之言、因人而發者。《道一編》乃節録以證朱陸晚同，王陽明因取爲《晚年定論》，亦是謾人。全書云：「向來疾證，來書以爲勞耗心力所致，而諸朋友書亦云讀書過苦使然，不知是讀何書？若是聖賢之遺言，無非存心養性之事，決不應反至生病。恐又只是太史公作祟耳。孟子言學問之道至何益於吾事邪？〔一〕況以子約平日氣體不甚壯實，豈可直以耽書之故，遂忘饑渴寒暑，使外邪客氣得以乘吾之隙？是豈聖人謹疾、孝子守身之意哉？」其全書首尾如此，蓋爲子約耽書成病而發，而因戒其讀史之癖耳，非以讀聖賢之書爲無益也。今篁墩、陽明删去首尾，欲使學者不知其爲有爲之言，而概

〔一〕「孟子言學問之道（至）何益於吾事邪」，表示朱子《答吕子約書》中「孟子言學問之道」至「何益於吾事邪」一段已録，此不重復録出也。

以讀書爲無益者，不亦誣哉！朱子《答汪尚書書》謂：「上蔡所云止觀之説，本不與克己同塗並轍，後之好佛者遂掇去首尾，孤行此句，以爲己援。」《道一》、《定論》二編之弊，大率類此，故類著之。

丁酉，淳熙四年，朱子四十八歲，《論孟集註》成。《朱子年譜》

《年譜》云：「此書雖成於是年，其後刪改日益精密。」至《學庸章句》則成於淳熙己酉，時朱子年六十矣。《行狀》亦云：「先生著述雖多，於《語》、《孟》、《大學》、《中庸》尤所加意，若《大學》、《論語》則更定數四，以至垂没焉。」兹言尤明白可按。王陽明固不可詆爲「早歲所著之書」，《傳習録》爲「中年未定之説」，《定論序》欲盡廢之而行己説矣。

或曰：「陽明作《定論序》，謂朱子晚歲『大悟舊説之非，痛悔極艾，至以爲自誑誑人之罪不可勝贖。《集註》諸書乃其中年未定之説，自咎爲舊本之誤，思改正而未及』，陽明所據信然耶？」曰：「此陽明捕風捉影、誣前誑後之深也。『自誑誑人之罪不可勝贖』，即朱子早年《答何叔京書》語也；『舊本之誤』，朱子初無是語也。《朱子續文集·答黄直卿》有『向來定本之誤』之語，陽明編置《定論》首篇，爲序文張本，然此語非爲著書發也。」按：《答黄直卿書》云：「爲學直是先要立本，文義卻可且與説出正意，令其寬心玩味，未可便令考校同異，研究纖密，恐其意思促迫，難得長進。此是向來定本之誤，今幸見得，卻煩勇革，不可苟避譏笑，卻誤人也。」詳此書，蓋論教人之事、説教人定本，文意甚明。朱子嘗云「聖人教人有定本」，又下文謂「教人須先立定本」，正同此。陽明何得矯假以爲悔《集註》諸書之證也哉？又按：《朱子正文集》亦載此書，但此句止云「此是向來差誤」，無「定本」二字，其非爲著述尤明。陽明編《定論》不採正集，而採續集，亦乖。

近日，常州秦尚書作《廖太宰中庸管窺序》，謂：「嘗聞朱子晚年頗病章句支離，自謂『向來定本之誤，方欲改而未及』。其見諸黃直卿、張敬夫問答等書，可考也。」愚按：近日士大夫不知陽明之欺，遂遽信以爲實然，而疑朱子者類如此。近時學者，意見與朱子不合者，必詆爲早年之説、未定之論，其偭皆作於此。此蔀不辨，誣前惑後之禍，不知何時而已。愚爲此究心痛辨，爲考亭訟寃。

庚子，淳熙七年，朱子五十一歲。是歲陸子壽卒。《象山年譜》

按：朱子先《答林擇之書》，有「陸子壽兄弟，近日卻肯向講學上理會」之語，王陽明採爲《晚年定論》；朱子《祭陸子壽文》，有「道合志同」、「降心從善」之語，《道一編序》首以證朱陸晚同，其弊不獨以早爲晚，尤假子壽以遮蓋象山也。蔀障多端，辨不能盡。

辛丑，淳熙八年，朱子五十二歲，陸子四十三歲。

二月，陸子訪朱子於南康。朱子帥僚友、諸生與俱至白鹿洞書堂，請升講席。陸子爲講《論語》「君子喻於義小人喻於利」一章，深明義利之辨。朱子請書於簡，自爲之跋，稱其「發明懇到，切中學者隱微深錮之病」云。朱、陸《年譜》

呂伯恭《與朱子帖》云：「子静留得幾日，鵝湖氣象已全轉否？」朱子答書云：「子静舊日規模終在，其論爲學之病，多説如此即只是意見，如此即只是議論，如此即只是定本。某因與説：『既是思索，即不容無意見；既是講學，即不容無議論；統論爲學規模，亦豈容無定本？但隨人材質病痛而救藥之，即不可有定本耳。』渠卻云：『正爲多是邪意見、閑議論，故爲學者之病。』某云：『如此，即是自家呵斥，亦過分了，須是著邪字、閑字〔一〕，方始分明，不教人作禪會耳。又教人恐須先立定本，卻就上面整頓，方始説得無定本底道理。今如此一概揮斥，其不爲禪學者幾希矣。』」《朱子文集》

按：南康之會，朱子於象山取其講義，而終譏其禪會，疑信相半如此。按：朱子又嘗答呂伯恭，謂「子静依舊遮前掩後，巧爲辭説」。此語尤深中其病云。

癸卯，淳熙十年，朱子五十四歲，陸子四十五歲。

朱子《答項平父書》云：「所喻曲折及陸國正語，三復爽然，所警於昏惰者爲厚矣。大抵子

〔一〕《朱子文集》無「是」字。（朱熹撰：《朱子全書》第二一册，第一五一五頁。）

思以來，教人之法惟以尊德性、道問學兩事爲用力之要。今子静所説專是尊德性事，而某平日所論卻是道問學上多了〔一〕。所以爲彼學者，多持守可觀，而看得義理全不子細，又别説一種杜撰道理遮蓋，不肯放下；而某自覺雖於義理上不敢亂説，卻於緊要爲己爲人上多不得力，今當反身用力，去短集長，庶幾不墮一邊耳。」《朱子文集》、《象山年譜》

按《象山年譜》：去年秋，除國子正。是年冬，遷敕令所删定官。據此，書在辨無極前五年，正是中年疑信相半未定之際，後此所以排象山之失者方日深。《道一編》乃指此書爲朱子晚年信取象山，輔車相倚，誤矣。

五月，朱子表曹立之墓云：「立之幼穎悟，長知自刻厲。聞張敬夫講道湖湘，欲往見之，不能致。有告以沙隨程氏學古行高者，即往從之，得其指歸。既又聞陸氏兄弟獨以心之所得者爲學，其説有非文字言語之所及者，則又往受其業〔二〕，久而若有得焉。子壽蓋深許之，而立之未敢以自足也，則又寓書以講於張氏。然敬夫尋没，立之竟不得見。後得其遺文，考其爲學始終之致，於是乃有定論不疑。其告朋友書，有曰：『學必貴於知道，而道非一聞可悟、一超可入也。

〔一〕《朱子文集》無「道」字。（朱熹撰：《朱子全書》第二三册，第二五四一頁。）
〔二〕「業」，《朱子文集》作「學」。（朱熹撰：《朱子全書》第二四册，第四一七六頁。）

循下學之則，加窮理之功，由淺而深，由近而遠，則庶乎其可矣。今必先期於一悟，而遂至於棄百事以趨之〔二〕，則吾恐未悟之間，狼狽已甚，又況忽下趨高、未有幸而得之者耶？』此其晚歲用力之標的程度也。」《朱子文集》

前書似信，而此表尤疑。疑信相半，未定如此。

朱子《答諸葛誠之書》云：「示喻競辨之端，三復惘然。愚意比來深欲勸同志者兼取兩家之長，不可輕相詆訾，就有未合，亦且置勿論，而姑勉力於吾之所急。不謂乃以《曹表》之故，反有所激，如來喻之云也。不敏之故，深以自咎。子静平日所以自任，正欲身率學者一於天理，而不以一毫人欲雜於其間，恐決不至如賢者之所疑也。義理，天下之公，而人之所見有未能盡同者，正當虚心平氣，相與熟講而徐究之，以歸於是，乃是吾黨之責。而向來講論之際，見諸賢往往皆有立我自是之意，厲色忿詞，如對仇敵，無復少長之序、禮遜之容，至今懷不滿。」〔三〕《朱子文集》

朱子因門人競辨之過，故作此書以解之。「平日自任」之云，蓋如象山之意而言，猶是

〔二〕「趨」，《朱子文集》作「超」。（朱熹撰：《朱子全書》第二四册，第四一七六頁。）

〔三〕「懷」，《朱子文集》作「常」。（朱熹撰：《朱子全書》第二三册，第二五四〇頁。）

中年疑信相半之説也。或乃指此爲朱子晚年尊陸之證，誤矣。

乙巳，淳熙十二年，朱子五十六歲，陸子四十七歲。

朱子貽陸子書云：「奏篇垂寄，得聞至論，慰沃良深。語圓意活，渾浩流轉，有以見所養之深〔一〕，所蓄之厚〔二〕。但向上一路未曾撥轉處，未免使人疑著，恐是葱嶺帶來耳。」《朱子文集》

按《象山年譜》：去年冬，上輪對五劄，因録寄朱子。而朱子答之，亦疑信相半如此。

葱嶺，在西域。

朱子《與劉子澄書》云：「子静寄得對語來，語意圓轉渾浩，無凝滯處，亦是渠所得效驗，但不免有些禪底意思〔三〕。昨答書戲之云，這些子『恐是葱嶺帶來』，渠定不伏。然實是如此，諱不得也。近日，建昌説得動地，撑眉努眼，百怪俱出，甚可憂懼。渠亦本是好意，但不合只以私意爲主，更不講學涵養，直做得如此狂妄。世俗滔滔，無話可説，有志於學者又爲此説引去，真吾道之不幸也。」《朱子文集》

建昌，指象山門人傅子淵。蓋子淵江西建昌人，象山所亟稱者，而亦朱子所深闢者。

〔一〕「養」，《朱子文集》作「造」。（朱熹撰：《朱子全書》第二一册，第一五六四頁。）

〔二〕「蓄」，《朱子文集》作「養」。（朱熹撰：《朱子全書》第二一册，第一五六四頁。）

〔三〕「有」字原缺，據《朱子文集》補。（朱熹撰：《朱子全書》第二一册，第一五四九頁。）

二家冰炭自此始矣。

丙午，淳熙十三年，朱子五十七歲，陸子四十八歲。

五月，朱子《答陸子書》云：「昨聞嘗有丐外之請而復未遂，今定何如？子淵去冬相見，氣質剛毅，極不易得，但其偏處亦甚害事，雖嘗苦口，恐未必以爲然。道理雖極精微，然初不在耳目聞見之外，是非黑白只在面前[二]，此而不察，乃欲別求玄妙於意慮之表，亦已誤矣。熹衰病日侵，所幸邇來日用功夫頗覺有力，無復向來支離之病，甚恨未得從容面論。未知異時相見，尚復有異同否耳？」《朱子文集》、《象山年譜》

按：象山是年冬始奉祠還家，此時猶在朝，而嘗有丐外之請也。《象山年譜》載是書於是年，信矣。子淵「偏處甚害事」，即前《與劉子澄書》所稱是也。

按：《道一編》採此書爲朱陸晚同，又自注云：「或疑書尾尚持異同之說，然觀朱子於此既自以支離爲病，而陸子與傅子淵書亦復以過高爲憂，則二先生胥會，必無異同可知。惜其未及胥會，而陸已下世矣。」竊按：此書乃朱陸異同之始，後此方冰炭日深，二家譜、集班班可考，篁墩何得爲此捕風捉影，空虛億度，牽合欺人也？趙東山論朱陸，亦

[二]「只」，《朱子文集》作「即」。（朱熹撰：《朱子全書》第二一册，第一五六四頁。）

云：「使其合并於晚歲，則其微言精義，必有契焉，而子静則既往矣。抑朱子後來德盛仁熟，使子静見之，又當以爲何如也？」即同此一種見識。蓋求朱陸生前無可同之實，而没後乃臆料其後會之必同；本欲安排早異晚同，乃至説成生異死同，可笑！可笑！如此，豈不適所以彰朱陸平生之未嘗同，適自彰其牽合欺人之弊？奈何近世咸加據信而莫能察也，惜哉！昔裴延齡掩有爲無、指無爲有以欺人主，陸宣公謂其愚弄朝廷，其罪甚於趙高「指鹿爲馬」。今篁墩輩分明掩有爲無、指無爲有以欺弄後學，使遇君子，當如何議罪？

朱子《答程正思書》云：「所論皆正當確實，而衛道之意又甚嚴，深慰，深慰！祝汀州見責之意，敢不敬承？蓋緣舊日曾學禪宗，故於彼説雖知其非，而未免有私嗜之意，亦是被渠説得遮前掩後，未盡見其底藴。譬如楊、墨，但能知其爲我、兼愛，而不知其至於無父、無君；雖知其無父、無君，亦不知其便是禽獸也。去冬，因其徒來此，狂妄兇狠，手足盡露，自此乃始顯然鳴鼓攻之，不復爲前日之唯阿矣。」

朱子《答劉公度書》云：「建昌士子過此者，多方究得彼中道理，端的是異端誤人不少。向見賢者亦頗好之，近亦覺其非否？」

朱子《答趙幾道書》云：「所論時學之弊甚善，但所謂冷淡生活者，亦恐反遲而禍大耳。孟子所以舍申、商而距楊、墨者，爲此也〔二〕。向來正以吾黨孤弱，不欲於中自爲矛盾，亦厭繳紛競辨若可羞者，故一切容忍，不能極論。近乃深覺其弊，全然不曾略見天理仿佛，一味只將私意東作西捺，做出許多詖淫邪遁之説，又且空腹高心，妄自尊大，俯視聖賢，蔑棄禮法，只此一節，尤爲學者心術之害，故不免直截與之説破。渠輩家計已成，決不肯舍。然此説既明，庶幾後來者免墮邪見坑中，亦是一事耳。」《朱子文集》

按：《答程正思》謂「去冬其徒來此」等語，正與前《答陸子》所謂「子淵去冬相見」、《與劉子澄》所謂「建昌説得動地」語同。答劉公度、趙幾道書，語意皆同。二家冰炭，實始於此。所謂「未盡見底藴」、「未免私嗜唯阿」，如前《答項平父書》是也；「厭繳紛競辨」、「容忍不能極論」，如《答諸葛誠之書》是也；「冷淡生活」，觀《後編》所載象山「此道甚淡」等語可見。

通按：朱子於象山，自甲辰、乙巳歲以前，每去短集長，時稱其善，疑信相半。自丙午、丁未歲以後，則於象山鮮復稱其善，而專斥其非，絶口不復爲集長之説。其先後予奪，分明兩截，此朱陸早同晚異之實也。至此《答程正思》諸書，則其早同晚異之故也。蓋朱子初年

〔二〕「爲此」前，《朱子文集》有「正」字。（朱熹撰：《朱子全書》第二三册，第二五七三頁。）

因嘗參究禪學，與象山所見亦同，以故私嗜唯阿，時稱其善也；迨中年以後，朱子見道益親，始大悟禪學近理亂真之非；晚年，益覺象山改换遮掩之弊，自此乃始直截説破，顯然攻之矣。此朱陸始同終異之關要，愚故表而出之。

通按：朱子年十五六時已究禪學，馳心空妙者二十餘年，而後始覺其非。朱子年四十五六時方識象山，疑信相半者亦十餘年，而後深覺其弊。嗚呼！甚矣此學之能蔀惑，高明而難於辨察也，而況後世之士乎？朱子於禪學，謂「其始未嘗一日不往來於心」，謂「近方覺其非而亦未能盡革」；於陸氏，謂「被渠説得遮前掩後」，謂「雖知其非，而未免有私嗜之意」。嗚呼！甚矣此學之能蔀惑，高明而難於舍棄也，而況後世之士乎？向非朱子克永厥壽，則終爲所蔀惑，而其爲非爲弊，誰則明之？朱子嘗謂：「某講學，幸而天假之年。」又謂：「吕與叔惜乎壽不永，某若只如吕年，亦不見到此田地。」觀此，信矣。

通按：朱子之學，有二關焉，有三節焉，有三實焉。上卷《答薛士龍》諸書，爲朱子逃禪返正關；此卷《答程正思》諸書，爲朱陸始同終異關，此二關也。朱子早年馳心於禪學，中年私嗜於象山，晚年併排禪陸而一意正學，此編三卷乃三節也。後三編則朱子晚年排禪、排陸、明正學之實，此三實也。學者察此二關、三節、三實，無豐蔀之患矣。

學蔀通辨前編卷下

此卷所載，著朱陸晚年冰炭之甚，而象山既没之後，朱子所以排之者尤明也。

丁未，淳熙十四年，朱子五十八歲，陸子四十九歲。

五月，朱子《答陸子書》云：「税駕已久，諸況益佳，學徒四來，所以及人者在此而不在彼矣。區區所憂，卻在一種輕爲高論〔一〕，妄生内外精粗之别，以良心日用分爲兩截，謂聖賢之言不必盡信，而容貌詞氣之間不必深察者。此其爲説，乖戾狠悖，大爲吾道之害，不待他時末流之弊矣。此事不比尋常小小文義異同。恨相去遠，無由面論，徒增耿耿耳。」《朱子文集》

按《象山年譜》：「自去年冬得旨奉祠還家，學者輳集。」故此書有「脱駕已久」、「學徒四來」之云也。此朱子晚年攻陸切要之言，《道一編》乃列爲早年冰炭，差矣。

戊申，淳熙十五年，朱子五十九歲，陸子五十歲。

正月，陸子作《荆國王文公祠堂記》，略云：「公英特邁往，不屑於流俗聲色利達之習，介然

〔一〕「卻在」二字原缺，據《朱子文集》補。（朱熹撰：《朱子全書》第二一册，第一五六五頁。）

無毫毛得以入於其心，潔白之操寒於冰霜，公之質也。掃俗學之凡陋，振弊法之因循，道術必爲孔孟，勳績必爲伊周，公之志也。不蘄人之知而聲光燁奕，一時鉅公名賢爲之左次，公之得此，豈偶然哉？用逢其時，君不世出，君或致疑，謝病求去，君爲責躬，始復視事，公之得君，可謂專矣。新法之議，舉朝讙譁，行之未幾，天下恟恟，公方秉執《周禮》，精白言之，自信所學，斷乎不疑。君子力争，繼之以去，小人投機，密贊其決。忠樸屏伏，憸狡得志，曾不爲悟，公之蔽也。熙寧排公者，大抵極詆訾之言，而不折之以至理，平者未一二而激者居八九，上不足以取信於裕陵，下不足以解公之蔽，反以固其意、成其事。新法之罪，諸君子固當分之矣。公以蓋世之英、絶俗之操，山川炳靈，殆不世有。其廟貌弗嚴，邦人無所致敬。郡侯錢公慨然撤而新之，以時祠焉，余竊所敬歎。」《象山文集》、《年譜》

朱子《答劉公度書》云：「所喻『世豈能人人同己，人人知己，在我者明瑩無瑕，所益多矣』，此等語言，殊不似聖賢意思，無乃近日亦爲異論漸染，自私自利，作此見解邪〔二〕？臨川近説愈肆，《荆舒祠記》曾見之否？此等議論，皆是學問偏枯、見識昏昧之故，私意又從而激之。若公度之説行，則此等事都無人管，恣意横流矣。」《朱子文集》

〔二〕「邪」，《朱子文集》作「耶」。（朱熹撰：《朱子全書》第二二册，第二四八六頁。）

按：《象山文集》、《年譜》載《荆公祠記》，俱明言淳熙戊申。《道一編》乃指爲初年冰炭，顛倒早晚矣。嗚呼！早年者以爲晚歲，晚歲者又以爲早年，誰料篁墩著書，從頭徹尾，顛倒欺誑？稱荆舒者，王安石先封荆國公，後追封舒王。

陸子《答胡季隨書》云：「《王文公祠記》乃是斷百餘年未了底大公案，聖人復起，不易吾言矣。」《象山文集》

按：王安石爲相，首變法度，引用兇邪，實一人可以喪邦；而其「三不足」之説，則又一言可以喪邦者。遂使靖康覆亡，中原淪於左衽之禍，安石階之也。言之痛心，纖人乃爲立祠，象山又從而爲之記，盛稱其美，重爲諛墓之辭；分過於人，曲爲庇鄉人之計。朱子譏其「昏昧偏私」，誠切中其病矣。乃自謂「聖人復起，不易吾言」，將誰欺乎？

是年，陸子改貴溪應天山爲象山，建精舍講學。與學者云：「二程見周茂叔後，吟風弄月而歸，有『吾與點也』之意。後來明道此意卻存，伊川已失此意。」又云：「元晦似伊川，欽夫似明道。伊川蔽錮深，明道卻通疏。」《象山年譜》

陸子嘗謂人曰：「丱角時，聞人誦伊川語，自覺若傷我者。」又曰：「伊川之言，奚爲與孔子、孟子之言不類？」《象山行狀》

「伊川學問，未免占決卜度之失。」

「李白、杜甫、陶淵明皆有志於吾道。」《象山語録》

按：象山論人如此，其得失明矣。究象山志趣，專尚曾點，凡其胸襟高灑，不拘小節，類於點者，即以爲通疏而取之；至於文理密察，矜於細行，與點不類者，即以爲蔽錮而不之取。故夫深詆伊川，而推譽李白輩，以此也。

朱子曰：「陸子静看伊川低，此恐子静看其説未透耳。譬如一塊精金，卻道不是金，非金之不好，不識金耳。」《朱子語類》

象山詆伊川，猶陽明詆朱子，大率儒禪不相合也。

曾祖道曰：「頃年嘗見陸象山，象山與祖道言：『目能視，耳能聽，鼻能知香臭，口能知味，心能思，手足能運動，如何更要甚存誠持敬，硬要將一物去治一物，須要如此做甚？詠歸舞雩，自是吾夫子家風。』」朱子曰：「陸子静所學，分明是禪。」《語類》

按《語類》：「此乃象山没後，祖道追述之語，以類附此。」又按：象山《答曾宅之書》謂「持敬字乃後來杜撰」；王陽明亦譏朱子主敬爲「綴」、爲「畫蛇添足」，而謂「點也雖狂得我情」。譏持敬而尚點狂，陸學趣見，自是一種。

朱子《答歐陽希遜書》云：「學者當循下學上達之序，庶幾不錯。若一向先求曾點見解，未有不入於老佛也。」《朱子文集》

曾點見得大意而行不掩，卒終於狂，學者如何可學？曾點之狂，流爲莊周；莊周之變，遂爲禪學矣。

四月，陸子《與朱子書》，略云：「昔年兩得侍教，康廬之集，加款於鵝湖，然猶鹵莽淺陋，未能成章，無以相發，甚自愧也。比日少進，甚思一侍函丈，當有啓助，以卒餘教。梭山兄謂『《太極圖説》與《通書》不類，疑非周子所爲』，此言殆未可忽也。極者，中也。言無極，則是無中也。豈宜以『無極』字加於『太極』之上？『無極』二字出於《老子》，聖人之書所無有也。」《象山文集》、《年譜》

梭山名九韶，字子美，嘗詆《太極圖説》之非。朱子先已辨之矣。至是，象山復爲之申其辨，而朱子答之，各有二書，全文各數千言，不能悉録也。姑撮著其略如此。

十一月，朱子《答陸子書》，略云：「周子所以謂之無極者，正以其無方所，無形狀。如《老子》『復歸於無極』，『無極』乃無窮之義，非若周子所言之意也。」《朱子文集》、《年譜》

十二月，陸子《答朱子書》，略云：「老氏以無爲天地之始，以有爲萬物之母，以常無觀妙，以常有觀徼，直將無字搭在上面，正是老氏之學，豈可諱也？尊兄所謂『真體不傳之秘』，及『迥出常情，超出方外』等語，莫是曾學禪宗？」《象山文集》、《年譜》

己酉，淳熙十六年，朱子六十歲，陸子五十一歲。

正月，朱子《答陸子書》，略云：「熹詳老氏之言有無，以有無爲二；周子之言有無，以有無爲一。正如南北水火之相反，請更子細著眼，未可容易譏評也。『迥出常情』等語，只是俗談，即非禪家所能專有，況今雖偶然道著，而其所見所說，即非禪家道理，非如他人陰實祖用其說，而改頭換面、陽諱其所自來也。」《朱子文集》、《年譜》

按：朱陸辨無極歲載，二家年譜並同。《道一編》乃謂此辨在二家未會面之前，而咎《朱子年譜》置鵝湖既會之後，爲失其次。於是以辨無極諸書列於鵝湖三詩之前，定爲首卷，謂以著其異同之始、早年未定之論。篁墩一何誣之甚也！按：象山首書，謂「昔年兩得侍教，康廬之集，加款於鵝湖」云云，其敘述先後極爲明白，不待別加考證，而早晚已曉然於一書之中。篁墩列此書於編首，而於此豈有不知？分明自欺欺人而已。然《道一編》雖欺，而人則不知其欺也。篁墩高才博學，名重一時，後學無不宗信也。於是修《徽州志》者，稱篁墩文學，而以能考合朱陸爲稱首矣；按閩臺者，稱《道一編》有功於朱陸，爲之翻刻以廣傳矣。近年，各省試録每有策問朱陸者，皆全據《道一編》以答矣；近日，縉紳有著《學則》，著《講學録序》、《中庸管窺》，無非尊陸同朱，群然一辭矣。至席元山之《鳴寃録》、王陽明之《定論》，則效尤附和，又其甚者矣。古云「難將一人手，掩得天下目」。今篁墩分明以一人而掩天下之目矣。若今不辨，則其誑誤天下後世，將何紀極？愚讀書至此，不勝憤慨，爲

此究心通辨。嗚呼！愚之爲此，豈朱子在天之靈有以啓其衷，而使之白其誣於萬世耶？

按：《道一編》刻本今有二：一徽州刻者，程篁墩所著原本也；一福州刻者，王陽明門人所删節别本也。别本節去辨無極七書不載，豈亦已覺其弊而爲之掩匿耶？又按：《象山年譜》刻本今亦有二：一在漳州，一在撫州，皆近年陽明門人刻。撫本頗多增飾，與漳本小異，並記於此。

陸子《與陶贊仲書》云：「《荆公祠堂記》與《答元晦》二書並往，可精觀熟讀，此數文皆明道之文，非止一時辨論之文也。吾文條析甚明，看晦翁書，但見糊塗没理會，吾書坦然明白。吾所明之理，乃天下之正理、實理、公理、常理，所謂『本諸身，徵諸庶民，考諸三王而不謬，建諸天地而不悖，質諸鬼神而無疑，百世以俟聖人而不惑』者也。」

陸子《與邵叔誼書》云：「得元晦書，其蔽殊未解，某復書又加明暢，併録往，幸精觀之。」並《象山文集》

矜悻自高，象山一生氣象，自是如此。

朱子《與邵叔誼書》云[一]：「子静書來，殊無義理，每爲閉匿，不敢廣以示人。不謂渠乃自

[一]「邵叔誼」，《朱子文集》作「邵叔義」。（朱熹撰：《朱子全書》第二三册，第二六三〇頁。）

暴揚如此。所與左右書，渠亦録來，想甚得意。大率渠有文字，多即傳播四出，惟恐人不知，此其常態，亦不足深怪。吾人所學，卻且要自家識見分明，持守正當，深當以此等氣象舉止爲戒耳。」

朱子《答程正思書》云：「答子静書無人寫得，聞渠已謄本四出久矣。此正不欲暴其短，渠乃自如此。可歎，可歎！然得渠如此，亦甚省力，且得四方學者略知前賢立言本旨，不爲無益。『不必深辨』之云，似未知聖賢任道之心也。」《朱子文集》

無極之辨，冰炭極於此。

二月，序《大學章句》。三月，序《中庸章句》。《朱子年譜》

《年譜》云：「二書之成久矣，不輟修改，至是始序之。」按二書雖序於是年，然後此尚復修改不輟，《大學》直至垂没改定「誠意」章乃絶筆。《傳習録》因論格物之説與其禪見不合，乃詆爲朱子早歲所著而未及改，矯誣莫甚矣。

《傳習録》：門人問曰：「格物之説，如先生所教，明白簡易；文公於此，反有未審，何也？」陽明曰：「文公精神氣魄大，是他早年合下便要繼往開來，故一向只就考索著述上用功。若先切己自修，自然不暇及此。文公早歲便著許多書，晚年方悔是倒做了。」門人曰：「晚年之悔，如所謂『向來定本之誤』，又謂『雖讀得書，何益於吾事』，又謂『此與守書冊、泥言語全無干涉』，是他到此方悔從前用功之錯，方去切己自修矣。」曰：「然。此是文公不可及處。他力量大，一悔便轉，可惜不久即去世。平日許多錯處，皆不及改正。」按：陽明此節，即與《定論》序文相表裏，無一句一字不顛倒錯亂，誣前誑後，至謂朱子「不知先切己自修，平日許多錯處，皆不及改正」，是詆誣朱子一生無一是處。自朱子没後，無人敢如此詆誣；自古講學著書，無人敢如此顛倒欺誑。昔尹和靖有言：「其爲人明辨有才，而復染禪學，何所不至也！」嗚呼！可畏哉！

陸子《答胡季隨書》云：「以顔子之賢，必不至有聲色貨利之累、忿狠縱肆之失。夫子答其問仁，乃有『克己復禮』之說。所謂己私者，非必如常人所見之過惡而後爲己私也。己之未克，雖自命以仁義道德，自期可以至聖賢之地，皆其私也。顔子之所以異乎人者，爲其不安乎此，極仰鑽之力，故卒能踐『克己復禮』之言，而知遂以至，善遂以明也。」《象山文集》

此書本與《答論王文公祠記》同爲一書，實出晚年。

朱子曰：「陸子靜說『顔子克己，不是克去己私利欲之類，別自有個克處』，又卻不肯說破。某嘗代之下語云：『不過要言語道斷、心思路絶耳。』此是陷溺人之深坑，切不可不戒。」

胡達材問：「顔子如何尚要克己？」朱子曰：「這是公。那象山先生好恁地說道顔子不似他人樣，有偏處要克，只是心有所思便不是了。這正是禪家之說，如杲老說『不可說、不可思』

之類。他説到那險處時，又卻不説破，卻又將那虚處説起來。如某所説克己，便是説外障；如他説，是説裏障。他所以嫌某時，只緣是某捉著他緊處。别人不曉禪，便被他謾；某卻曉得禪，所以被某看破了。夫子分明説『非禮勿視聽言動』，顔子分明是『請事斯語』，卻如何恁地説得？」並《朱子語録》

朱子謂「他説到那險處，又卻不説破，卻又將那虚處説起來」，象山一生講學是用此術，《象山文集》篇篇是此弊。朱子又嘗謂「子静説道理，有個黑腰子，常是兩頭明，中間暗」，即此也。此象山遮掩禪機，被朱子晚年看破。杲老，宋大慧禪師宗杲也。

壬子，光宗紹熙三年，朱子六十三歲，陸子五十四歲。

正月，陸子知荆門軍，帥吏民講《洪範》「五皇極」章。講義云：「皇，大也。極，中也。洪範九疇，五居其中，故謂之極。」《象山年譜》

按：講義全文凡千餘言，因辨「皇極」二字而止録此。

朱子曰：「今人將『皇極』字作『大中』解了，都不是。『皇建其有極』，不成是大建其有中？『時人斯其惟皇之極』，不成是時人斯其惟大之中？」《朱子語類》

朱子《皇極辨》曰：「皇者，君之稱也；極者，至極之義，標準之名。『皇建其有極』云者，言人君以其一身而立至極之標準於天下也。」《朱子文集》

按：漢儒以來，皆以「大中」訓「皇極」。象山講義承訛踵謬，至朱子始一正之，發明精切，有功前聖。

朱子《答胡季隨書》云：「前書諸喻，讀之惘然。季隨學有家傳，又從南軒之久，常疑久遠無入頭處，必爲浮説所動。今乃果然。乃曰『纔涉思惟便不親切』，又曰『非不能以意解釋，但不欲杜撰耳』，不知卻要如何下工夫耶？夫子言『學而不思則罔』，《中庸》説『博學、審問、愼思、明辨』，聖賢遺訓明白如此，豈可舍之而徇彼自欺之浮説耶？日月逝矣，歲不我與。且將《大學》、《中庸》、《論》、《孟》、《近思》等書子細玩味〔二〕，久之須見頭緒。不可爲人所誑，虛度光陰也。荆門《皇極説》曾見之否？試更熟讀《洪範》此一條，詳解釋其文義，看是如此否？」《朱子文集》

「自欺浮説」、「爲人所誑」等語，皆是指象山。

朱子《答項平父書》云：「所喻已悉。以平父之明敏，於此自不應有疑。所以未免紛紜，卻是明敏太過，不能深潛密察、反復玩味，只略見一線路可通，便謂理只如此，所以爲人所惑，虛度

〔二〕「《大學》、《中庸》、《語》、《孟》、《近思》」，《朱子文集》作「《大學》、《論語》、《孟子》、《中庸》、《近思》」。（朱熹撰：《朱子全書》第二二册，第二五一七頁。）

光陰也。孟子之意，須從上文看。其意蓋曰『此氣乃集義而自生於中，非行義而襲取之於外』云爾，非謂義不是外襲也。今人讀書不子細，將此草本立一切法，横説豎説，誑嚇衆生，恐其罪不止如范甯之議王弼而已也。」《朱子文集》

按：項平父與胡季隨皆嘗惑於象山者，故二書皆謂爲人誑惑、虚度光陰也。范甯議王弼，考之《通鑑》，謂其「游辭浮説，波蕩後生，使搢紳之徒翻然改轍，遺風餘俗，至今爲患，其罪深於桀紂」。朱子引此，其闢象山深矣。

朱子曰：「告子直是將義屏除去，只就心上理會。因舉陸子静云『讀書講求義理，正是告子義外工夫』。某曰：不然。如子静不讀書、不求義理，只静坐澄心，卻是告子外義。」

李時可問「仁内義外」。朱子曰：「告子此説固不是，然近年有欲破其説者，又更不是。謂『義專在内，只發於我之先見者便是，如夏日飲水、冬日飲湯之類是已。若在外面商量，如此便不是義，乃是義襲』。其説如此，乃與佛氏『不得擬議，不得思量，當下便是』之説相似。此大害理。」

朱子因與萬正淳論集義云：「謂如人心知此義理，行之得宜，固自内發。人性質不同，或有魯鈍，一時見未到得，别人説出來，反之於心，見得爲是而行之，是亦内也。今陸氏只要自渠心裹見得底，方謂之内，若别人説底，一句也不是。才自别人説出，便指爲義外。如是乃告子之説。」並《朱子語類》

自卷首至此，皆二家冰炭之言。首《荆公祠記》之辨，次伊川人品之辨，次曾點舞雩之辨，次濂溪無極之辨，次顏子克己之辨，次皇極講義之辨，次孟子義外之辨，凡此數辨，皆所謂直截説破，顯然攻之者也。

按：陸子嘗云「吾之學問與諸處異者，只是在我全無杜撰。雖千言萬語，只是覺得他底在我不能添一些」。觀此言，則朱子與萬正淳之所論者信矣，真一告子也！其視聖賢之好問好察、若無若虚氣象，何啻天淵！

十二月，陸子卒於荆門軍。朱子聞訃，帥門人往寺中爲位哭之。既罷，良久曰：「可惜死了告子。」《象山年譜》、《朱子語類》

按：陸子壽之卒，朱子痛惜之，爲文以祭，象山則無。按：朱子嘗答葉味道書云：「所喻『既祔之後主不當復於寢』，向見陸子静居母喪時力主此説，其兄子壽疑之，皆以書來見問，因以《儀禮注》中『既祔復主』之説告之，而子静固以爲不然，直欲於卒哭而祔之後撤其几筵。子壽疑而復問，因又告之，以爲如此則亦無復問其禮之如何。只此卒哭之後便撤几筵，便非孝子之心，已失禮之大本矣。子静終不謂然，而子壽遂服，以書來謝，至有『負荆請罪』之語。今錢君之論，雖無子静之薄，而其所疑亦非也。」按《象山年譜》：淳熙四年，丁繼母鄧氏憂。此書朱子晚年因事追論也。即此一事，而見子静薄親忤兄，咈諫違善，其過深矣。此子壽之所以爲「降心從善」，而子静「真一告子」，較然與！或乃混合二陸，苟爲彌縫，惡乎可？

癸丑，紹熙四年，朱子六十四歲。《答詹元善書》云：「子静旅櫬經由〔二〕，聞甚周旋之，此殊可傷。見其平日大拍頭、胡叫喚，豈謂遽至此哉！然其説頗行於江湖間，損賢者之志而益愚者之過，不知此禍又何時而已耳？」

朱子《答趙然道書》云：「荊門之訃，聞之慘怛。故舊凋落，自爲可傷，不計平日議論之同異也。來喻謂恨未及見其與熹論辨有所底止，此尤可笑。蓋老拙之學，雖極淺近，然求之甚艱而察之甚審，視世之道聽塗説於佛老之餘而遽自謂有得者，蓋嘗笑其陋而譏其僭，豈今垂老而肯以其千金易人之弊帚者哉？」並《朱子文集》

按：朱子攻排陸學之言，出於象山没後者甚多，但語中無明證者，今不盡載。詳具後編。

朱子《答蔡季通書》云：「長沙之行，幾日可歸？《閣記》不敢辭，但恐病中意思昏瞶〔三〕，

〔二〕「櫬」，原誤作「襯」，據《朱子文集》改。（朱熹撰：《朱子全書》第二二册，第二一三七頁。）
〔三〕「瞶」，《朱子文集》作「憒」。（朱熹撰：《朱子全書》第二五册，第四六九三頁。）

未必能及許教未替前了得耳。向見薛象先盛稱其人，今讀其書，乃知講於陸氏之學者。近年此説流行，後生好資質者皆爲所擔閣壞了，甚可歎也。」《朱子文集》

按：《閣記》，即下文《稽古閣記》。是年，因蔡季通之請，爲象山門人許中應作者。稱陸氏者，象山既没爲古人，方稱氏也。凡稱陸氏者，倣此。《道一編》乃以爲出於早年氣盛語健之時，編在初焉冰炭之首，顛倒欺人至此，可駭！嗚呼！《大學》首戒自欺，而篁墩務爲欺；君子不欺闇室，而篁墩特著一書以欺天下。推此，其平生心術可知矣。無怪乎主考鬻題，爲言路所劾，逮繫詔獄而遂愧恨以死也。豈鬼神惡其積欺而降之罰與？愚也不得從言官後，正其欺於朝廷，願從野史後，昭其欺於汗簡，則亦有不得已焉耳。弘治己未，程敏政主考會試，給事中華昶、林廷玉劾其賣士，下獄問，黜舉子十餘人，罷敏政，未出京，卒。

王陽明《與門人書》云：「留都時，偶因饒舌，遂致多口，攻之者環四面。取朱子晚年悔悟之説，集爲《定論》，聊以解紛耳。然士大夫見之，乃往往遂有開發者，無意中得此一助，亦頗省頰舌之勞。近年篁墩諸公嘗有《道一》等編，見者先懷黨同伐異之念，故卒不能有入，反激而怒，今但取朱子所自言者表章之，不加一辭，雖有褊心，將無所施其怒矣。」愚按：陽明此書，自喜其謀工説巧能惑一時士大夫矣，自矜其智術又高於篁墩矣。蓋《道一編》猶並取二家言語比較異同，陽明編《定論》則單取朱子所自言而不及象山一語。篁墩蓋明以朱陸爲同，而陽明則變爲陽朱而陰陸耳。正如昔人以儒佛爲同，而象山則變爲陽儒而陰佛，意猶是也。嗚呼！蔀變至此益深益妙，務愚一世之耳目，而使之恬不覺悟以入於禪。視諸以儒佛朱陸爲同者，有比較牽合之迹，其蔀淺矣。噫！蔀障重重，日新月盛，何時掃蕩，使不爲士大夫之惑耶？

九月朔，朱子作《鄂州學稽古閣記》〔二〕，云：「人之有是身也，則必有是心；有是心也，則必有是理。然聖人之教，不使學者收視反聽，一以反求諸心爲事，而必曰博學、審問、謹思、明辨而力行之者，何哉？蓋理雖在我，而或蔽於氣稟物欲之私，則不能以自見；學雖在外，然皆所以講乎此理之實，及其浹洽貫通而自得之，則又初無内外精粗之間也。世變俗衰，士不知學，挾册讀書者既不過於誇多鬥靡，以爲利禄之計；其有意爲己者，又直以爲可以取足於心，而無事於外求也。是以墮於佛老空虚之邪見，而於義理之正、法度之詳，有不察焉。道之不明，其可歎已！鄂州教授許君中應建閣既成，因予友蔡君元定來請記，云云。」《朱子文集》

按：朱子早年學專求心，而此記乃深譏求心之弊。朱子之學早同於陸，而晚異於陸，莫明於此矣。

〔二〕「鄂州學」，《朱子文集》作「鄂州州學」。（朱熹撰：《朱子全書》第二四册，第三八〇〇頁。）

按：今天下學術議論兩途，只争個蔀與不蔀。不察篁墩之蔀，則朱陸晚年契合；察其蔀而究其實，則朱陸晚年冰炭，昭然灼然矣。不察象山之蔀，則陸學爲孔爲孟；察其蔀而究其實，則陸學爲禪爲佛，昭然灼然矣。予奪懸殊，好惡南北，所争只此耳。嗚呼！蔀障之患，古今天下，何事無之？內而朝廷，外而百司刑政之間，何往無之？然彼特蔀於一事一時，而象山、篁墩則蔀障天下後世，其禍不知何時而已。朱子嘗謂不止如范甯之議王弼，正以一時之害輕，而歷世之患重。區區是用究心此辨耳。

朱子《答周南仲書》云：「熹頑鈍之學，晚方自信，每病當世道術分裂，上者入於佛老，下者流於管商。學者既各以其所近便、先入者爲主，而又驅之以其好高欲速之心，是以前者既以自誤而遂以自欺，後者既爲所欺而復以欺人，文字愈工，辨説愈巧，而其爲害愈甚。」《朱子文集》

此言尤深中象山師弟及近日篁墩、陽明諸人之病。下者流於管商，指陳同父輩也。同父名亮，浙東永康人，時亦自豪其才，驅駕流輩，志於事功，號爲永康之學。朱子亦常與之往復論難，無異於象山焉，嘗謂學者曰：「海內學術之弊，不過兩事：江西頓悟，永康事功。若不極力争辨，此道無由得明。」嗚呼！可見大賢自任之心矣。

庚申，寧宗慶元六年三月甲子，朱子卒，年七十一歲。《朱子年譜》

按：朱子一生，惓惓以訂釋經書、辨明雜學爲己任。此二者，正其上承孔孟，下開來學，有大功於世者也。自程篁墩造爲朱陸早異晚同之説，而視朱子平日所以辨排雜學者皆爲覆瓿；自王陽明有朱子定論之作，而視朱子平日所釋經傳皆爲蕪言。嗚呼！二氏何苦好誣朱子耶！此編之作，天使余正二氏之誣，昭朱子之實，破禪陸之惑也。

或曰：吾子所論，固公是公非，鑿鑿皆實矣。然得無傷於訐直耶？傷於好辨好勝耶？曰：此誠建之戇癖也。建平生惡人爲欺，每讀史至小人欺君誤國、顛倒是非、誣害忠賢處，未嘗不爲之痛憤悼恨，扼腕太息，欲籲其冤而無從。讀《道一編》諸書亦然。是故著爲此辨，以籲考亭之冤，申儒釋之辨，明朱陸之實，以告天下後世勿爲所欺，惟恐其辭有未盡、辨有未明，不自知其爲訐直、爲好辨好勝也。韓子曰：「君子得位，則思死其官；不得位，則思修其辭以明其道。我將以明其道也，非以爲直而加諸人也。」嚴滄浪亦謂：「辨白是非，定其宗旨，正當明目張膽而言，使其辭説沉着痛快，深切著明，顯然易見，所謂不直則道不見，雖得罪於世之君子，不辭也。」誦二子之言，知言君子固有以諒我矣。嗚呼！今天下皆尊信陸學，而吾獨排之；今士大夫罔不據信《道一編》，而吾獨辨之，以管窺而妄議道學，以幺麼而僭論前輩，則區區固亦無所逃罪。故嘗慨然曰：「知我者，其惟此書乎！罪我者，其惟此書乎！」

學蔀通辨後編敘

或曰：子所著《學蔀通辨前編》，其於朱陸同異之辨明矣，乃復有《後編》之作者何？曰：《前編》明朱陸之異，而此編則其所以異也。夫陸子之所以異於朱子者，非徒異於朱子已也，以其異於聖賢也。異於聖賢，如之何而不異於朱子也？陸子之所以異於聖賢者，非徒異於聖賢已也，以其溺於禪佛而專務養神一路也。溺於禪佛而專務養神一路，雖欲不異於聖賢，不可得也。嗚呼！養神一路，象山禪學之實也，異於聖賢、異於朱子之實也。而近世學者不察焉，相率而輕信其自大之言，曰「陸氏之學，尊德性也」、「陸氏先立乎其大也」，而不知其假似以亂真也，援儒以入佛也，借儒以掩佛也，有許多弊也。幾何而不中於朱子謂「近世人大被人謾」，又謂「分明被他塗其耳目，至今猶不覺悟也」。嗚呼！陸氏之學，爲塗爲蔀已數百年，學者見聞習熟矣。近歲又益以程篁墩諸人之蔀，如塗塗附焉。此說天下已成風，極重有難反之勢矣，驟聞區區此論，未有不愕然以駭者。志道君子，但請毋貴耳賤目，虛心閱此編一過，則將先張之弧，後說之弧，殆有不足以喻之者矣。或猶不然，則此編奚翅覆瓿？東莞清瀾居士陳建謹敘。

學蔀通辨後編卷上

此卷所載，象山師弟作弄精神，分明禪學，而假借儒書以遮掩之也。此爲勘破禪陸根本。

朱子《答許中應書》云：「世衰道微，異端蠭起。近年以來，乃有假佛釋之似以亂孔孟之實者，其法首以讀書窮理爲大禁，常欲學者注其心於茫昧不可知之地，以僥倖一旦恍然獨見然後爲得。蓋亦有自謂得之者矣，而察其容貌辭氣之間，修己治人之際，乃與聖賢之學有大不相似者。左右於此，無乃亦惑其説耶？夫讀書不求文義，玩索都無意見，此正近年釋氏所謂看話頭者。世俗書有所謂《大慧語録》者，其説甚詳，試取一觀，則其來歷見矣。」《朱子文集》

朱子曰：「金溪學問真正是禪。欽夫、伯恭緣不曾看佛書，所以看他不破，只某便識得他。試將《楞嚴》、《圓覺》之類一觀，亦可粗見大意。」《朱子語類》

按：陸學來歷，本假佛釋，故必先識佛學，然後陸學可辨也。否則，雖南軒、東萊之賢，亦看他不破矣。故今此編，詳陳佛學爲證，以此也。《大慧語録》、《楞嚴》、《圓覺》，皆禪宗佛要也。朱子又嘗答趙詠道書謂：「讀近歲佛者之言，則知其源委之所在，此事可笑，非面見極談不能盡其底裏。」愚爲此編，正是代朱子極談，以盡象山之底裏，窮象山之源委，然後見此事之真可笑也。下文精神之説，正是象山源委所在，故首陳之。

朱子曰：「佛學只是弄精神。」

又曰：「禪學，細觀之，只是於精神上發用。」並《朱子語類》

又《答潘恭叔書》曰：「釋氏之病，乃爲錯認精神魂魄爲性。」

又《答連嵩卿書》曰：「爲此説者，只是於自己身上認得一個精神魂魄、有知有覺之物，即便目爲己性〔二〕，把持作弄，到死不肯放舍，謂之死而不亡。釋氏之學，本是如此。今其徒之黠者，往往自知其陋而稍諱之，卻去上頭別説一般玄妙道理，雖若滉漾不可致詰，然其歸宿實不外此。」並《朱子文集》

按：《漢書》論佛氏之旨云：「所貴修鍊精神，以至爲佛。」其言正與朱子合。或曰：「佛氏直指人心，見性成佛。朱子、《漢書》專以精神言，何也？」曰：「精神即心也。心者，精神之舍，而虛靈知覺作用運動，則皆精神之發也。故禪學其始也，絶利欲，遺事物，屏思慮，專虛靜，無非爲修鍊精神計；及其積久也，精神凝聚澄瑩，豁然頓悟，則自以爲明心

〔二〕「目」，原誤作「自」，據《朱子文集》改。（朱熹撰：《朱子全書》第二二册，第一八五三頁。）

見性，光明寂照，神通妙用，廣大無邊，一皆精神之爲也。《漢書》之言，朱子之論，得其要矣。象山之學，何莫非原於此？」

陸子曰：「精神全要在内，不要在外，若在外，一生無是處。」

「初學者能完聚得幾多精神，纔一霍便散了。某平日如何樣完養，故有許多精神難散。」

「人精神在外，至死也勞攘，須收拾作主宰。收得精神在内時，當惻隱即惻隱，當羞惡即羞惡，誰欺得你？誰瞞得你？見得端的後，常涵養，是甚次第？」

「初教董元息自立收拾精神，不得閑説話，漸漸好；後被教授教解《論語》，卻反壞了。」

「朱元晦泰山喬嶽，可惜學不見道，枉費精神，遂自擔閣。」

因歎學者之難得，云：「我與學者説話，精神稍高者或走了，低者至塌了。吾只是如此，吾初不知手勢如此之甚，然吾亦只有此一路。」

或有譏先生之教人專欲管歸一路者，先生曰：「吾亦只有此一路。」並《象山語録》

按：象山講學，專管歸完養精神一路，其爲禪學無所逃矣。象山每以孔孟爲辭，今考《魯論》一部、《孟子》七篇，未聞有一言及於精神，而惟釋氏之自私自利者乃專務之，象山之情昭然矣。下文反復辨證，益詳益明。

按：《孔叢子》有云：「心之精神是謂聖。」陸學宗祖，全在此一語。朱子嘗謂：

「《孔叢子》是後人僞作，鄙陋之甚。理既無足取，而辭亦不足觀。」陸學一派乃以與其禪見偶合，尊信而專主之，不亦誤乎？按：莊子曰「神全者聖人之道」，又曰「精神，聖人之心」，觀此，則作《孔叢子》當是莊、列者流。

朱濟道説：「臨事疑，恐做事不得。」陸先生曰：「請尊兄即今自立、正坐、拱手，收拾精神，自作主宰。萬物皆備於我，何有欠闕？當惻隱時自然惻隱，當羞惡時自然羞惡，當寬裕温柔時自然寬裕温柔，當發强剛毅時自然發强剛毅。」《象山語録》

朱濟道與人書云：「陸先生所以誨人者，深切著明，大概是令人求放心。學者相與講切，無非此事，不復以言語文字爲意，令人仰歎無已。其有意作文者，皆令收拾精神，涵養德性。根本既正，不患不能作文。」《象山年譜》

又曰：「千古聖賢只是辨一件事，無兩件事。」《象山語録》

佛書云：「惟有一乘法，無二亦無三。」又云：「惟此一事實，餘二則非真。」文殊曰：「善哉！無有言語文字，是真入不二法門也。」今陸學專主收拾精神一路，以爲求放心，不復以言語文字爲意，非是真入不二法門也邪？

陸子曰：「顔子爲人最有精神，然用力甚難。仲弓精神不及顔子，然用力卻易。然顔子精神高，既磨礲得就，實則非仲弓所能及也。」

謂李伯敏曰：「吾友近來精神都死，卻無向來亹亹之意。須磨礲鍛鍊，方得此理明。」「窮究磨煉，一朝自省。」並《象山語録》

按：佛氏修鍊精神，陸氏亦磨鍊精神，同歸一致。顔子何人，乃亦以磨礲精神誣之耶？「一朝自省」，頓悟法也。如下文所陳「下樓之覺」、「鏡象之見」之類是也。按：象山嘗云：「歐公本論固好，然亦只是説得皮膚。」看唐鑑一段，門人曰：「終是説骨髓不出。」象山曰：「後世亦無人知得骨髓去處。」又嘗論讀書，謂「須是就血脈骨髓理會，今學者讀書，只是解字，更不求血脈」。愚謂象山此言，雖云矜誇，而實切中後學病痛。蓋象山血脈骨髓全在養神一路，而近世學者爲所遮掩，鮮克知之也。今此編細與拈出，其禪自明。

詹阜民記象山舉「公都子問鈞是人也」一章云：「人有五官，官有其職。」某因思是，便收此心。然惟有照物而已〔二〕。他日侍坐，先生謂曰：「學者能常閉目亦佳。」某因此無事則安坐瞑目，用力操存，夜以繼日，如是者半月。一日下樓，忽覺此心已復澄瑩。中立竊異之〔三〕，遂見先生。先生目逆而視之，曰：「此理已顯也。」某問：「先生何以知之？」曰：「占之眸子而

〔二〕「然」，原誤作「焉」，據《陸九淵集》改。（陸九淵撰：《陸九淵集》，第四七一頁。）
〔三〕「之」，原誤作「者」，據《陸九淵集》改。（陸九淵撰：《陸九淵集》，第四七一頁。）

已。」因謂某：「道果在邇乎？」某曰：「然。昔者，嘗以張南軒所類洙泗言仁書考察之，終不知仁，今始解矣。」先生曰：「是即知也、勇也。」某因對曰：「不惟知、勇，萬善皆是物也。」先生曰：「然。」《象山語録》

按：無事安坐、瞑目、操存，此禪學下手工夫也。即象山之「自立正坐，收拾精神」也，即達磨「面壁静坐默照」之教，宗杲「無事省緣，静坐體究」之教也。「一日下樓，忽覺此心澄瑩」，則禪學頓悟識心之效驗也。所引「道在邇」等語，則推援之説也。所謂「照物」，即佛家光明寂照之照。楊慈湖謂「道心發光，如太陽洞照」，王陽明亦以良知爲照心。

《鶴林玉露》云：「子曰『道不遠人』，孟子曰『道在邇而求諸遠』。有尼悟道詩云：『盡日尋春不見春，芒鞵踏遍隴頭雲。歸來笑撚梅花嗅，春在枝頭已十分。』亦脱灑可喜。」

按：此即與禪陸同一推援之見。詹阜民謂考察洙泗言仁書終不知仁，即「盡日尋春不見春，芒鞵踏遍隴頭雲」也；因瞑目澄心而始解，即「歸來笑撚梅花嗅，春在枝頭已十分」也。愚謂夫子所謂「道不遠人」，指人倫日用、子臣弟友之道而言也；孟子所謂「道在邇」，亦指親親長長而言也。其視阜民之所覺、妖尼之所悟，萬萬不倫。今乃推援牽合，誣之甚矣。論學如此，是何異趙高「指鹿爲馬」？

詹阜民，字子南。象山嘗與詹子南書云：「日享事實之樂，而無暇辨析於言語之間。」

又云：「得其事實，亦不泥其辭説。」又云：「若事實上特達，端的言語自不同。」又云：「吾友相信之篤，頗知反己就實，深以爲喜。」愚按：《象山文集》每稱「事實」，如此者非一，初讀莫知其所謂，及看破《語録》「無事安坐瞑目澄心」之説，然後知其事實在此也；然後知象山凡稱實學、實行、踐實、務實之類，皆是指此也；然後知象山凡説道、説仁、説此心此理之類，皆無非此也。學者於此等緊要處識破，然後不爲象山之所蔀惑也已。

徐仲誠請教，陸子使思《孟子》「萬物皆備於我矣，反身而誠，樂莫大焉」。仲誠處槐堂一月。一日，問之云：「仲誠思得《孟子》如何？」仲誠答曰：「如鏡中觀花。」曰：「見得仲誠也是如此。」顧左右曰：「仲誠真善自述者。」因説與云：「此事不在他求，只在自家身上。」〔二〕既又微笑而言曰：「已是分明説了也。」少間，仲誠因問《中庸》以何爲要語，答曰：「我與汝説内，汝只管説外。」《象山語録》

按：此即與詹阜民所記相發。仲誠處堂一月，而有「鏡中」之見，阜民安坐半月，而有「下樓」之覺，其工夫效驗一也。仲誠以「鏡中觀花」爲思得《孟子》，阜民以「下樓之覺」合洙泗言仁，其推援强合一也。「鏡中觀花」之見，正禪家要妙。然其言引而不發，觀《慈湖遺

〔二〕「自家」，《陸九淵集》作「仲誠」。（陸九淵撰：《陸九淵集》，第四二八頁。）

書》始説得分明。

《楊慈湖行狀》云：「慈湖初在太學循理齋，嘗入夜憶先訓，默自反觀，已覺天地萬物通爲一體，非吾心外事。至陸先生新第歸，來富陽，慈湖留之。夜集雙明閣上，數提『本心』二字，因從容問曰：『何謂本心？』適平旦嘗聽扇訟，陸先生即揚聲答曰：『適斷扇訟，見得孰是孰非者，即本心也。』慈湖聞之，忽覺此心澄然清明，亟問曰：『止如斯耶？』陸曰：『更何有也？』慈湖即北面納拜，終身師事焉。每謂『某感陸先生尤是再答一語，更云云，便支離去』。已而沿檄，宿山間〔二〕，觀故書猶疑，終夜坐不能寐，天曈曈欲曉，忽灑然如物脱去，乃益明。後居妣喪，更覺日用應酬未能無礙，沈思屢日，偶一事相提觸，亟起，旋草廬中，始大悟變化云爲之旨，縱横交錯萬變，虚明不動，如鑑中象矣。」《慈湖遺書》

慈湖名簡，字敬仲，浙東慈溪人，象山高第門人也。慈湖頓悟，始於太學之反觀，而成於雙明閣之授受。

按：鑑中影象之見，慈湖一生言之。其作《昭融記》曰：「心之精神是謂聖。此心虚

〔二〕「山間」，《慈湖先生遺書》作「山谷間」。（楊簡撰：《慈湖先生遺書》，濟南，山東友誼書社，一九九一年影印本，第九一八頁。）

明無體，洞照如鑑，萬物畢見其中而無所藏。」其作《臨安學記》曰：「日用平常變化云爲，如四時之錯行，如日月之代明，如鑑中萬象，實虚明而無所有，夫是之謂時習而説之學，夫是之謂孔子爲之不厭之學。」其《見訓語》曰：「仁，人心也。人心澄然清明如鑑，萬象畢照而不動焉。」又曰：「渾渾融融，如萬象畢見於水鑑之中，夫是之謂仁，又謂之道。」愚按：此正佛氏弄精神之故智。所謂識心見性，即識此、見此也。慈湖烏得妄指爲仁、爲道、爲孔子之學邪？吾不識仁與道乃有形影之物可玩弄。如此謬妄推援，指鹿爲馬，可駭！可笑！

按：《華嚴經》言：「第一，真空絶相觀；第二，事理無礙觀；第三，事事無礙觀。譬如鏡燈之類，包含萬象，無有窮盡。」《傳燈録》謂「盡十方世界，是自己光明；盡十方世界，在自己光明内」，謂「心如明鏡臺」，謂「心月孤圓，光呑萬象」。觀此，則知慈湖鏡象之説之來歷矣。陳白沙謂「一片虚靈萬象存」，王陽明謂「良知之體皦如明鏡」，亦即此意。朱子《答廖子晦書》云：「鳶飛魚躍，道體無乎不在。觀勿忘勿助之間〔一〕，天理流行，正如是爾。若謂萬物在吾性分中，如鑑之影，則性是一物，物是一物，以此照彼，以彼入此也。横渠

〔一〕「觀」，《朱子文集》作「當」。（朱熹撰：《朱子全書》第二三册，第二〇七九頁。）

先生所謂『若謂萬象爲太虛中所見，則物與虛不相資，形自形，性自性』者，正譏此耳。」《朱子文集》

廖子晦，名德明。《宋史》稱其少學釋氏，後乃從朱子受業，以書質於朱子曰：「明道先生云：『鳶飛戾天，魚躍于淵，言其上下察也，與必有事焉而勿正同。』竊謂萬物在吾性分中，如鑑中之影，仰天而見鳶飛，俯淵而見魚躍，上下之見，無非道體之所在也。方其有事而勿正之時，必有參乎其前而不可致詰者，活潑潑地。智者當自知之。」子晦所見，蓋即同慈湖也。朱子以此書答之，而子晦大悟其失，復書曰：「鑑影之惑，非先生之教，幾殆。某昔者閑居默坐，見夫所謂充周而洞達者，萬物在其中各各呈露，遂以『鑑影』之譬爲近，故推之而爲『鳶魚』之説，竊以爲似之。先生以太虛萬象而闢其失。某讀之，久始大悟其非。若爾，則鳶魚、吾性分爲二物矣。」愚按：子晦鑑影之説，尤足發禪陸之蘊，故著之。

按：明道謂「鳶飛魚躍」一段，子思喫緊爲人處，與「必有事焉而勿正心」之意，同活潑潑地。會得時，活潑潑地；會不得時，只是弄精神。

今按：鑑影之惑，正是弄精神也。

按：「萬物皆備」之語，孟子與陸學俱言之。然孟子之「萬物皆備」，以萬物之理言也；陸學之「萬物皆備」，以萬物之影象言也。儒釋不同，肯綮只此。朱子《答胡季隨書》云：「聖賢本意，欲人戒慎恐懼以存天理之實，非是教人揣摩想像以求見此理之影也。」正明此意。《困知記》詩云：「鏡中萬象原非實，心裏些兒卻是真。須就這些明一貫，莫將形影弄精神。」亦明此意。

楊慈湖《書炳講師求訓》曰：「簡之行年二十有八也，居太學之循理齋。時首秋，入夜，僕以燈至，某坐於床，思先大夫嘗有訓曰『時復反觀』。簡方反觀，忽覺空洞無内外，無際畔，三才萬物，萬化萬事，幽明有無，通爲一體，略無縫罅。疇昔意謂萬象森羅，一理貫通而已，有象與理之分，有一與萬之異。及反觀後所見，元來心體如此廣大。孔子曰『心之精神是謂聖』，即達磨謂：『從上諸佛，惟以心傳心，即心是佛，除此心外，更無別佛。汝問我即是汝心，我答汝即是我心，汝若無心，如何解問我？我若無心，如何解答汝？』觀此益驗。即日用平常之心，惟起意爲不善，此心至妙，奚容加損？日月星辰即是我，四時寒暑即是我，山川人物即是我，風雨霜露即是我，鳶飛魚躍無非我。如人耳目口鼻手足之不同，而實一人。人心如此神妙，百姓自日用而不知。」《慈湖遺書》

按：此即鏡中萬象之見。按此推援儒佛尤明。象山嘗因宇宙字義之悟，謂「元來無窮，人與宇宙皆在無窮之中」，又謂「宇宙便是吾心，吾心便是宇宙」等語，正同此禪機。但象山引而不發，而慈湖始發其蘊。究陸學一派，惟象山工於遮掩，禪機最深，學者極難識得他破。至慈湖輩，禪機始露，稍加考證，其禪便自瞭然矣。《傳燈録》招賢大師云：「盡十方世界，是沙門眼；盡十方世界，是沙門全身；盡十方世界，是自己光明；盡十方世界，在自己光明内；盡十方世界，無一人不是自己。」此論即象山、慈湖宗祖。横渠張子嘗謂：「佛學蔽其用於一身之小，溺其志於空虚之大。語大語小，流遁失中。」此語切中其病矣。

陸子曰：「今一切去了許多謬妄勞攘，磨礲去圭角，浸潤著光精，與天地合其德云云，豈不樂哉？」

「吾於踐履未能純一，然纔自警策，便與天地相似。」並《象山語録》

「光精與天地合德」、「警策與天地相似」，語其約也；慈湖「反觀」之訓，道其詳也。約者，引而不發；詳者，無隱乎爾。

楊慈湖《訓語》曰：「子曰『朝聞道夕死可矣』、『心之精神是謂聖』。精神虚明無體，未嘗生，未嘗死，人患不自覺耳。一日洞覺，則知生死之非二矣，則爲不虚生矣。」《慈湖遺書》

慈湖此語，即佛氏「形有死生真性常在」，即以神識爲不生不滅。象山謂「人與宇宙皆在無窮之中」，陳白沙謂「神理爲天地萬物主，本長在不滅」，即此也。按：象山講學，好説「宇宙」字。蓋此二字，盡上下四方，往古來今，至大至久，包括無窮也，如佛説「性周法界」、「十方世界是全身」之類，是以至大無窮言也；如説「法身常住不滅，覺性與太虚同壽」之類，是以至久無窮言也。此象山宇宙無窮之說、吾心宇宙之說，一言而該禪學之全也。陳白沙曰：「終日乾乾，收拾此而已。斯理也，干涉至大，無内外，無終始。得此欛柄入手，更有何事？往古來今，上下四方，都一齊穿紐收拾[一]。會此則天地我立[二]，萬化我出，而宇宙在我矣。」此言尤發明象山宇宙之旨。禪學作弄精神，至此極矣。程子謂「佛氏打入個無底之壑」，朱子謂「佛氏只是説個大話謾人」，陸學即同此弊。

楊慈湖《訓語》曰：「簡行年二十有八，居太學，夜坐反觀，忽覺天地内外，森羅萬象，幽明變化，有無彼此，通爲一體。後因承象山先生扇訟是非之答，而又覺澄然清明。一日，因觀外書，有未解而心動，愈觀而愈動，掩書夜寢，心愈窘，不寐。度至丁夜，忽有黑幕自上而下，而所謂窘者，掃迹絶影，流汗沾濡，泰然。旦而寤，視外物無二見矣。」《慈湖遺書》

黑幕之見，奇特之甚；流汗之説，爲禪益彰。羅整庵云：「予官京師，偶逢一老僧，問何由成佛，渠漫舉禪語爲答云：『佛在庭前柏子樹。』愚意其必有所謂，爲之精思達旦，攬衣將起，則恍然而悟，不覺流汗通體。既而得禪家《證道歌》一編讀之，如合符節，自以爲

[一]「收拾」，原誤作「收合」，據《陳獻章集》改。（陳獻章撰：《陳獻章集》，北京，中華書局，二〇〇八年，上册，第二一七頁。）

[二]「則」，原誤作「者」，據《陳獻章集》改。（陳獻章撰：《陳獻章集》，上册，第二一七頁。）

至奇至妙。後潛玩聖賢言語，始覺其非。」朱子《答吴斗南書》云：「道只是君臣父子、日用常行當然之理，非有玄妙奇特、不可測知、如釋氏所云『豁然大悟，通身汗出』之説也。」觀此，儒佛明矣。

慈湖詩云：「惜也天然一段奇，如何萬古罕人知。只今步步雲生足，底用思爲底用疑。」鏡象之見分明奇特。

梭山云：「子静弟高明，自幼已不同，遇事觸物皆有省發，嘗聞鼓聲震動窗櫺，亦豁然有覺。其進學每如此。」《象山年譜》

按：禪家有「聞聲悟道」之機，《傳燈録》記嚴智禪師：「一日瓦礫擊竹作聲，廓然省悟。」正是如此。然梭山此語，終亦引而不發。觀下文慈湖誌語，始發象山之藴。

楊慈湖《誌葉元吉妣張氏墓》謂：「元吉自言嘗得某子絶四碑一讀，知此心明白廣大，異乎先儒繳繞回曲之説。自是，讀書行己，不敢起意。後寐中聞更鼓聲而覺，全身流汗，失聲歎曰：『此非鼓聲也，如還故鄉。』終夜不寐。夙興，見天地萬象萬變，明暗虛實，皆此一聲，皆祐之本體，光明變化，固已無疑，而目前常若有一物。及一再聞某警誨，此一物方泯然不見。元吉弱冠與貢，孺人不以爲喜；聞聲而大警悟，孺人始喜。」《慈湖遺書》

按：禪家悟道必以夜，亦是奇怪。昔六祖傳法於五祖也，以三更時；茲慈湖悟法於象山也，以夜集雙明閣。他如慈湖太學、山間、黑幕諸悟，與葉元吉此悟，一皆是夜，皆夜臥寤寐恍惚之間。羅整庵所説京師之悟亦然。餘不言晝夜者，可類推矣。伊川先生謂「如人睡初覺時，乍見上下東西，指天説地」，禪家所見，豈只是此模樣耶？奈何指此爲識心見性？吾斯之未能信。胡敬齋謂「禪家見道，只如漢武帝見李夫人，只是見出一個假物事。以爲識心見性，其實未嘗識心，未嘗見性也。」此言深切禪病。蓋漢武見李夫人，正是見夜間形影恍惚也。

陸子曰：「徹骨徹髓，見得超然，於一身自然輕，自然靈。」「人爲學甚難，天覆地載，春生夏長，秋斂冬肅，俱此理。人居其間，要靈識此理，如何解得。宿無靈骨。人皆可以爲堯舜，謂無靈骨，是謂厚誣。」並《象山語録》

陸學師弟「鏡象」諸見，是謂靈識、靈見，且有靈骨矣。下文慈湖「靈明」、「靈覺」、「靈光」等語，即同「宿無靈骨」，本禪語。

楊慈湖《奠馮氏妹辭》云：「吾妹性質靈明[一]，觀古默契。靈覺天然，萬古鮮儷。士而能

[一] 「性」，原誤作「姓」，據《慈湖先生遺書》（楊簡撰：《慈湖先生遺書》，第一〇〇一頁）及《叢書集成初編》本《學蔀通辨》（《叢書集成初編》，第六五三册，第四八頁）改。

覺，已足垂芳千古〔一〕。婦而能覺，古惟太姒。自茲以降，以倬行稱於史，固不乏求。其内明心通，惟龐氏母子及吾妹，斯某每歎其未有與擬。靈光溥其無際，神用應酬，卷舒雲氣，亦猶鏡象，參差來備。四時之錯行，日月之代明，吾妹靈明之妙正如此。」《慈湖遺書》

朱子嘗答陳正己謂：「爲靈明之空見所持，而不得從事於博學、篤志、切問、近思之實。」今按：象山、慈湖正是爲靈明之空見所持也。龐氏母子，按《輟耕録》：「襄州居士龐蘊妻龐婆，舉家修禪，有男不婚，有女不嫁，大家團欒頭，共説無生話。女名靈照，製竹漉，蘊賣之以供朝夕。」愚按：象山、慈湖雖皆禪，然慈湖之禪直，象山之禪深。慈湖明尊達磨，明稱龐氏，明祖述《孔叢子》僞書之言，明説「鑑象」、「反觀」、「黑幕流汗之悟」，一切吐露無隱。若象山則遮掩諱藏，一語不肯如此道矣。此二人學術同而心術異處。

陸子曰：「此道之明，如太陽當空，群陰畢伏。」《象山語録》

楊慈湖曰：「道心發光，如太陽洞照。」又曰：「人心至靈至神，虚明無體，如日如鑑，萬物畢照。」《慈湖遺書》

朱子嘗謂：「浙間有般學問，是得江西之緒餘，只管教人合眼端坐，要見一個物事，如

〔一〕「千古」，《慈湖先生遺書》作「千世」。（楊簡撰：《慈湖先生遺書》，第一〇〇一頁。）

日頭相似，便謂之悟，此大可笑。」正是指此。

通按：禪陸以頓悟爲宗，是故其始之求悟也，有養神之功焉；其終之既悟也，有鏡象之驗焉。如象山每教學者閉目正坐，慈湖亦教人合眼端坐，詹阜民無事安坐瞑目、夜以繼日，皆養神求悟之功也。如「宇宙」字義之省，「下樓」、「扇訟」、「反觀」、「黑幕」、「鼓聲」之覺，「輕靈」之見，「靈光」之契，皆頓悟鏡象之妙也。凡此皆陸學骨髓所在，皆勘破陸學根本也。從前遮掩術行，雖老師宿儒爲所惑。此編除去遮掩，專究骨髓，其禪不待智者而辨矣。

陸子曰：「有一段血氣，便有一段精神。有此精神卻不能用，反以害之。精神不運則愚，血氣不運則病。」《象山語録》

按：養生家有元精、元氣、元神之説，象山論學亦兼包此意，但含蓄不露。近日王陽明始發其蘊。陽明答人書云：「精一之精以理言，精神之精以氣言。理者，氣之條理；氣者，理之運用。原非有二事也，但後世儒者之説與養生之説各滯於一偏，是以不相爲用。前日精一之論，雖爲愛養精神而發，然而作聖之功，實亦不外是矣。」又曰：「養德、養身，只是一事，果能戒謹不睹、恐懼不聞而專志於是，則神住、氣住、精住，而仙家所謂長生久視之説亦在其中矣。」愚按：陽明此説，實發象山之蘊以誘人也。然象山、陽明俱未及六十而卒，養生之説亦虚妄矣。乃假精一、戒懼之旨以文之，其侮聖言、誑後學也孰甚！《老子》曰：「谷神不死。」

谷者，養也。又曰：「治人事天莫若嗇。夫惟嗇是謂早服，早服謂之重積德，重積德則無不克，是謂深根固柢、長生久視之道。」朱子曰：「此語是就養精神處説。」《莊子》曰：「至道之精，窈窈冥冥；至道之極，昏昏默默。無視無聽，抱神以静，形將自正，必静必清。無勞汝形，無摇汝精，乃可以長生。」薛文清公曰：「老莊雖翻謄道理，愚弄一世；奇詭萬變，不可模擬。卒歸於自私，與釋氏同。」愚按：象山、陽明，正是翻謄愚弄，卒歸自私，與釋老同也。

胡敬齋曰：「儒者養得一個道理，釋老只養得一個精神；儒者養得一身之正氣，釋老養得一身之私氣。」按：此言見得極分明。近世學術，真似、是非、同異之辨決於此。

章仲至云：「象山先生講論終日不倦，夜亦不困，若法令者之爲也。連日應酬，勞而早起，精神愈覺炯然。問曰：『先生何以能然？』先生曰：『家有壬癸神，能供千斛水。』」《象山年譜》

包顯道云：「侍登鬼谷山，先生行泥塗二三十里，云：『平日極惜精力不肯用，以留有用處，所以如今如是健。』諸人皆困不堪。」《象山語録》

按：象山嘗問李伯敏云：「日用常行，覺精健否？」又嘗誦詩云：「自家主宰常精健，逐外精神徒損傷。」愚謂：論學生於精健，正陷釋老自私自利。孔孟何嘗有養精神之説、惜精力務精健之教哉？「家有壬癸神」二語，佛偈也。

陸子《與涂任伯書》云：「某氣稟素弱，年十四五，手足未嘗温煖，後以稍知所向，體力亦隨

壯也。今年過半百，以足下之盛年，恐未能相逮。何時合并以究斯義。」《象山文集》

「知所向」、「究斯義」，皆是指養神一路。胡敬齋曰：「異端人多强壯，是其心無思慮，精神不曾耗損，故魂强魄盛。費一生工夫，只養得這私物事。」觀象山正同。

朱子《答程正思書》云：「世學不明，異端蠭起，大率皆便於私意人欲之實，而可以不失道義學問之名，以故學者翕然趨之。」《朱子文集》

此語切中陸學一派之病。

或言：「金溪其學，專在踐履之説。」朱子曰：「此言雖是，然他意只是要踐履他之説耳。」《朱子語類》

按：近世皆以象山專務踐履，不尚空言，一切被他謾過，被他嚇倒，不知其意只是要踐履他養神之説耳。豈可輕信其言，而不察其所踐履何事哉？

陸子《與邵叔誼書》云：「此天之所以與我者。先立乎其大者，立此者也；積善者，積此者也；集義者，集此者也；知德者，知此者也[二]；進德者，進此者也[三]。同此之謂同德，異此

[二]「者也」二字原脱，據《陸九淵集》補。（陸九淵撰：《陸九淵集》，第一頁。）

[三]「者」字原脱，據《陸九淵集》補。（陸九淵撰：《陸九淵集》，第一頁。）

之謂異端。」《象山文集》

陸子曰：「苟學有本領，則知之所及者，及此也；仁之所守者，守此也；時習之，習此也；說者，說此也；樂者，樂此也。如居高屋之上建瓴水矣。學苟知本，六經皆我註脚。」「伐南山之竹，不足以受我辭，然其會歸總在於此。」《象山語録》

象山講學，專管歸此一路。只用一「此」字，將聖賢經書都横貫了，恣其推援。從來文字無此樣轍。

朱子曰：「聖賢之教，無内外本末上下。今子静卻要理會内，不管外面，卻無此理，硬要轉聖賢之説爲他説。寧若爾説且作爾説，不可誣罔聖賢亦如此。」

又曰：「他所見既如此，便將聖賢説話都入他腔裏面。不如此，則他所學無據。這都是不曾平心讀聖賢之書，只把自家心下先頓放在這裏，卻捉聖賢説話壓在裏面。」

「陸子静之學，自是胸中無奈許多禪何，看是甚文字，不過假借以説其胸中之所見者耳。據其所見，本不須聖人文字，他卻須要以聖人文字説者。此正如販私塩者，上面須得數片鲞魚遮蓋，方過得關津，不被人捉了耳。」並《朱子語類》

前二條是説援儒入佛，後一條是説借儒掩佛，總言皆是陽儒陰佛也。

朱子曰：「某常謂人要學禪時，不如分明去學他禪和一棒一喝便了。今乃以聖賢之言夾

雜了説，都不成個物事，道是龍又無角，道是蛇又有足。」《朱子語類》

朱子《答孫敬甫書》云：「陸氏之學，在近年一種浮淺頗僻議論中，固自卓然，非其儔匹；其徒傳習，亦有能修身治家以施政者，但其宗旨本自禪學中來，不可掩諱。當時若只如晁文元、陳忠肅諸人，分明招認，着實受用，亦自有得力處，不必如此隱諱遮藏，改名換姓，欲以欺人而亦不可欺，徒以自欺而自陷於不誠之域也。若於吾學果有所見，則彼之言，釘釘膠粘一切假合處，自然解折破散，收拾不來矣。少時喜讀禪學文字，見杲老《與張侍郎書》云：『左右既得此欛柄入手，便可改頭換面，卻用儒家言語説向士大夫，接引後來學者。』後見張公經解文字，一用此策，但其遮藏不密索，漏露處多，故讀之者一見便知其所自來，難以純自託於儒者。若近年則其爲術益精，爲説浸巧，拋閃出没，頃刻萬變而幾不可辨矣。然自明者觀之，亦見其徒爾自勞，而卒不足以欺人也。」《朱子文集》

張侍郎，張子韶也，名九成，號無垢。後世學術陽儒陰釋之禍，實起於宗杲之教子韶，所關非小矣。朱子《雜學辨》謂：「凡張氏所論著，皆陽儒而陰釋，其離合出入之際，務在愚一世之耳目，而使之恬不覺悟以入乎釋氏之門，雖欲復出而不可得。」按：此言尤發摘深中陸學一派之弊，俱無以逃此矣。《困知記》曰：「張子韶以佛旨釋儒書，改頭換面，將以愚天下之耳目，其得罪於聖門甚矣。而近世之談道者，猶或陰祖其故智，往往假儒書以彌縫佛學。律以《春秋》誅心之法，吾知其不能免夫！」

按：近世假儒書以行佛學，正猶昔人所謂「挾天子以令諸侯」。挾天子者，意不在於天子，不過假天子以行其脅制天下之私耳；假儒書者，意不在於儒書，不過借儒書以行其扇誘來學之計耳。朱子《答程允夫書》云：「挾天子以令諸侯，乃權臣跋扈，借資以取重於天下，豈真尊主者哉？若儒者論道而以是爲心，則亦非真尊六經者。此其心術之間，反覆畔援，去道已不啻百千萬里之遠矣。」此言深中近世雜學之病。

《朱子文集》有《讀兩陳諫議遺墨》謂：「王安石之於《周禮》，乃姑取其附於己意者，而借其名高以服衆口，豈真有意於古者哉？」今按：象山之援引經書，正是此弊；陽明之集《朱子定論》，亦是此弊。嗚呼！賢聖之言何不幸，而爲後人飾己欺世之資也！張東海詩云：「金釵寶鈿圍珠翠，眼底何人辨真僞。」愚辨陸學，深有感於兹言。

按：有宋一代，禪學盛行。一時名臣賢士，不獨晁文元、陳忠肅好之，如富鄭公、呂申公、韓持國、趙閱道諸賢皆好之，然皆是明言而直好之，不爲隱諱改换，不害其爲誠慤也；亦以可爲清心寡欲之助而好之，不敢以聖學自居，以傳道自任，不失其爲本分也。自象山出，而後隱諱改换而誠慤亡；自象山出，而後以聖傳自任而不安其分。《困知記》謂：「後世乃有儒其名而禪其實，諱其實而徒侈其名，吾不知其反之於心，果何如也？」嗚呼！此誠世道之降，而孔子所以有古之狂愚之歎與！

學蔀通辨後編卷中

此卷所載，明陸學下手工夫，在於遺物棄事、屏思黜慮，專務虛静以完養精神，其爲禪顯然也。

吴顯仲問云：「某何故多昏？」陸子曰：「人氣稟清濁不同，只自完養，不逐物，即隨清明；纔一逐物，便昏眩了。人心有病，須是剥落，剥落得一番，即一番清明；後隨起來，又剥落，又清明。須是剥落得淨盡方是。」

陸子問李伯敏云：「近日日用常行覺精健否？胸中覺快活否？」伯敏答云：「近日别事不管，只理會我，亦有適意時。」先生云：「此便是學問根源也。若能無懈怠，暗室屋漏亦如此，造次顛沛必於是[一]，何患不成？故云君子以自昭明德。古之學者爲己，今之學者只用心於枝葉，不求實處。」並《象山語録》

所謂「只自完養不逐物」，謂「别事不管只理會我」，即管歸無事安坐、閉目養神一路。

[一]「造次」後，《陸九淵集》有「必於是」三字。（陸九淵撰：《陸九淵集》，第四四四頁。）

陳白沙謂：「致養其在我者，而勿以聞見參之。去耳目支離之用，全虛圓不測之神。」即同此工夫頭腦。

陸子曰：「心不可泊一事，只自立心。人心本來無事，胡亂被事物牽將去。若是有精神，即時便出便好。若一向去，便壞了。」

「既知自立此心，無事時須要涵養，不可便去理會事。」

「人不肯心閑無事。『居天下之廣居』，須要去逐外，著一事，印一説，方有精神。」

「人心只愛去泊著事，教他棄事時，如鶻孫失了樹，更無住處。」

「古人精神不閑用，不做則已，一做便不徒然，所以做得事成。須要一切蕩滌，莫留一些方得。」並《象山語録》

此皆陸學養神要訣。此即佛氏以事爲障之旨。

《慈湖遺書》云：「近世學者沉溺乎義理之意説，胸中常存一理，不能忘捨。捨是則豁然無所憑依，故必置理字於其中。不知聖人胸中初無如許意度。」愚按：象山猶是説事障，慈湖則説理障矣。然理不能外事，事不能外理，二者病則一般。

陸子曰：「凡事莫如此滯滯泥泥。某平生於此有長，都不去著他事，凡事累自家一毫不得。」

「内無所累，外無所累，自然自在。有一些子意便沉重了。」

「如何容人力？做樂循理，謂之君子。」

「學者不可用心太緊。深山有寶，無心於寶者得之。」

「仲弓爲人沖静寡思，日用之間自然合道。」

「資稟好底人闊大，不小家相，不造作。閑引惹都不起不動，自然與道相近。」

「今人只是去些子凡情不得，相識還如不相識，云云。如此始是道人心。」

「黄百七哥今甚平夷閑雅，無營求，無造作，甚好。」

「學者要知所好。此道甚淡，人多不知好之，只愛事骨董。」

「君子之道，淡而不厭。淡味長，有滋味便是欲。人不愛淡，卻只愛熱鬧。人須要用，不肯不用；人須要爲〔二〕，不肯不爲。」

「此道非争競務進者能知，惟静退者可入。」

「風恬浪静中，滋味深長。人資性長短雖不同，然同進一步則皆失，同退一步則皆得。」

「人能退步自省，自然與道相入。」並《象山語録》

〔二〕《陸九淵集》無「人」字。（陸九淵撰：《陸九淵集》，第四六〇頁。）

按：此數條只是要得閑曠虛静，恬淡退寂，意念皆忘，絲毫無累，任其自然自在，以爲完養精神之地。朱子嘗謂："「看子静意思只是禪。誌公云：『不起纖毫修學心，無相光中常自在。』他只是要如此，然豈有此理！」嗚呼！信矣。

朱子《答石子重書》云："「許順之留書，見儆甚至，但終有桑門伊蒲塞氣味，云『不如棲心淡泊，於世少求，時玩聖賢之言，可以資吾神、養吾真者，一一勘過』，似此説話，皆是大病。」今按：象山氣味全與許順之同。朱子嘗謂冷淡生活，即此可見象山所引經言，正是取資神養真也。

《莊子·刻意篇》云："「純粹而不雜，静一而不變，淡而無爲，動而以天行。此養神之道也。」《達生篇》云："「棄事則形不勞，遺生則精不虧，夫形全精復，與天爲一。」《天道篇》云："「水静則明燭鬚眉。水静猶明，而況精神？聖人之心静乎！天地之鑑也，萬物之鏡也。夫虛静恬淡寂寞無爲者，天地之平而道德之至〔一〕。夫虛静恬淡寂寞無爲者，萬物之本也。明此以南向，堯之爲君也；明此以北面，舜之爲臣也。以此處上，帝王天子之德也；

〔一〕「平」，原誤作「乎」，據《莊子·天道篇》改。（郭慶藩撰：《莊子集釋》，北京，中華書局，一九九三年，第二册，第四五七頁。）

以此處下，玄聖素王之道也。以此退居而閑游，江海山林之士服；以此進爲而撫世，則功大名顯而天下一也。」愚按：今人只疑陸學根本於禪，不知禪陸之學皆根本《莊子》。觀此明矣。

釋氏《息心銘》云：「無多慮，無多智。」《安心偈》云：「人法雙静，善惡兩忘。自心真實，菩提道場。」臥輪禪師云：「臥輪有伎倆，能斷百思想。對鏡心不起，菩提日日長。」某禪師云：「但能莫存知見，泯絶外緣，離一切心，即汝真性。」又曰：「無心即是道，莫學佛法，但是休心。」達磨謂二祖曰：「汝但外息諸緣，可以入道。」按：諸説具見《傳燈》。朱子謂：「但讀近歲佛者之言，則知其源委所在。」此類可見。

羅豫章先生詩云：「聖道由來自坦夷，休迷佛學惑他岐。死灰槁木渾無用，緣置心官不肯思。」今按：象山每謂「心不可泊一事」，謂「都不起不動，無營求造作引惹」，謂「須一切蕩滌剥落淨盡」，豈非所謂死灰槁木而置心官於不思乎？至門人楊慈湖則又明言曰：「道非心思所可知、非言語所可及，可覺不可求。」又曰：「默而識之，覺也。不可思也，不可言也。」嗚呼！其視聖賢「思睿」、「思誠」、「九思」、「慎思」、「學而不思則罔」、「思之弗得弗措」之教，悖戾甚矣。

陸子曰：「某觀人不在言行上，不在功過上，直截雕出心肝。」

又曰：「惡能害心，善亦能害心，如濟道是爲善所害。」《象山語録》

按：象山此論，不管言行功過，不分善惡，而專説心，尤悖道入禪之甚。象山於詹阜民「下樓之覺」、徐仲誠「鏡象之見」，皆是不在言行功過而直截觀心也，即佛氏「直取無上菩提，一切是非莫管」之餘智也。「惡能害心，善亦能害心」，謂心不可一有所思，不拘善惡皆勞費精神也，即慧能「不思善不思惡」、《安心偈》欲「善惡兩忘」之故轍也。象山嘗謂「心不可泊一事」等語，皆即此意也。

又按：「善能害心」之説，亦即佛氏以理爲障之意。

陸子曰：「學有本末。顔子聞夫子三轉語，其綱既明，然後請問其目。夫子對以非禮勿視、勿聽、勿言、勿動，顔子於此洞然無疑，故曰『回雖不敏，請事斯語矣』。本末之序蓋如此。今世論學者，本末先後一時顛倒錯亂，曾不知詳細處未可遽責於人。如非禮勿視聽言動，顔子已知道，夫子乃語之以此。今先以此責人，正是躐等。」《象山語録》

按：四勿之訓，即克己切要工夫，原非兩截事，學者修身入道，莫急於此。象山何得分本末先後，謂未可先以此責人，顔子已知道乃語此耶？蓋其禪見不在言行功過而直截説心，以克己爲明心根本之功，而四勿爲粗迹事爲之末，妄生分别，亂道誤人也。象山專欲學者明心，而視聽言動非禮不恤，正佛氏「直取無上菩提，一切是非莫管」也。朱子嘗謂：

「良心日用分爲兩截，此其爲説，乖戾狠悖，大爲吾道之害。」又謂：「今人論道，只説心不説身，外面有過言過行更不管，卻云吾正其心。」正指此也。

愚謂：象山只説一個心，而以讀書求義爲末，猶可；只説一個心，而以視聽言動亦爲末，甚矣！近世只知陸學不讀書之爲不可，而不知其不泊事，不管言行功過，不分善惡，不恤視聽言動，非禮之尤，大不可也。近世只疑象山偏於尊德性而流於禪，而不知其分明葱嶺帶來達磨、慧能正法眼藏也。嗚呼！陸學至此少明矣。

陸子曰：「不專論事論末，專就心上説。」《象山語録》

象山一生論學，總腦在此。愚考孔門論學罕言心，專説實事。如説「非禮勿視聽言動」、「居處恭，執事敬，與人忠」之類，未聞不論事論末而專就心上説也。至《孟子》七篇説心始詳，然究其旨，皆是以良心對利欲而言。若象山之言心，乃對事而言。一主於寡欲存心，一主於棄事澄心，二者言似而指殊，正儒釋毫釐千里之判。

愚嘗究陸學自謂「先立其大」，甚矣欺人。夫孟子之「先立其大」也，道心爲主，而不使欲得以害心；陸氏則養神爲主，而惟恐事之害心，惟恐善之害心。天淵之別，若何而同也？孟子之先立其大也，曰「心之官則思，思則得之，不思則不得」也；陸學則曰「不可思」也，「心不可泊一事」也。冰炭之反，若何而同也？象山假此語以飾己欺人，而近世未有能破其説者，故建不得不爲痛辨。終編尤詳。

陸子曰：「如今讀書，且平平讀。未曉處且放過，不必太滯。」「讀書不必窮索。」

舉一學者詩云：「讀書切戒在荒忙，涵泳工夫興味長。未曉莫妨權放過，切身須要急思量。自家主宰常精健，逐外精神徒損傷。寄語同游二三子，莫將言語壞天常。」「學者須是打疊田地淨潔。若田地不淨潔，則奮發植立不得，亦讀書不得；若讀書，則是假寇兵、資盜糧。」並《象山語録》

陸子《與胥必先書》云：「常令文義輕而事實重，於事實則不可須臾離，於文義則曉不曉不足爲重輕。」《象山文集》

「事實」二字已見前。謂「事實不可須臾離，切身須要急思量」，專務完養精神也；「讀書不必窮索」、「不必太滯」，惟恐逐外損傷精神也。「未曉莫妨權放過」、「文義曉不曉不足爲重輕」，言讀書之無益也；「言語壞天常」、「讀書假寇資盜」，言讀書之反害也。嗚呼！象山之旨明矣。

陸子曰：「尋常懈怠起時，或讀書，或誦詩歌，或理會一事，或整肅几案筆硯，借此以助精彩。然此是憑物，須要識破。」因問去懈怠，曰：「要須知道不可須臾離，乃可。」《象山語録》

陸子《與邵中孚書》云：「《告子》一篇自『牛山之木』以下等常讀之，其浸灌培植之益，當

日深日固也。其卷首與告子論性處，卻不必深考，恐其力量未到，則反惑亂精神。」《象山文集》

近世只知象山嘗言讀書，而不知其讀書之故，在於借助精彩也，浸灌培植也，皆爲完養精神計也，正許順之謂「時玩聖賢之言，可以資吾神，養吾真，只此一路」也。抑象山於此尤含蓄焉。夫以讀書等爲憑物，須識破，則書可不必讀矣。以孟子論性猶爲「惑亂精神」，則他書無復可讀者矣。象山之意只在不讀書，而遮前掩後，巧爲辭説也。不若慈湖、白沙雖禪，然質直無隱。

陳白沙《答趙提學書》云：「吾始從吴聘君學，其於古聖賢之書，蓋無所不講，然未知入處。比歸白沙，杜門不出，日靠書册尋之，忘寢忘食，如是者亦累年，而卒未得焉。於是舍彼之繁，求吾之約，惟在静坐。久之，然後見吾此心之體隱然呈露，常若有物，於是涣然自信，曰：『作聖之功，其在兹乎！』」又《與賀黄門書》云：「爲學須從静中坐養出個端倪，方有商量處，未可便靠書册也。」愚按：「不靠書册」、「惟在静坐」，陸學養神要訣只此八字。「呈露」、「端倪」二語，即説鏡象之見，白沙可謂無隱乎爾矣。

白沙詩云：「耳目無交不展書，此身如在太清居。」此語形容禪會亦切。《崇正辨》記釋神悟謂「典籍皆心外法，味之者勞而無證」。今按：象山、白沙所見，不出神悟範圍。

陸子曰：「某自來非由乎學，自然與一種人氣相忤。纔見一造作營求底人，便不喜；有一種沖然淡然底人，便使人喜，以至一樣衰底人，心亦喜之。」「今人略有氣燄者，多只是附物，原非自立也。若某則不識一個字，亦須還我堂堂地做個人。」並《象山語録》

象山嘗謂「六經皆我註脚」，此又明謂「不由乎學」，謂「不識一個字亦堂堂做人」，其禪尤爲明白。

象山《皇極講義》云：「其心正，其事善，雖不曾識字，亦自有讀書之功。」象山素論每如此。嗚呼！孔孟曾有不識字之教耶？惟禪佛乃不假言語文字、可以識心見性矣。朱子嘗謂：「禪家悟後，光明自發，雖不識字底人便作得偈誦。」陳白沙引吴草廬謂：「提耳而誨之，可使不識一字之凡夫，立造神妙。」正與象山符節契合。

陳白沙詩云：「古人棄糟粕，糟粕非真傳。吾能握其機，何用窺陳編？」又曰：「吾心内自得，糟粕安用那？」愚按：「糟粕」之説出自老莊。王弼、何晏之徒祖尚虚無，乃以六經爲聖人糟粕，遂致壞亂天下。白沙奈何以爲美談至教，與象山註脚之説相倡和哉？

或問：「先生何不著書？」陸子曰：「六經註我，我註六經。」「仰首攀南斗，翻身倚北辰。舉頭天外望，無我這般人。」《象山語録》

按：象山精神、心術、氣象、言語，無一不禪。味此言，其矜悻自高氣象婉然在目。自古聖賢曷嘗如此？此正佛氏「天上天下惟我獨尊」也。近世學者狂誕大言，其弊皆象山始。《傳燈録》智通禪師偈云：「舉手攀南斗，迴身倚北辰。出頭天外見，誰是我般人。」又釋氏謂「一大藏教，只是一個註脚」。嗚呼！來歷明矣。

陸子《與姪孫濬書》云：「學者之不能知至久矣，非其志識度越千餘年名世之士，則《詩》、《書》、《易》、《春秋》、《論》、《孟》、《大學》、《中庸》之篇正爲陸沉，真柳子厚所謂『獨遺好事者，藻繪以矜世取譽』而已，堯、舜、禹、湯、文、武、周公、孔、孟之心，將誰使屬之耶？」《象山文集》

象山只説一個心，而以經書爲註脚，又爲陸沉甚矣。

王陽明嘗撰《尊經閣記》，謂：「聖人之述六經，猶世之祖父遺子孫以名狀數目，以記籍其家之産業庫藏而已，惟心乃産業庫藏之實也。世儒不知求六經之實於吾心，而徒考索於影響，牽制於文義，是猶子孫不務守視享用其産業庫藏之實，積至爲窶人丐夫，而猶指其記籍曰：『斯吾産業庫藏之積也。』」嗚呼！陽明此言，直視六經爲虚器贅物，真得「糟粕」、「註脚」之嫡傳矣。陳白沙詩云：「六經盡在虚無裏，萬理都歸感寂中。」又曰：「千古遺編都剩語，晚生何敢復云云。」即與象山、陽明無異旨矣。《困知記》曰：「自象山有『六經皆我註脚』之言，流及近世，士之好高欲速者，將聖賢經書都作没緊要看了，將相坐禪入定矣。一言而貽後學無窮之禍，象山其罪首哉！」愚按：近世宗尚陸學者，皆自幼從朱子之教，讀聖賢之書，理頗明矣。然後厭淺近而好高奇，厭繁難而趨簡徑，其議道述言，高談闊論，雖曰宗陸，而實朱子之教先有以啓佑培植之也。使其自幼即從象山之教，而捐書絶學，遺物棄事，屏思黜慮，閉眉合眼，專一澄心，不以言語文字爲意，不恤視聽言動非禮，不知成甚麽人？君子試於此思之，則陸學之是非不難見矣。

朱子《答汪尚書書》云：「夫道固有非言語臆度所及者，然非顔曾以上幾於化者，不能與也。今日爲學用力之初，正當學問思辨而力行之，乃可以變化氣質而入於道。顧乃先自禁切，不學不思，以坐待其無故忽然而有見，無乃溺心於無用之地，玩歲愒日，而卒不見其成功乎？就使僥倖於恍惚之間，亦與天理人心、敘秩命討之實了無交涉，其所自謂有得者，適足爲自私自利之資而已。此則釋氏之禍横流稽天而不可遏者，有志之士所以隱憂浩歎而欲火其書也。」《朱子文集》

「恍惚」、「鏡象」之見，陸學以爲至道，朱子乃以爲「與天理人心、敘秩命討之實了無交涉」，冰炭決此。

《傳燈録》：南嶽懷讓禪師見一僧常日坐禪，師曰：「大德坐禪圖什麽？」曰：「圖作佛。」師取一磚於石上磨，僧曰：「作什麽？」師曰：「磨作鏡。」僧曰：「磨磚豈能成鏡？」師曰：「坐禪豈能成佛耶？」《朱子語類》云：「昔日了老專教人坐禪，杲老不以爲然，著《正邪論》排之。」愚按：陸學欲静坐養神以成聖，即與僧家坐禪成佛之説同一機軸也。坐禪之説，浮屠之有識者每非之；陸氏之説，使遇懷讓，其能免磨磚之誚耶？朱子《答汪尚書》，即磨磚之誚也。

朱子《答林擇之書》云：「大抵好高欲速，學者之通患。而爲此説者，立論高而用功省，適有以投其隙。是以聞其説者，欣然從之，惟恐不及，往往遺棄事物，脱略章句，而相與馳逐於虚曠冥漠之中。其實學禪之不至而自托於吾學，以少避其名耳。道學不明，變怪百出，以欺世眩俗。後生之有志者，爲所引取，陷於邪妄而不自知。深可悼懼也。」《朱子文集》

禪病只是「遺棄事物」、「脱略章句」二端。

朱子曰：「子静尋常與吾人説話，會避得個禪字，及與其徒卻只説禪。」「子静雖占姦不説，然説話間自有個痕跡可見。子静只是人未從他，便不説；及鈎致得來，便直是説，方始與你理會。」又曰：「子静雜禪，又有術數，或説或不説。」並《朱子語類》

朱子此等説話，雕出象山心肝，近世學者未及察。佛書云：「初以欲鈎牽，後引入佛智。」此禪家牢籠誘致之術。今按：象山假借儒書，鈎致後學，正是用此術。

朱子曰：「子静説話，嘗是兩頭明中間暗。」或問：「暗是如何？」曰：「是他那不説破處。他所以不説破，便是禪家所謂『鴛鴦繡出從君看，莫把金針度與人』。他禪家自愛如此。」「某嘗説陸子静説道理，有個黑腰子。其初説得瀾翻，極是好聽。少間到那緊處時，又卻藏了不説，又别尋一個頭緒瀾翻起來，所以都捉他那緊處不着。」並《朱子語類》

此皆禪陸遮掩深機，非朱子，未易看得他破。

或曰：「此編所採多《象山語録》之言，而鮮及其《文集》書疏，何耶？」曰：「《象山文集》與人論辨書疏，皆翻謄改換，假借遮掩，大言闊論，一味喝罵世學之非，求其指陳下手工夫，則寥寥不及。及閲《語録》與門人口傳私授之言，然後所謂養神一路工夫始見。此正是象山禪機深處，當時惟朱子識破他。蓋《文集》者，象山之『鴛鴦譜』；而《語録》，則象山之『金針』也。《文集》者，朱子所謂『與吾人説話，會避得個禪字』；而《語録》，則所謂『與其徒只説禪』者也。區區此編，惟欲明其養神一路，以著其爲禪之實，所以詳於《語録》而略於《文集》也。近世不知此弊，皆只據信其《文集》，而不究觀其《語録》，如何不爲所謾邪？」

《象山語録》記李伯敏呈所編語録，先生云：「編得也是。但言語微有病，不可以示人，自存之可也。」愚按：象山每答人書疏文字，多即傳播四出，惟恐人不知；伯敏所編《語録》，乃謂「不可以示人」，此尤可以識象山之意。蓋《語録》具載養神下手工夫，禪病咸在，若以示人，則人識破其禪矣，以故不欲示人；乃若答人書疏，則遮掩得密，實難識得他破，以故傳播不憚。此正朱子所謂「鴛鴦繡出從君看，莫把金針度與人」，於此尤可驗。愚爲此編，不獨辨明象山學術，并象山心術無所遁矣。昔人謂「《論語·鄉黨》一篇，畫出一個聖人」。愚爲此編，分明畫出一個象山矣。陳白沙亦云：「莫道金針不傳與，江門風月釣臺深。」

朱子《答吕子約書》云：「學者於道，徒習聞於其外之文而不考其中之實者，往往類此。王介甫所以惑主聽而誤蒼生，亦只是此等語耳，豈可以此便爲極至之論而躋之聖賢之列，屬以斯道之傳哉？以此等議論爲極至，便是自家見得聖賢道理未曾分明，被他嚇倒也。」《朱子文集》

蘇子由《古史》嘗譏司馬遷疏略而輕信，朱子深取之。此書正説學者疏略輕信之弊，類如此也。蓋假聖言以文其私者，固莫逭其欺誑之咎，亦由遇之者「習聞其外之文而不考其中之實」，疏略輕信，陷於其術而不自知也。王介甫之告君也，一則曰「堯舜」，二則曰「堯舜」，神宗信其言而不考其實，於是爲其所陷，而興利殃民之説行矣；陸象山之講學也，一則曰「孔孟」，二則曰「孔孟」，後學信其言而不考其實，於是爲其所陷，而明心見性之説行矣。朱子所謂「嚇倒」一言，深切時弊。

《朱子語類》謂王安石「學問高妙，出入於老佛之間，其政事欲與堯舜三代爭衡，只是本原不正，義理不明，終於遺禍」。朱子《答劉季章書》謂「臨川前後二公，巨細雖有不同，然原其所出則同是此一種見識，可以爲戒而不可學也。」近日，霍渭厓所著《象山學辨》，謂：「王安石以自信亂天下，陸子静以自信誤後世。若二人者，其名教萬世之罪人與！」斯言皆萬世公案。

許行父謂：「陸子静只要頓悟，更無工夫。」朱子曰：「如此説不得，不曾見他病處，説他不倒。大抵今人多是望風便罵將去，都不曾根究到見他不是，須子細推原怎生不是始得，此便是窮理。」《朱子語類》

按：近世學者辨陸最難。其以象山爲孔孟之學者，固是疏略輕信，被他嚇倒；其以爲偏於尊德性，亦尚被他遮掩，送個好題目與他；以爲似禪、流於禪者，亦只是知其皮膚而已，至此望風罵去，則亦未知所以辨陸之要也。何謂辨陸之要？養神一路是已。首卷所載，養神所得之體段；此卷所載，養神下手之工夫；下卷所載，養神之患害，皆辨陸之要也，皆推原根究他不是處也。自朱子没後，無人根究到此。嘗謂象山在當時，不合遇一朱子；在後世，不合遇一陳某，次第將禪蔀相將發盡了，陸學自此難乎遮掩矣。

近世學者動曰朱陸同異。愚謂欲辨陸學，未須與朱子較同異，緊要直須與孔孟較同異，與禪佛較同異。若陸學果與孔孟同、與禪佛異，則其學是矣，則其與朱子之同，不待辨矣；若陸學果與禪佛同、與孔孟異，則其學非矣，則其與朱子之異，不待辨矣。若不辨陸學與禪佛同異，而徒與朱子較同異，已落在枝節，非根本之論矣，多此一重辨矣。故今此編，專以孔孟禪佛爲證，以此。

或曰：朱子辨陸學，止説到陽儒陰佛、改換遮掩處，未嘗説及養神一路，子於此編始究言之，何也？曰：養神一路，即象山所遮掩而陰佛之實也。當時象山止與門人私授口傳，未嘗形於書疏文字，是以朱子無從知之、辨之也；此編據《語録》推究，而後其禪實始白也。苟徒曰陰佛、曰遮掩而不説破養神一路，未免無徵不信。近世學者多疑朱子寃陸〔二〕，緣此而致强爲早晚之説以通之也。昔達磨將滅，謂某人得吾皮、某人得吾肉、道育得吾骨、慧可得吾髓。愚謂：如近世似禪流禪之議，皆象山皮膚也；朱子改換遮掩之説，始得象山之骨也；此編養神一路，則象山之髓也。是故，論人必得其髓，而後無遁情、無遺蔀矣。朱子嘗謂「象山卻成一部禪」。區區此編作，方成象山一部禪矣。

〔二〕「陸」原誤作「録」，據和刻本《學蔀通辨》改。（岡田武彦、荒木見悟主編：《和刻本近世漢籍叢刊》，日本京都，中文出版社，一九七七年，第十六册，第二二八頁。）

學蔀通辨後編卷下

此卷所載，著象山師弟顛倒錯亂、顛狂失心之弊，其禪病尤昭然也。

陸子《與王順伯書》云：「兄前與家兄大概謂儒釋同。某嘗以義利二字判儒釋。」又曰：「公私其實即義利也。惟義惟公，故經世；惟利惟私，故出世。儒者雖至於無聲臭方體，皆主於經世；釋氏雖盡未來際普度之，皆主於出世。從其教之所由起者觀之，則儒釋之辨判然矣。」《象山文集》

朱子曰：「向見子静與王順伯論佛云：『釋氏與吾儒所見亦同，只是義利公私之間不同。』此説不然。若是同時，何緣得有義利不同？只被源頭便不同，吾儒萬理皆實，釋氏萬理皆空。」《朱子語類》

按：近世論儒佛，多謂本同末異，象山即是此意也。《朱子文集》所稱李伯諫亦云：「儒佛見處既無二理，其設教何異也？蓋儒教本人事，佛教本死生。」此言即與象山合轍。「本人事」，即是主經世；「本死生」，即是主出世也。

按：近世異學同主養神，然老莊則欲主之以長生，禪佛則欲主之以出世，陸學則欲主之以經世，本同而末異，皆非天理之自然，一出於私智之安排作弄，真胡文定所謂「人人各説一般見解，誑嚇衆生而已」。

陸子曰：「釋氏謂此一物非他物故也，然與吾儒不同。吾儒無不該備，無不管攝；釋氏了此一身，皆無餘事。公私義利於此而分矣。」《象山語録》

此語即同前意。「此一物」，即「明心」、「鏡象」、「本來面目」也。王陽明嘗云：「佛氏『本來面目』，即所謂『良知』；『格物致知』之功，即佛氏之『常惺惺』，體段工夫大略相似。但佛氏有個自私自利之心，所以不同耳。」即此一種議論。

按：《道一編》指答王順伯等語，謂陸子亦嘗闢佛。愚謂篁墩大被人謾矣。朱子嘗謂張子韶「改頭換面，陰予而陽擠之，將以自蓋其迹而幸人之不疑己」；《困知記》謂李翱「於佛取其微旨而姑闢其粗迹，以無失爲聖人之徒」；又謂「吾儒有陰實尊用其説而陽闢之者，蓋用禪家訶佛罵祖之機者也」。象山正是此弊。嗚呼！禪佛已近似惑人，又加以改頭換面，又加以訶佛罵祖，安得不惑人愈甚而辨之愈難耶？可畏也哉！

問：「先生作書攻王順伯，也不是言釋，也不是言儒，惟理是從否？」陸子曰：「然。」《象山語録》

朱子嘗謂「依違兩間，陰爲佛釋之地」，此正陸學心髓矣。王陽明《文録》：「或問釋與儒孰異乎？曰：子無求其異同於儒釋，求其是者而學焉，可矣。」正同此一種見。

按：象山謂「釋氏了此一身，皆無餘事」，而自謂「無不該備，無不管攝」，爲公私義利之分。愚謂：釋氏聞此言，恐未必服，將反脣相稽曰：「吾佛之道，先天地而爲萬物主，吾性周法界，吾光明寂照遍河沙，吾之道殆無不該備、無不管攝也。汝之道乃亦只有養神一路，專教人棄事、不泊事，以求頓悟鏡象也；專惜精力，務精健，求淨潔快活，自私自利也。汝之道殆只是了此一身，皆無餘事也。何得責人則明、恕己則昏也？汝自葉之根，無一而非勦吾之見，襲吾之説，竊吾之宗旨，盜吾之緒餘。以掩取虛名於天下，何得訶佛罵祖，陽離陰合以求附於孔孟？不知孔孟之徒亦有具隻眼者，固將視見汝之肺肝，看破汝之骨髓，豈爲汝所遮掩也？天下之道二，非儒則佛，非佛則儒，無依違中立之理，舍曰欲之而必爲之辭。汝欲學佛則全是佛，無陰予陽擠；汝欲爲儒則全爲儒，無陽儒陰佛，始有安身立命處。毋致人謂汝儒不儒，佛不佛，道是龍又無角，道是蛇又有足也；毋致人謂汝欲以欺人而人不可欺，徒以自欺而自陷於不誠之域也。」使陸子聞斯言也，不知何辭以對？

陸子曰：「今世儒者類指佛老爲異端。孔子曰：『攻乎異端。』孔子時，佛教未入中國，雖有老子，其説未著，卻指那個爲異端？蓋異字與同字爲對，雖同師堯舜而所學異緒，與堯舜不同，此所以爲異端也。」因儆學者攻異端，曰：「天下之理，將從其簡且易者而學之乎？〔一〕將從其繁且難者而學之乎？學者何苦於繁難之説而不爲簡易之從乎？」《象山語録》〔二〕

陸子《答薛象先》云：「異端之説出於孔子。今人鹵莽，專指佛老爲異端，不知孔子時固無佛教〔三〕。其惡鄉愿，《論》、《孟》中皆見之，獨未見其排老氏，則所謂異端者，非指佛老明矣。」《象山文集》

按：象山前言猶依違兩間，陽離陰合，至此二條，則明引孔子之言以回護佛老矣。所云「同師堯舜而所學異緒」，儆學者攻異端而歸於繁難，則攻詆朱子矣。回護佛老不爲異端，而詆朱子之教爲異端，顛倒乖戾甚矣。

陸子曰：「學者須當有所立，免得臨時爲利害所動。」朱季繹云：「如敬肆義利之説，乃學者持己處事所不可無者。」先生云：「不曾行得，説這閑言長語則甚？如此不已，恐將來客勝主，以辭爲勝。」朱云：「近日異端邪説害道，使人不知本。」先生云：「如何？」朱云：「如禪

〔一〕「將從其簡且易者而學之乎」一句原缺，據《陸九淵集》（陸九淵撰：《陸九淵集》，第四二三頁）及《叢書集成初編》本《學蔀通辨》（《叢書集成初編》，第六五四册，第七一頁）補。

〔二〕「象山語録」，原誤作「象山語類」。

〔三〕「固無佛教」，《陸九淵集》作「固未見佛老」。（陸九淵撰：《陸九淵集》，第一七七頁。）

家之學，人皆以爲不可無者，又以謂形而上者所以害道，使人不知本。」先生云：「吾友且道甚底是本〔一〕，又害了吾友甚底來。自不知己之害，又烏知人之害？包顯道嘗云『人皆謂禪是人不可無者』，今吾友又云『害道』，兩個卻好縛做一束。今之所謂害道者，卻是這閑言語。」

謂李伯敏云：「吾友分明是先曾知此理來，後被異端壞了。異端非佛老之謂，異乎此理，如季繹之徒，便是異端。」《象山語録》

此二條象山所論尤爲狠悖。夫季繹以敬肆義利爲學者持己處事所不可無，此乃聖賢教人第一義。象山奈何指爲閑言長語、異端害道也？究季繹三轉語，實切箴規，殆有意爲象山忠臣者，而不知象山喜諛惡直，不喜人規，嫉正黨邪，全不睹是也。謂禪學不害道，而季繹之言爲害道；謂異端非佛老，而季繹爲異乎此理。象山顛倒謬亂、不堪點檢甚矣。

按：霍渭厓《象山學辨》有曰：「陸子之學，似是而非，其强辨浮辭足以亂正而惑俗。」又曰：「陸子於佛老，陽叱其名而陰食其實，又借孟子口涎之似以誇張之者也。」又曰：「陸子者，矜悻自高，喜人己諛，不喜人己規，長舌利口，文飾格言，以遂其自滿之陋者也，老、佛、儒三者混而一之者也。」愚按：此言自未嘗識破象山者觀之，未有不疑其寃者，

〔一〕「且」，原誤作「直」，據《陸九淵集》改。（陸九淵撰：《陸九淵集》，第四三七頁。）

惟閱此編一遍，然後知其句句切中象山骨髓矣。

陸子《贈僧允懷説》云：「懷上人學佛者也，尊其法教，崇其門庭，建藏之役，精誠勤苦，經營未幾，駸駸向乎有成，何其能哉！使家之子弟、國之士大夫舉能如此，則父兄君上可以不詔而仰成，豈不美乎？」《象山文集》

按：姦僧誑誘愚俗，罔奪民財，以尊夷狄之法教；崇無君無父，淪滅三綱之門庭。此明王之所禁而聖賢之所必斥也，象山乃亟加褒譽，美其經營，嘉其勤苦，至欲使子弟士大夫舉效之。顛倒錯亂，尚孰有甚於此？

陸子《與顔子堅書》云：「向在八石時，常納區區之忠〔一〕。既而子堅遂變儒服，端以爲迂拙之言必蒙見棄〔二〕。屬者屢蒙見過，每於鄙言謂有所啓，追念疇昔，爲之慨然。乃知高明終當遠到。向來不求聲名、不較勝負之語，更願加察。道非口舌所能辨，子細向脚跟下點檢，豈能自謾？」《象山文集》

按：象山《與詹子南書》云：「顔子堅已去髮胡服。」蓋子堅變儒服爲僧矣。夫門人

〔一〕「常」，《陸九淵集》作「當」。（陸九淵撰：《陸九淵集》，第九二頁。）

〔二〕「以爲」，《陸九淵集》作「謂」。（陸九淵撰：《陸九淵集》，第九二頁。）

致變服爲僧，象山乃不加斥責，而曲爲詖辭以相容悦，猶曰「高明終當遠到」，猶曰「道非口舌所能辨」。嗚呼！髡首而胡服矣，不知所到者尚何道耶？淪胥爲夷不自覺也，悲夫！

朱子《答顔子堅書》云：「所謂『古人學問不在簡編，必有所謂統之宗、會之元』者，僕之愚於此未喻。聖人教人博文約禮、學問思辨而力行之，不可誣也。若曰學以躬行心得爲貴，而不專於簡編，則可；若曰不在簡編，而惟統宗會元之求，則是妄意躐等，以陷於邪説詖行之流矣。又聞不念身體髮膚之重、天敘天秩之隆，方將毁冠裂冕，以從夷狄之教，則又深爲惘然。豈亦所謂統宗會元者之爲祟，而使吾子至於此耶？聞已得祠曹牒，髡剃有期，急作此附遞奉報。願吾子於此，更入思慮，更與子静謀之。」《朱子文集》

按：顔子堅棄儒爲僧，象山未聞諫止，朱子懇懇然欲救止之而不可得也。因統宗會元之爲祟，遂至毁冠裂冕、釋累出家以求之，其喪心良可悲痛。

因坐中有江西士人問爲學。朱子曰：「公門都被陸子静誤，教莫要讀書，誤公一生。使公到今已老，此心倀倀然，如村愚柏盲無知之人〔二〕，撞墻撞壁，無所知識。使得這心飛揚跳躑〔三〕，渺

〔二〕「柏」，原誤作「拍」，據《朱子語類》改。（朱熹撰：《朱子全書》，第一八册，第三八八八頁。）
〔三〕「躑」，原誤作「擲」，據《朱子語類》改。（朱熹撰：《朱子全書》，第一八册，第三八八八頁。）

渺茫茫，都無所主，若涉大水，浩無津涯，少間便會失心去，何故？下此一等，只會失心，別無合殺也。傅子淵便是如此。子淵後以喪心死。豈有學聖人之道，臨了卻反有失心者，是甚道理？吁！誤人！誤人！可悲！可痛！分明是被他塗其耳目，至今猶不覺悟。」《朱子語類》

按：《象山語録》云：「先生於門人最屬意者，惟傅子淵。先生臨終前數日，見子淵《與周益公論道五書》，歎曰：『子淵擒龍打鳳底手段。』」又：「或問：『今之學者爲誰？』先生屈指數之，以傅子淵居首，鄧文範次之，傅季魯、黄元吉又次之。」又：象山《答陳君舉書》曰：「子淵人品甚高，非餘子比也。」愚按：子淵爲高第首稱，而乃至於失心，陸學可知矣。

文公説：「江西學者，自以爲得陸刪定之學，高談大論，略無忌憚。忽一日自以爲悟道，明日與人飲酒，如法罵人。某謂：賈誼云『秦二世今日即位，明日射人』，今江西學者乃今日悟道而明日罵人。不知所悟者果何道也？」《朱子語類》

江西學者，即傅子淵。按：象山《與包詳道書》云：「朋友自仙里來者，皆云蒙子淵啓發，無不推服。但頗有言其酒後言動，殆不可考。吾家長上，亦罪其顛狂。又有詩偈，類釋子語，不可以訓。要之，瑕瑜功罪各不相掩。」按此言，則子淵果有酗酒顛狂之實，而朱子斥之非過矣。顔子堅髡剃效僧徒，子淵詩偈類釋子，其邪趨一矣。嗚呼！以狂邪失德之人，而推爲高第首稱焉，謂「啓發無不推服」焉，惟取其頓悟而一切言行功過不計焉。象山顛倒至此，奈何近世咸爲所蔀，無人識得他破也？惜哉！

文公說：「金溪宗旨是禪，尤分曉〔二〕。如禪家『乾矢橛』等語，其上更無意義，又不得別思義理，將此心都禁遏定，久久忽自有明快處，方謂之得。此之謂失其本心。故下稍忿慾紛起，恣意猖獗。」《朱子語類》

朱子《答汪長孺書》云：「所喻殊不可曉。既云識得八病，遂見天理流行昭著，無絲毫之隔。不知如何未及旋踵，便有氣盈矜暴之失，復生大疑，鬱結數日。首尾全不相應。似是意氣全未安帖，用心過當，致得如此。全似江西氣象。其徒有今日悟道而明日醉酒罵人者，嘗舉賈生論胡亥之語戲之，今乃復見此，蓋不約而同也。」

朱子《答汪叔耕書》云：「所談儒佛同異，未得其要。至論求乎儒者之學而以平其出入之息參之，又有忘心忘形、非寐非寤、虛白清鏡、火珠静月每現輒變之說，大不可曉。如此不已，將有狂易喪心之病〔三〕，竊爲吾子憂之。」《朱子文集》

〔二〕「尤」字原缺，據《朱子語類》補。（朱熹撰：《朱子全書》，第一八册，第三八八一頁。）

〔三〕「病」，《朱子文集》作「患」。（朱熹撰：《朱子全書》，第二三册，第二八一五頁。）

按：陸學，聽其言，自謂聖學明心；稽其弊，乃至顛狂失心。學者豈可爲所欺誤？《伊洛淵源録》胡文定公曰：「自孟子没，聖學不傳，則有西方之傑窺見間隙，遂入中國，舉世傾動，靡然從之。於是人皆失其本心，莫知所止，而天理滅矣。」按：佛學失心之禍，從來如此。

朱子《答胡季隨書》云：「詹元善書説與子静相見甚款。以身驗之，乃知伊洛拈出敬字，真是學問始終日用親切之妙〔二〕，而讀書窮理以發揮之。不須妄意思想頓悟懸絶處，徒使人顛狂粗率；而於日用常行之處，反不得其所安也。」

朱子《答高應朝書》云：「所示講義，發明深切。遠方學者，得所未聞，計必有感動而興起者。然此恐但可爲初學一時之計，若一向只如此説，而不教以日用平常意思、涵養玩索功夫，即恐學者將此家常茶飯做個怪異奇特底事看了，日逐荒忙，陷於欲速助長、躁率自欺之病，久之茫然無實可據，則又只學得一場大話，互相恐嚇而已。」並《朱子文集》

高應朝，象山門人。「荒忙」以下數語，切中陸學之病。此顛狂之漸也。荒忙躁率之甚，則至於顛狂矣。

〔二〕「始終」，原誤作「如終」，據《朱子文集》改。（朱熹撰：《朱子全書》，第二二册，第二五一五頁。）

《程氏遺書》言：「至忙者無如禪客。」《朱子語類》謂：「被異端説虚静了，後使學者忙得更不敢睡。」

朱子曰：「子静是他會説得動人，使人都恁地快活[二]，便會使得人都恁地發顛發狂。某也會恁地説，使人便快活，只是不敢，怕壞了人。他之説，卻是使人先見得這一個物事了，方下來做工夫，卻是上達而下學，與聖人『下學上達』都不相似。然他才見了，便發顛狂，豈肯下來做？」又曰：「他只説恁地了便是聖賢，然無這般顛狂底聖賢。」《朱子語類》

按：陸學自謂聖學明心，而其弊乃至於顛狂失心，何邪？朱子言之備矣。蓋其始之求之也，用心過當，荒忙躁率，欲速助長，使得這心跳躑飛揚；其終之得之也，乍見一物，光輝變現，影象恍惚，怪異奇特，令人驚駭全身流汗。其弊安得不至於顛狂而失心？

問：「釋氏有豁然頓悟之説，不知使得否？倚靠得否？」朱子曰：「某也曾見叢林中有言頓悟者，後來看這人也只尋常。如陸子静門人，初見他時，常云有所悟，後來所爲卻更顛倒錯亂。看來所謂『豁然頓悟』者，乃是當時略有所見，果是淨潔快活，然稍久則漸漸淡去了，何嘗倚

[二]「地」，原誤作「他」，據《朱子語類》（朱熹撰：《朱子全書》，第一八册，第三八九三頁。）及《叢書集成初編》本《學蔀通辨》（《叢書集成初編》，第六五四册，第七六頁）改。

靠得？」

「子静渠自説有見於理，到得做處，卻一向任私意做去，全不睹是。人同之則喜，異之則怒。」並《朱子語類》

按：近世多以朱子誤疑象山，今觀所云「顛倒錯亂」、「全不睹是」，考之象山言行，鑿鑿可徵，是非朱子誤疑象山，乃後人爲象山所欺而誤疑朱子也。

朱子曰：「子静之學，看他千般萬般病，只在不知有氣稟之雜，把許多麤惡底氣都做心之妙理，合當恁地自然做將去。只道這是胸中流出，自然天理，不知氣有不好底夾雜在裏，一齊滚將去，道害事不害事？」《朱子語類》

朱子《答吴伯豐書》云：「異端之學，以性自私，又不察氣質情欲之偏而率意妄行，便謂無非至理，此尤害事。近世儒者[一]，亦有近似之者。故所見愈高，則所發愈暴。」《朱子文集》

不察氣稟偏雜，而率意妄行，所以至於顛倒錯亂。

朱子曰：「陸子静之學，只管説一個心，若識得一個心了，萬法流出更都無許多事。他卻是實見得，恁地所以不怕天，不怕地，一向胡叫胡喊。他學者亦然，實是卒動他不得。一齊恁地

[一]「儒者」後，《朱子文集》有「之論」二字。（朱熹撰：《朱子全書》，第二二册，第二四三八頁。）

無大無小，便是『天上天下惟我獨尊』。金溪之徒不事講學，只將個心來作弄，胡撞亂撞。」並《朱子語類》

陸學「胡叫胡喊」、「胡撞亂撞」，安得不至顛倒錯亂？

朱子曰：「近世有人爲學，專務説空説妙，不肯就實，卻説是悟，此是不知學。學問無此法。才説一『悟』字，便不可窮詰，不可研究，不可與論是非，一味説入虚談，最爲惑人。然亦但能謾得無學底人，若是有實學底人，如何被他謾？才説悟，便不是學問。奉勸諸公且子細讀書。」

「近世人大被人謾，可笑！見人胡亂一言一動，便被降下了。只緣自失工夫，所以如此。便又有不讀書之説，可以誘人，宜乎陷溺者多。」並《朱子語類》

近世所以大被人謾者，只緣蔀障爲害。今此編三蔀既辨，陸學自此謾人恐難矣。

朱子曰：「陳君舉書謂某不合與陸子静諸人辨，以爲相與詰難，竟無深益。蓋刻畫太精，頗傷易簡；矜持已甚，反涉吝驕。不知更如何方是深益？若孟子之闢楊墨也，只得恁地闢他。説刻畫太精，便只是某不合説得太分曉，不似他只恁地含糊。」

「君舉只道某不合與説，只是他見不破。天下事不是是，便是非，直截兩邊去，如何恁地含糊鶻突？某鄉來與説許多，豈是要眼前好看？青天白日在這裏，而今人雖不見信，後世也須

有人見得此說，也須回轉得幾人。」並《朱子語類》

孟子曰：「予豈好辨哉？予不得已也。」朱子曰：「鄉來與說許多，豈是要眼前好看？」聖賢憂世衛道之心一也。

又按：朱子《答劉公度書》云：「陳君舉得書，殊不可曉，似都不曾見得實理，只是要得博雜，欲包羅和會衆說，不令相傷。其實都曉不得衆說之是非得失，自有合不得處也。」愚按：近世一種議論，多要包羅和會朱陸，不令相傷，其實都曉不得朱陸之是非得失，自有合不得處也。君舉，永嘉陳止齋傅良也。

吴草廬澄爲元國子司業，謂學者曰：「朱子於道問學之功居多，而陸子静以尊德性爲主。問學不本於德性，其弊必偏於言語訓釋之末。」趙東山《贊陸子像》曰〔一〕：「儒者曰其學似禪，佛者曰我法無是。超然獨契本心，以俟聖人百世。」師山鄭氏曰：名玉，歙人，說見《道一編》。「朱陸二先生，同是堯舜，同非桀紂，同尊孔孟，同排釋老，同以天理爲公，同以人欲爲私，大本達道，無有不同者。」愚按：此三言皆近世尊陸赤幟，使三子早見愚此編，當痛悔其大被人謾，當痛悔其誑人誤人之罪不可勝贖矣。

〔一〕「像」，原作「象」。

按：鄭師山之言，近世尤所怵惑而不能解。不觀程子有云乎「楊墨亦同是堯舜，同非桀紂」，又謂「儒佛句句同，事事合，然而不同」。近世學者奈何識不及此？朱子嘗謂「秦漢以來，傳記所載，皆是説夢」。由今觀之，近世論朱陸者，真説夢也。《道一編》夢魘顛倒尤深也，爲前人所夢魘不悟，而又以夢魘後人也。奈何近日學者猶據信其夢魘顛倒之語以爲蓍龜也？嗚呼！悲夫！此夢何時而覺？

或曰：「象山門人如袁燮、楊簡、舒璘、沈焕，《宋史》皆稱其賢，著於列傳，然則陸學可盡非邪？」曰：「四子學雖偏而質則美者也。質美者，忠信篤厚，天資近道也。朱子嘗謂：『楊敬仲議論見識自是一般，而爲人簡淡誠慤，自可愛敬。』《答潘子善書》又謂：『禪家行得好，自是其資質爲人好耳，非禪之力也。』如前宋呂正獻、陳忠肅諸人，雖皆溺禪而不害其爲賢。故楊敬仲輩雖禪，而《宋史》稱之，蓋瑕瑜不相掩也。」或曰：「袁、楊、舒、沈四子，著於《宋史》，而象山不推居高弟；傅子淵、鄧文範諸人，象山亟稱而《宋史》不以入列傳，何也？」曰：「子淵諸人之禪，高於袁、楊、舒、沈；袁、楊、舒、沈之賢行，超於子淵諸人。象山取其禪，而《宋史》論其行，是以所稱不同。」曰：「然則取舍之際，《宋史》當爲優邪？」曰：「固然也。象山不取賢，而取子淵輩之狂妄顛倒錯亂，何足憑？」

學蔀通辨續編敘

或曰：子所辨學蔀，前後二編，其於陸學明矣，乃復有續編之作者何？曰：著陸學淵源之自也。夫象山之學，非無所因襲而超然獨見也，皆前人已有此規摹，象山因竊取而增飾之，翻騰而誇炫之爾。張子曰：「自佛説熾傳中國，儒者爲所引取淪胥，指爲大道，英才間氣，冥然被驅。」程子謂：「此説天下已成風，其何能救？人才愈高明，則陷溺愈深。」誦斯言也，前代風俗學術規摹，可想矣。象山固英才高明之士，安得不爲所引取深陷，指爲大道而淵源之邪？是故觀於上卷所載達磨、慧能、宗杲、常總諸人之規摹，而棄佛粗迹，而脱略經典，而專一求心，而借儒飾佛，無一而非陸學之淵源也。觀於中卷所載李習之、蘇子由、張子韶、吕氏諸人之規摹，而譏迹取心，而援儒入佛，而陽儒陰佛，而陽離陰合，無一而非陸學淵源也。下卷所載近日王陽明諸人，不過又因象山而規摹之，而淵源之耳。朱子謂「今人不曉禪，所以被他謾」，謂「讀近歲佛者之言，則知其源委」。此編爲卷僅三，而上下古今千餘年禪蔀規摹源委略備；君子一展卷間，而上下古今千餘年禪蔀昭然指掌矣。嗚呼！斯固窮理辨惑、究本窮源之不可已與！東莞清瀾居士陳建敘。

學蔀通辨續編卷上

此卷所載，著佛學變爲禪學，所以近理亂真，能溺高明之士，文飾欺誑，爲害吾道之深也。

朱子曰：「佛教初入中國，只是修行説話，如《四十二章經》是也。初間只有這一卷經，其中有云：佛問一僧：『汝處家爲何業？』對曰：『愛彈琴。』佛問：『絃緩如何？』〔一〕曰：『不鳴矣。』『絃急如何？』曰：『聲絶矣。』『急緩得中如何？』〔二〕曰：『諸音普矣。』佛曰：『學道亦然，心須調適，道可得矣。』初間只如此説。後來達磨入中國，見這般説話中國人都會説了，遂換了話頭，專去面壁靜坐默照。到後來〔三〕，又翻得許多禪底説話來，盡掉了舊時許多話柄，越弄得來闊。其實只是作弄這些精神。」

「佛入中國，至晉、宋間，其教漸盛，然當時文字亦只是將老莊之説來鋪張。直至梁會通間，

〔一〕「絃緩」，原作「緩絃」，據《朱子語類》改。（朱熹撰：《朱子全書》，第一八册，第三九五七頁。）
〔二〕「急緩」，原作「緩急」，據《朱子語類》改。（朱熹撰：《朱子全書》，第一八册，第三九五七頁。）
〔三〕「到」字後，《朱子語類》有「得」字。（朱熹撰：《朱子全書》，第一八册，第三九五八頁。）

達磨入來，然後被他一切掃蕩，不立文字，直指人心。蓋當時儒者之學既廢絶不講，老佛之説又如此淺陋，被他窺見這個罅隙了，故横説豎説，如是張皇，没奈他何。人才聰明，便被他誘引將去。」

「佛學其初只説空，後來説動静。支蔓既甚，達磨遂脱然不立文字，只是默然端坐，遂心静見理。此説一行，前面許多皆不足道，老氏亦難抗衡了[一]。今日釋氏，其盛極矣。」

「佛氏初如『不愛身以濟衆生』之説，此説最淺近，未是他深處。後來是達磨過來，初見梁武，武帝不曉其説，只從事於因果，遂去面壁九年，只説人心至善，即此便是，不用辛苦修行。又有人取老莊之説從而附益之，所以其説愈精妙。然只是不是耳。」並《朱子語類》

按：此數條著佛學變爲禪學之始，而實肇陸學之端矣。蓋浮屠釋迦以來，止謂之佛；自達磨入中國，而後禪學興。佛之爲言覺也，禪之爲言静也，由静而後至於覺也。「其實只是作弄精神」，一言而盡異學之綱要矣。

《文獻通考》晁氏曰：「佛書自漢明帝以來，至梁武帝華林之集，入中國者五千四百卷，曰經、曰律、曰論，謂之三藏，傳於世盛矣。厥後達磨西來，以三藏皆筌蹄，不得佛意，故

[一]「難」字後，《朱子語類》有「爲」字。（朱熹撰：《朱子全書》，第一八册，第三九二八頁。）

直指人心，俾之見性，衆尊之爲祖。雖曰不假文字，而弟子録其善言，往往成書，由是禪學興焉。」

《神僧傳》：「菩提達磨，南天竺婆羅門種。梁武帝普通初，泛海至廣州，武帝迎至金陵，親問曰：『朕即位以來，造寺、捨經、度僧不可勝數，有何功德？』師曰：『並無功德。』帝曰：『何以並無功德？』曰：『此但人天小果有漏之因，如影隨形，雖有非實。』帝曰：『如何是真功德？』師曰：『淨智妙圓，體自空寂，如是功德，不以世求。』帝不省玄旨。師知機不契，遂去梁。渡江趨魏境，止嵩山少林寺。終日面壁而坐，九年，遂逝焉。」愚按：「淨智妙圓，體自空寂」，此八字形容佛性之體段，開萬世禪學之源。

《伊洛淵源録》：「胡文定公曰：『自孟子没，世無傳心之學，此一片田地漸漸抛荒，無人耕種。佛之徒如達磨輩，最爲桀黠，見此間隙，以爲無人，遂入中國，面壁端坐，揚眉瞬目，到處稱尊。此土之人，拱手歸降，不能出其圈套。』」愚按：近世陸學一派，尤拱手歸降，誠不能出他圈套矣。

朱子曰：「佛學自前也只是外面麤説，到梁達磨來，方説那心性。然士大夫未甚理會做工夫。及唐中宗時，有六祖禪學，專就身上做工夫，直要求心見性。士大夫才有向裏者，無不歸他去。」又曰：「佛學當初只是説，無存養底工夫。至唐，六祖始教人存養工夫。」《朱子語類》

六祖，大鑑禪師盧慧能也。禪家以達磨入中國爲初祖，六傳而爲慧能，故稱六祖。「不思善不思惡時認本來面目」，正六祖教人存養之工夫，悟道識心之要訣也。《傳燈録》僧神秀書偈云：「身是菩提樹，心如明鏡臺。時時勤拂拭，莫遣有塵埃。」慧能於秀偈側寫云：「菩提本非樹，明鏡亦非臺。本來無一物，何假拂塵埃。」五祖因此傳法於能。愚謂：慧能説得高妙如此，烏得不陷溺高明？

又按：《傳燈録》五祖曰：「會中四百九十九人會佛法，惟有盧行者一人不會佛法，他則悟道，謂之過量人，方傳得衣鉢。」夫不會佛法，而專説心性，説存養，説悟道。彌近理而大亂真，固如此矣。

朱子曰：「汪端明少從學於焦援先生。汪既達時，從宗杲問禪，憐焦之老，欲進之以禪，因勸焦登徑山見杲。杲舉『寂然不動感而遂通』。焦曰：『和尚不可破句讀書。』不契而歸。」「杲老所喜，皆是麤疎底人，如張子韶、唐立夫諸公是也。汪聖錫、吕居仁輩，稍謹愿，便被他薄。」並《朱子語類》

諸人皆從宗杲學禪者也。杲所舉「寂然不動」，正嘗教子韶用儒家言語説向士大夫者也。杲嘗答曾天游侍郎書云：「今時學道之士，只求速效，不知錯了也。卻謂無事省緣，静坐體究爲空過時光，不如看幾卷經，念幾聲佛，佛前多禮幾拜，懺悔平生所作過惡，要免閻家老子手中鐵棒。此是愚人所爲。」愚按：宗杲不信看經念佛，而惟急無事省緣，静坐體究，且用儒家言語説向士大夫。是蓋訶佛駡祖之機，轉爲改頭换面之教矣。

按：禪學興於達磨，盛於慧能，極於宗杲。其傳心之要，則達磨不信因果，而説「淨智妙圓，直指人心」；慧能不會佛法，而説「本來面目」，教人存養；宗杲不信看經念佛，而務「無事省緣，静坐體究」。近世一種闢佛粗迹而專説養神明心者，其範圍不出此矣。

《傳燈録》：「古靈行脚回，參受業師，見師窗下看經，有蜂子投窗紙求出〔一〕。靈曰：『世界如許闊不肯出，鑽他故紙驢年去。』」〔二〕按：古靈譏僧看經，即與宗杲同，即與達磨以三藏皆筌蹄同。陸學糟粕註脚經書，其機軸源此。

宋僧常總嘗問一士人曰：「論語云『默而識之』，識是識個甚？子思言『君子無入而不自得』，得是得個甚？」士人無以對。河東侯希聖曰：「是不識吾儒之道，猶以吾儒語爲釋氏用。在吾儒爲不成説話，既曰『默識』與『無入而不自得』，更理會甚識、甚得之事？是不成説話也。」朱子《中庸或問》曰：「侯氏所辨常總之説甚當。近世佛者，妄以吾言傳著

〔一〕「紙」字原脱，據《五燈會元》補。（普濟撰：《五燈會元》，北京，中華書局，一九八四年，上册，第一九五頁。）
〔二〕「驢年去」三字原脱，據《五燈會元》補。（普濟撰：《五燈會元》，上册，第一九五頁。）

其説，而指意乖刺如此類者多矣。甚可笑也！」愚謂宗杲舉似焦援及陸學所引儒書，皆是此弊。

《崇正辨》曰：「理有至真，以似而亂之，則可惡矣。故惡莠，恐其亂苗也；惡紫，恐其亂朱也；惡楊墨，恐其亂仁義也；惡佛老，恐其亂性理也。姦僧猾釋，欲主張其説，恐不能勝，又竊取儒書近似之説以符同之，使愚夫懦士怵惑不能自解。可不戒而遠之哉？」

朱子曰：「道之在天下，一人説取一般。禪家最説得高妙去，蓋自莊老來，説得道自是一般物事，闃闃在天地間〔二〕。後來佛氏又放開説，大決藩籬，更無下落，愈高愈妙。吾儒多有折而入之。世間惑人之物，不特尤物爲然，一言一語可取，亦是惑人。況佛氏之説足以動人如此。」「因舉佛氏之學，如云『有物先天地，無形本寂寥。能爲萬物主，不逐四時凋』；又曰『若人識得心，大地無寸土』。又曰『撲落非他物〔三〕，縱横不是塵。山河及大地，全露法王身』；看他是甚麽樣見識！今區區小儒，怎生出得他手？宜其爲他揮下也。此是法眼禪師下一派宗旨如此。」並《朱子語類》

〔二〕「闃闃」，原誤作「闐闐」，據《朱子語類》改。（朱熹撰：《朱子全書》，第一八册，第三九二九頁。）

〔三〕「撲落」，原誤作「撲地」，據《朱子語類》改。（朱熹撰：《朱子全書》第一八册，第三九三六頁。）

佛氏説得高妙如此，如何不陷溺高明？

朱子曰：「釋老之書，極有高妙處，句句與自家個同。但不可將來比方，煞誤人事。」或論《中庸》平常之義，舉釋子偈云：「世間萬事不如常，又不驚人又久長。」曰：「便是他那道理也，有極相似處，只是説得來别。故某於《中庸序》著語云：『至老佛之徒出，則彌近理而大亂真矣。』須是看得他彌近理而大亂真處，始得。」並《朱子語類》

按：「彌近理而大亂真」一語，非朱子見得親切，不敢如此道。近世惟二程子所見與同，并摘録其言於卷。

朱子《答吴斗南書》云：「佛學之與吾儒，雖有略相似處，然正所謂『貌同心異』、『似是而非』者，不可不審。明道先生所謂『句句同、事事合，然而不同』者，真是有味。非是見得親切，如何敢如此判斷耶？」《朱子文集》

謝顯道歷舉佛説與吾儒同處，問伊川先生。先生曰：「恁地同處雖多，只是本領不是，一齊差卻。」《程氏遺書》

或曰：「佛氏與吾儒相近處，其詳可得聞乎？」曰：「嘗聞之矣。釋氏『行住坐臥無不在道』，與吾儒『道不可須臾離』相似也；『不解即心是佛，真是騎驢覓驢』，與吾儒『聖賢無心外之學』相似也；『赤肉團上有一無位真人』，與吾儒『天然自有之中』相似也；

『不思善不思惡，認本來面目』，與吾儒『喜怒哀樂未發之中』相似也；『青青翠竹，莫匪真如，總總黄花，無非般若』，與吾儒『鳶飛魚躍』相似也；『一月普現一切水，一切水月一月攝』，與吾儒『月映萬川』之喻相似也；『有物先天地，無形本寂寥』，與吾儒『無極而太極』相似也；『千種言萬般解，只要教君長不昧』，與吾儒『明明德』相似也；『主人翁惺惺』，與吾儒『求放心』相似也；『棄卻甜桃樹，沿山摘醋梨』，與吾儒『舍梧檟而養樲棘』相似也；『一棒一條痕，一摑一掌血』，與吾儒『切實工夫』相似也；『時時勤拂拭，莫遣有塵埃』，與吾儒『日新』工夫相似也。佛氏説得甚相似如此，非至明，誰不惑之？嗚呼！伊川所答謝顯道之言，朱子所述明道之語，學者誠不可不熟察而深省矣。」

問：「禪者云：『知之一字，衆妙之門。』他也知得這知字之妙？」朱子曰：「所以伊川説佛氏之言近理，謂此類也。」問：「其所謂知〔二〕，指此心之神明作用處否？」曰：「然。」「佛家所謂作用是性，雖無道理，然他卻一生受用快活，便是他就這形而下者之中，理會得似形而上者。」

釋氏專以作用爲性。問：「如何是佛？」曰：「見性爲佛。」曰：「如何是性？」曰：

〔二〕「其」字原缺，據《朱子語類》補。（朱熹撰：《朱子全書》，第一八册，第三九五一頁。）

「作用爲性。」曰：「如何是作用？」曰：「在目曰見，在耳曰聞。在鼻嗅香，在口談論。在手執捉，在足運奔。遍現俱該法界，收攝在一微塵。識者知是佛性，不識喚作精魂。」並《朱子語類》

《草木子》曰：「自釋迦拈青蓮花，迦葉呵呵微笑，自此示機。直至達磨説出能作用即是佛性，自此禪宗皆祖此。」又曰：「禪宗一達此旨，便以爲了。只知能作用者便是，更不論義理。所以疏通者，歸於恣肆；固滯者，歸於枯槁。」

問：「佛氏説性在目爲見，在耳爲聞，在口爲議論，在手能持，在足運奔。」朱子曰：「如此只是個無星之秤、無寸之尺。若在聖門，則在目雖見，須是明始得；在耳雖聞，須是聰始得；在口談論及在手足之類，須是動之以禮始得。『天生蒸民，有物有則』。如佛氏之説，是有物無則了。」

「佛氏原不曾識得這理一節，便認知覺運動做性。只認那能視、能聽、能言、能思、能動底便是性。最怕人説這理字，都要除掉了。此正告子『生之謂性』之説也。」

「龐居士云：『神通妙用，運水搬柴。』佛家所謂作用是性，便是如此。他都不理會是和非，只認得那衣食、作息、視聽、舉履便是道。説我這個會説話底、會作用底、叫喚便應底，便是神通妙用，更不問道理如何。禪老云：『赤肉團上有一無位真人，在汝等諸人面門上出入。』他便是只認得這個，把來作弄。」並《朱子語類》

此三條辨佛氏論性之非，極爲明白。奈何近世講學之士猶墮其失，拾朱子所棄以自珍者？

按：象山《與曾祖道》言：「目能視，耳能聽，鼻能知香臭，口能知味，心能思，手足能運動，如何更要甚存誠持敬？」楊慈湖《己易説》謂：「目能視，所以能視者何物？耳能聽，所以能聽者何物？口能噬，鼻能嗅，所以能噬、能嗅者何物？手能運用，足能步趨，心能思慮，所以能運用、步趨、思慮者何物？」又：《慈湖訓語》云：「吾目視、耳聽、鼻嗅、口嘗、手執、足運，無非大道之用。」按：象山師弟分明佛氏「作用」之旨。

《傳習録》：王陽明謂門人曰：「所謂汝心，卻是那能視聽言動底，這個便是性，便是天理。有這個性，才能生。這性之生理，便謂之仁。這性之生理，發在目便會視，發在耳便會聽，發在口便會言，發在四肢便會動，都只是那天理發生。以其主宰一身，故謂之心。」

按：陽明此言發明佛氏「作用」之旨尤明，其爲告子「生之謂性」之説尤明。

陳北溪《字義》云：「今世有種杜撰等人，愛高談性命，大抵全用浮屠『作用是性』之意，而文以聖人之言，都不成模樣。據此意，其實不過只是告子『生之謂性』之説。此等邪説，向來已爲孟子掃卻，今又再拈起來，作至珍至寶説。只認得個精神魂魄，而不知有個當然之理；只看得個模糊影子，而未嘗有的確定見。枉誤了後生晚進，使相從於天理人欲混雜之區，爲可痛。」嗚呼！讀北溪此言，不能不令人動杜牧之「後人而復哀後人」之感也。

朱子曰：「佛家從頭都不識，只是認知覺運動做性、做玄妙説。」或曰：「如此則安能動人？必更有玄妙處。」曰：「便只是這個。他那妙處離這知覺運動不得，無這個便説不行，只是被他作弄得來精。」《朱子語類》

按：宗杲《答曾侍郎書》云：「尋常計較安排底，是識情；隨生死遷流底，亦是識情；怕怖慞惶底，亦是識情。而今參學之人，不知是病，只管在裏許頭出頭没，教中所謂隨識而不隨智，以故昧卻本地風光，本來面目，若或一時放下，百不思量計較，忽然失脚蹋着鼻孔，即此識情便是真空妙智，更無别智可得；若别有所得、有所證，則又卻不是也。如人迷時，唤東作西，及至悟時，即西便是東，無别有東。此真空妙智，與太虚空齊壽。只這太虚空中，還有一物礙得他否？雖不受一物礙，而不妨諸物於空中往來。此真空妙智亦然。凡聖垢染著一點不得〔二〕，雖著不得，而不礙生死凡聖於中往來。如此信得及、見得徹，方是個出生入死、得大自在底漢。」

〔二〕「點」，原誤作「照」，據和刻本《學蔀通辨》（岡田武彦、荒木見悟主編：《和刻本近世漢籍叢刊》，第十六册，第二一九六頁）及《叢書集成初編》本《學蔀通辨》（《叢書集成初編》，第六五四册，第九一頁）改。

愚按：此説正是他「妙處離這知覺運動不得」，正是「被他作弄得來精」矣。

按：達磨説「淨智妙圓體自空寂」，慧能説「本來無一物」，宗杲説「真空妙智」，此空門授受正法眼藏。

或曰：「佛氏以空爲性，又以作用爲性。夫作用，則有物而非空矣，不自枘鑿乎？」曰：「此體用之説也。真空者，性之體也；作用者，性之用也，體用一原也。故佛氏謂真空則能攝衆有而應變，又謂即此識情便是真空妙智，明體用一原也。釋神會《顯宗記》謂：『湛然常寂，應用無方，用而常空，空而常用。用而不有，即是真空；空而不無，即成妙有。妙有即摩訶般若〔二〕，真空即清淨涅槃。』其言尤『作弄得來精』，與《中庸》『大本達道』之説相似矣。」

朱子曰：「佛氏只是弄精神。」問：「彼言一切萬物皆有破壞，惟有法身常住不滅。所謂法身，便只是這個？」曰：「然。不知你如何占得這物事住？天地破壞，又如何被你占得這物事常不滅？」問：「彼大概欲以空爲體。他言天地萬物萬事皆歸於空，這空便是他體。」曰：

〔二〕「般若」，原誤作「船若」，據和刻本《學蔀通辨》（岡田武彦、荒木見悟主編：《和刻本近世漢籍叢刊》，第十六册，第二九八頁）及《叢書集成初編》本《學蔀通辨》（《叢書集成初編》，第六五四册，第九一頁）改。

「他也不是欲以空爲體，他只是説這物事裏面本空，著一物不得。」「儒者以理爲不生不滅，釋氏以神識爲不生不滅。」並《朱子語類》

《居業録》曰：「釋氏是認精魂爲性，專一守此以爲超脱輪迴。緣他當初只是去習静坐、屏思慮。静久了〔二〕，精神光彩，其中了無一物，遂以爲真空。言道理〔三〕，只有這個極玄極妙。天地萬物，都是這個做出來。得此，則天地萬物雖壞，這物事不壞；幻身雖亡，此不亡，所以其妄愈甚。」

朱子曰：「釋氏合下見得個道理空虚不實，故要得超脱，盡去了物累，方是無漏爲佛地位。若吾儒合下見得個道理便實了，故首尾與之不合。」「陸子静從初亦學佛，嘗言『儒佛差處，只是義利之間』。某應曰：『此猶是第二著，只他根本處便不是。當初釋迦爲太子時，出遊，見生老病死苦，遂厭惡之。入雪山修行，從上一念便一切作空看，惟恐割棄之不猛，屏除之不盡。吾儒卻不然，蓋見得無一物不具此理，無一理可違於

〔二〕「静」字原缺，據《居業録》補。（胡居仁撰：《居業録》，《景印文淵閣四庫全書》，臺北，商務印書館，一九八六年，第七一四册，第六六頁；《叢書集成初編》，北京，中華書局，一九八五年，第五五七册，第七八頁。）

〔三〕「言」，原誤作「這」，據《居業録》改。（胡居仁撰：《居業録》，《景印文淵閣四庫全書》，第七一四册，第六六頁；《叢書集成初編》，第五五七册，第七八頁。）

物。佛説萬理俱空，吾儒説萬理俱實，從此一差，方有公私義利之不同。今學佛者云識心見性，不知是識何心、是見何性？』」並《朱子語類》

此儒釋不同頭腦處。

問：「惡外物如何？」伊川程子曰：「是不知道者也。物安可惡？釋氏之學便如此。要屏事，不問這事是合有合無。」又曰：「學佛者多要忘是非。是非安可忘得？」《程氏遺書》

朱子曰：「釋氏欲驅除物累，至不分善惡，皆欲掃盡。云凡聖情盡，即如如佛，然後來往自由。」

「吾儒心雖虚而理則實。若釋氏，則一向歸空寂去了。」《朱子語類》

釋氏不分是非善惡，皆欲掃盡，一歸空寂，所以害道。

有言莊老禪佛之害者。朱子曰：「禪學最害道。莊老於義理滅絶猶未盡，佛則人倫已壞，至禪則又從頭將許多義理掃滅無餘。以此言之，禪最爲害之深者。」《朱子語類》

《居業録》曰：「禪家只是默坐澄心，絶滅思慮，直求空寂，空寂之久，心能靈通。殊不知空寂之中，萬理滅絶；那些靈通，只是自己精神意見，全不是道理。凡所動作，任意爲之，以爲此即神通妙用，不用檢察，自然廣大無邊。其猖狂自恣者，以此。」

按：此言禪學絶滅義理之故，明矣。

問釋氏理障之説。伊川程子曰：「此錯看了理字也。天下只有一個理，既明此理，夫復何障？若以理爲障，則是己與理爲二。」〇又曰：「《書》言『天敘天秩』。天有是理，聖人循而行之，所謂道也。聖人本天，釋氏本心。」《程氏遺書》

「聖人本天」，天即理也。「釋氏本心」，心即精神知覺也。儒釋之辨，非程朱大儒安能剖判明白如此？

朱子《觀心説》曰：「或問：『佛者有觀心説，然乎？』曰：『夫心者，人之所以主乎身者也，一而不二者也，爲主而不爲客者也，命物而不命於物者也。故以心觀物，則物之理得。今復有物以反觀乎心，則是此心之外復有一心而能管乎此心也。然則所謂心者，爲一耶，爲二耶？爲主耶，爲客耶？爲命物者耶，爲命於物者耶？此亦不待較而知其謬矣。』」《朱子文集》

觀此，則楊慈湖反觀之説之謬可知。

朱子《釋氏論》曰：「其徒蓋有實能恍然若有所睹而樂之不厭，至於遺外形骸，而死生之變不足以動之者，此又何耶？曰：是其心之用，既不交於外矣，而其體之分於内者，乃自相同而不舍焉。其志專而切，其機危而迫，是以精神之極而一旦惘然若有失也。其所以至此之捷徑，蓋皆原於莊周『承蜩』、『削鐻』之餘論，而又加巧密焉耳。然昧於天理，而特爲是以自私焉，則亦何足稱於君子之門哉？」《朱子文集》

「承蜩」、「削鐻」，見《莊子·達生篇》。仲尼適楚，出於林中，見痀僂者承蜩，猶掇之也。仲尼曰：「子巧乎！有道耶？」曰：「我有道也。吾處身也若厥株枸[二]，吾執臂也若槁木之枝；雖天地之大、萬物之多，而惟蜩翼之知；吾不反不側，不以萬物易蜩之翼，何爲而不得？」孔子顧謂弟子曰：「用志不分，乃凝於神。其痀僂丈人之謂乎！」○梓慶削木爲鐻，鐻成，見者驚猶鬼神。魯侯問曰：「子何術以爲焉？」對曰：「臣工人，何術之有？雖然，有一焉。將爲鐻，未嘗敢以耗氣也，必齋以静心。齋三日，而不敢懷慶賞爵禄；齋五日，不敢懷非譽巧拙；齋七日，輒然忘吾有四肢形體也。當是時也，其巧專而外汩消，以天合天，器之所以疑神者，其是與！」

朱子曰：「禪只是個呆守法，如『麻三斤』、『乾屎橛』[三]，他道理初不在這上，只是教他麻了心，只思量這一路，專一積久，忽有見處，便是悟。大要只是把定一心，不令散亂，久後光明自發。所以不識字底人，纔悟後便作得偈頌。」

佛者云「置之一處，無事不辨」，只是教人如此做工夫。如《莊子》亦云「用志不分，乃凝於

[二]「也」字原脱，據《莊子·達生篇》補。（郭慶藩撰：《莊子集釋》，第三册，第六四〇頁。）

[三]「橛」，原誤作「撅」，據《朱子語類》改。（朱熹撰：《朱子全書》，第一八册，第三九五〇頁。）

神」，也只是如此。並《朱子語類》

禪學工夫，只是要個專一，無多術也。

朱子曰：「宗杲云：『如載一車兵器，逐件取出來弄，弄了一件又弄一件，便不是殺人手段。我只有寸鐵，便可殺人。』」《朱子語類》

朱子曰：「釋氏有清草堂者，有名叢林間，其始學時，苦無所入，有告之者曰：『子不見貓之捕鼠乎？四足據地，手尾一直，目睛不瞬，心無他念，惟其不動，動則鼠無所逃矣。』清用其言，乃有所入。彼之所學，雖與吾異，然所以得之者，則無彼此之殊。學者宜以是而自警也。」《朱子語類》〔一〕

「寸鐵」之説，言要一也；「捕鼠」之説，言專一也。朱子講學，多借用禪語以警學者。觀《語類》「騎驢覓驢」、「甜桃醋梨」等語，尤可見朱子借用禪語以勉進吾儒，猶象山借用儒書以彌縫佛學，意頗相類，皆借彼明此之意也。《傳燈録》曰：「正人説邪説，邪説亦是正；邪人説正説，正説亦是邪。」此語亦有見識。愚爲之轉語曰：「吾儒説禪説，禪説亦是儒。禪家説儒説，儒説亦是禪。」識此，可與論朱陸矣。

〔一〕「《朱子語類》」，原誤作「《朱子語集》」。

朱子《答吴斗南書》云：「所云『禪學悟入乃是心思路絶，天理盡見』，此尤不然。心思之正便是天理，流行運用無非天理之發見，豈待心思路絶而後天理乃見邪？」

朱子《答陳衛道書》云：「釋氏見處，只是要得六用不行則本性自見。只此便是差處。六用豈不是性？若待其不行然後性見，則是性在六用之外別爲一物矣。」並《朱子文集》

宗杲云：「心無所之，老鼠入牛角，便見倒斷也。倒斷即是悟處。」此即「心思路絶，天理盡見」之謂。近福州烏石巖有僧書一偈，末云「行至水窮山盡處，那時方見本來真」，即是此意。「六用」，出《楞嚴經》，耳眼鼻舌身意六根之用也。

朱子《答廖子晦書》云：「爲佛學者自謂有見，而於四端五典、良知良能、天理人心之實然而不可易者，皆未嘗略見仿佛；甚者，披根拔本、顛倒錯繆，無所不至。則夫所謂見者，殆亦用心太過，意慮泯絶，恍惚之間瞥見心性之影象耳。與聖門真知實踐之學，豈可同年而語哉？」

朱子《答胡季隨書》云：「釋氏只是恍惚之間見得些心性影子，卻不曾子細見得真實心性。正使有存養之功，亦只是存養得他所見影子，固不可謂之無所見，亦不可謂之不能養，但所見所養非心性之真耳。」並《朱子文集》

胡敬齋曰：「釋氏見道，只如漢武帝見李夫人，非真見者也。」又曰：「禪家在空虛中見出一個假物事，以爲識心見性，以爲不生不滅，其實未嘗識心、未嘗見性也。」愚謂：敬齋直道禪家所見爲假物非真，極是，極是。自朱子没後，無人見得如此端的直截。

老子曰：「道之爲物，惟怳惟忽。忽兮怳兮，其中有像；怳兮忽兮，其中有物；窈兮冥兮，其中有精。」釋老所見略同。

朱子《答陳衛道書》云：「性命之理，不必着意思想，但每事尋得個是處，即是此理之實。不比禪家，見處只在儱侗恍惚之間也。」又曰：「儒者之論，每事須要真實是當，不似異端，便將儱侗底影象來罩占此真實地位也。此等差互處，舉起便是，不勝其多，寫不能窮，説不能盡。」《朱子文集》

按：陸學以鑑象之見爲見道，爲知仁，正是「將儱侗恍惚底影象來罩占此真實地位也」。

朱子《答陳衛道書》云：「釋氏所見，較之吾儒，彼不可謂無所見，但卻只是從外面見得個影子，不曾見得裏許真實道理。所以見處則儘高明脱灑，而用處七顛八倒，無有是處。見處行處，打成兩截也。」《朱子文集》

所論「兩截」，近世禪陸通病。

問儒釋。朱子曰：「據他説道明得心，又不曾得心爲之用；説道明得性，又不曾得性爲之用。」又曰：「僧家所謂禪者，於其所行全不相應。向來見幾個好僧，説得好又行得好，自是其資質爲人好耳，非禪之力也。所謂禪，是僧家自舉一般見解，如秀才家舉業相似，與行已全不相干。學得底人，有許多機鋒將出來，弄一上了便收拾了；到其爲人，與俗人無異。只緣禪自是禪，與行不相應耳。」《朱子語類》

此語亦是説禪學「兩截」之病，觀陸學正然。朱子嘗謂「楊敬仲簡淡誠慤，自可敬愛，而其議論見識自是一般」，可見其自是資質好，非禪之力。又謂「子静常有悟，後來更顛倒錯亂」，正只緣禪自是禪，與行不相應耳。

因論《傳燈録》禪者曰：「此迹也，何不論其心？」明道程子曰：「心迹一也。豈有迹非而心是者也？正如兩脚方行，指其心曰：『我本不欲行，他兩脚自行。』豈有此理？」

明道先生不好佛語。或曰：「佛之道是也，其迹非也。」曰：「所謂迹者，果不出於道乎？然吾所攻者其迹耳，其道則吾不知也。使其道不合於先王，固不願學也；如其合於先王，則求之六經可矣。奚必佛？」

伊川程子曰：「釋氏之説，若欲窮其説而去取之，則其説未必能窮，已化而爲佛矣。只且於迹上考之，其設教如是，則其心果何如，難爲取其心不取其迹，有是心則有是迹。王通言心迹之判，便是亂説。不若且於迹上斷定，不與聖人合。其言有合處，則吾道固已有；有不合者，固所不取。如是立定，卻省易。」並《程氏遺書》

按：近世於佛學，皆是取其心、取其道而不取其迹，分爲兩截。非二程子，是非何由折衷？

朱子曰：「禪學熾則佛氏之説大壞，緣他本來是大段着工夫收拾這心性，今禪説只恁地容易做去；佛法固是本不見大底道理，只就他本法中是大段細密，今禪説只一向麤暴。」○又曰：「釋迦佛初間入山修行，他也只是厭惡世諦，爲一身之計。觀他修行大故用功，未有後來許多禪底説話。後來相傳，一向説開了。」《朱子語類》

西山真氏曰：「自禪教既分，學者往往以爲不階言語文字而佛可得。於是脱略經教，而求所謂禪者，高則高矣，至其身心顛倒有不堪點檢者，則反不如誦經持律之徒，循循規矩中猶不至大謬也。今觀《遺教經》，以端心正念爲首，而深言持戒爲禪定智慧之本，至謂制心之道如牧牛，如馭馬，不使縱逸。去瞋止妄，息欲寡求，然後由遠離以至精進，由禪定以造智慧，具有漸次梯級。非如今之談者，以爲一超可造如來地位也。」

愚按：佛學猶以脱略經教趨禪爲非，吾儒豈可糟粕六經，趨禪弗察？

朱子曰：「釋氏書，初只有《四十二章經》，所言甚鄙俚。後來日添月益〔二〕，皆是中華文士

〔二〕「月」，原誤作「日」，據《朱子語類》改。（朱熹撰：《朱子全書》，第一八册，第三九二七頁。）

相助撰集。如晉、宋間自立講師，孰爲釋迦，孰爲阿難，孰爲迦葉，各相問難，筆之於書，轉相欺誑。大抵多是剽竊《老子》、《列子》意思，變換推衍以文其說。」「宋景文《唐書贊》說：『佛多是華人之譎誕者攘莊列之説佐其高。』此說甚好。如歐陽公只說個禮法，程子又只說自家義理，皆不見他正贓，卻是宋景文捉得他正贓。」並《朱子語類》

愚謂：唐以前，中華文士攘竊莊列以文其說，佐其高；至宋，則攘竊孔孟以文其說、佐其高矣。嗚呼！竊莊列以文佛釋，以異端而佐異端，猶可言也；竊孔孟以文佛釋，遂以夷狄之教而亂吾中國聖賢之學，不可言也。迦葉、釋迦弟子；阿難，又迦葉弟子也。

朱子曰：「佛書多有後人添入。如西天二十八祖所作偈，皆有韻，分明是後人增加。」○又曰：「西域豈有韻？諸祖相傳偈平仄押韻語，皆是後來人假合。」《朱子語類》

此尤捉著正贓。

朱子《釋氏論》曰：「凡佛之書，其始來者，如《四十二章》、《遺教》、《法華》、《金剛》、《光明》之類，其所言者不過清虛緣業之論、神通變現之術而已。及其中間，爲其學者如惠遠、僧肇之流，乃始稍竊《莊》、《列》之言以相之，然尚未敢正以爲出於佛之口也。及其久，而恥於假借，則遂顯然篡取其意而文以浮屠之言，如《楞嚴》所謂『自聞』，即《莊子》之意；而《圓覺》所謂『四大各離，今者妄身當在何處』，即《列子》所謂『精神入其門，骨骸反其根，我尚何存』者也。

凡若此類，不可勝舉。至於禪者之言，則其始也，蓋亦出於晉、宋清談議論之餘習，而稍務反求静養以默證之，或能頗出神怪以衒流俗而已；其後傳之既久，聰明才智之士或頗出於其間，而自覺其陋，於是更出己意，益求前人之所不及者而陰佐之，而盡諱其怪幻鄙俚之談，於是其說一旦超然真若出乎道德性命之上，而惑之者遂以爲果非堯舜周孔之所能及矣。」《朱子文集》

何叔京曰：「浮屠出於夷狄，流入中華，其始也，言語不通，人固未之惑也；晉、宋而下，士大夫好奇嗜怪，取其侏離之言而文飾之，而人始大惑矣。非浮屠之能惑人也，導之者之罪也。」愚按：前世士大夫好奇嗜怪，以莊列助禪而文飾之，人已大惑，況後世士大夫又以儒書助禪，而文飾益甚焉，夫安得不爲深蔀？

明道程子曰：「釋氏之說，其歸欺詐。今在法，欺詐雖赦不原，爲其罪重也。及至釋氏，自古及今，欺詐天下，人莫不溺其說而不自覺也，豈不謂之大惑耶？」《程氏遺書》

朱子曰：「論佛只是說個大話謾人，可憐人都被他謾，更不省悟。」《朱子語類》

胡敬齋亦曰：「學釋老者多詐。」今觀象山、篁墩、陽明一派，欺蔀尤驗，奈何近世都被他謾？古今同慨。

朱子《讀大紀》曰：「釋氏始終本末亦無足言。然以其有空寂之說而不累於物欲也，則世之所謂賢者好之矣；以其有玄妙之說而不滯於形器也，則世之所謂智者悅之矣；以其有生死輪迴之説而自謂可以不淪於罪苦也，則天下之傭奴、爨婢、黥髡、盜賊亦匍匐而歸之矣。此其爲説所以張皇輝赫，震耀千古。而爲吾徒者，方且蠢然鞠躬屏氣，爲之奔走服役之不暇也。幸而有一間世之傑〔二〕，乃能不爲之屈而有聲罪致討之心焉。嗚呼！惜哉！」《朱子文集》

此言佛氏之所以盛，由其説能舉天下之智愚、賢不肖而溺之也。考張子之言，尤足徵。並著卷末。

橫渠張子曰：「自其説熾，傳中國，儒者未容窺聖學門墻，已爲引取，淪胥其間，指爲大道。乃其俗達之天下，致善惡、知愚、男女、臧獲人人著信，使英才間氣。生則溺耳目恬習之事，長則師世儒宗尚之言，遂冥然被驅，因謂聖人可不修而至，大道可不學而知。故未識聖人心，已謂不必求其迹；未見君子志，已謂不必事其文。此人倫所以不察，庶物所以不明，治所以忽，德所以亂，異言滿耳，上無禮以防其僞，下無學以稽其弊。自古詖淫邪遁之辭，翕然並興，一出於佛氏之門者，千五百年。向非獨立不懼、精一自信、有大過人之才，何以正立其間，與之較是非、計得失也哉？」

橫渠之言如此，可謂深切著明矣。

〔二〕「有一」，《朱子文集》作「一有」。（朱熹撰：《朱子全書》，第二三冊，第三三七七頁。）

通按：此卷所載，雖雜引諸書，然亦有節次統紀。首論禪學興盛來歷，次論禪學高妙近似，次論釋氏作用是性，次論釋氏歸空，次論釋氏掃除事理而專説心，次論釋氏工夫專一，次論釋氏所見影象恍惚非真，次論釋氏兩截，次論釋氏後來變换增加文飾欺誑，末總論釋氏惑害之深。大綱凡十節，而其文理接續，血脈貫通，則讀者當自得之矣。

學蔀通辨續編卷中

此卷所載，著漢唐宋以來學者多淫於老佛，近世陷溺推援之弊，其所從來遠矣。

朱子曰：「揚雄《太玄》曰：『潛心於淵，美厥靈根。』測曰：『潛心於淵，神不昧也。』乃老氏説話。」又曰：「揚子説到深處，止是走入老莊窠窟裏去，如清静寂寞之説是也。至如玄中所説『靈根』之説，亦只是老莊意思，止是説那養生底工夫爾。」「陶淵明，古之逸民，所説者莊老。」並《朱子語類》

按：自孔孟没，漢晉學者皆宗老莊，唐宋則宗禪佛，然皆不外養神一路也。《鶴林玉露》記：「陶淵明《神釋形影詩》云：『大鈞無私力，萬理自森著。人爲三才中，豈不以我故。』我，神自謂也。人與天地並立爲三才，以此心之神也。若塊然血肉，豈足以並天地哉？末云：『縱浪大化中，不喜亦不懼。應盡便須盡，無復獨多慮。』乃是不以死生禍福動其心，泰然委順，養神之道也。淵明可謂知道之士。」愚按：自漢以來，聖學不明，士之所謂知道者，知此而已。陸子嘗謂陶淵明有志於吾道，正指此也。

問：「唐時，莫是李翺最識道理否？」朱子曰：「也只是從佛中來。」曰：「渠有《去佛齋文》闢佛甚堅。」曰：「只是粗迹，至説道理卻類佛。」《朱子語類》

李翺，字習之，從韓退之遊。自謂得子思《中庸》之學，著《復性》三篇。其説曰：「人之所以惑其性者，情也。喜怒哀懼愛惡欲，皆情之爲也。情者，妄也、邪也。妄情息滅，本性清明。」大要以滅情爲言，此説「道理」，正類佛也。

朱子曰：「李翺復性則是，云滅情以復性則非。情如何可滅？此乃釋氏之説，陷於其中而不自知。」《朱子語類》

按：釋氏謂：「六用不行，則本性自見。」又云：「但能莫存知見，泯絶外緣，離一切心，即汝真性。」此滅情復性，禪宗要旨也。象山云：「人只是去些子凡情不得。」又云：「心不可泊一事，須要一切蕩滌剥落淨盡。」即同此滅情之旨。

《困知記》云：「李習之雖嘗闢佛，然《復性書》之言，陷於佛氏之説而不自知。其亦嘗從禪師問道，得非有取其微旨，而姑闢其粗迹，以無失爲聖人之徒耶？」《傳燈録》：「李翺爲朗州刺史，嘗問藥山禪師：『如何是道？』師曰：『雲在天，水在瓶。』翺作偈云：『鍊得身形似鶴形，千株松下兩函經。我來問道無餘話，雲在青天水在瓶。』」

問：「韓文公與大顛書，不審有崇信之意否？」朱子曰：「真個是崇信〔二〕。是他貶從那潮州去，無聊後，被他説轉了，如云『所示廣大深迴，非造次可喻』，不知大顛與他説個甚麽，恁地傾心信向。」又曰：「退之亦多交僧，如靈師、惠師之徒。」《朱子語類》

按：韓退之雖闢佛而交僧，晚年乃爲大顛所動，傾心信向。周元公云：「不識大顛何似者，數書珍重更留衣，何與《原道》之言背馳耶？」雖然，退之一李習之也。《原道》闢佛，亦只是闢其粗迹也。按：柳子厚《送僧浩初序》謂：「韓退之病余嗜浮圖言，罪余不斥浮圖。余謂浮圖之言，往往與《易》、《論語》合，雖聖人復生，不可得而斥也。退之所病者，其迹也，雖余亦不樂也。」愚謂：文學如二三子，一代宗工，然皆只知病佛粗迹，而不免爲其微言所惑，他尚何望！

朱子曰：「游定夫有《論語》要旨『天下歸仁』，引龐居士語。」又曰：「游定夫以『克己復禮』與釋氏一般，只存想此道理而已。舊本游氏全用佛語解此一段，某已削之。若只以存想言克復，則與下截『非禮勿視』四句有何干涉？」又曰「若只是存想天下歸仁，恁地則不須克己，只坐定存想半月十日，便自天下歸仁。豈有此理！」《朱子語類》

〔二〕「真個是崇信」，《朱子語類》作「真個是有崇信底意」。（朱熹撰：《朱子全書》第一八册，第四二五九頁。）

按：游定夫言克己與四勿無干涉，正與象山同。詹阜民安坐瞑目，操存半月，忽覺此心澄瑩，自以爲仁，而象山許之，即存想歸仁之證也。

《伊洛淵源録》載吕氏雜志云：「程先生謂游酢、楊時先知學禪，已知向裏没安泊處，故來此，卻恐不變也。」游定夫後更爲禪學，從諸禪老遊。定夫嘗言：「前輩先生往往不曾看佛書，故詆之如此之甚。其所以破佛者，乃佛書自不以爲然者也。」其溺於異學如此。

朱子曰：「吕與叔未發之説，尤可疑。如引『屢空』，而曰『由空而後見乎中』，其不陷於浮屠者幾希矣。蓋其病根，正在欲於未發之前，求見乎所謂中者而執之。是以屢言之，而病愈甚。蓋一有求之之心，則是便爲已發，固已不得而見之，況欲從而執之，則其爲偏倚亦甚矣，又何中之可得乎？此爲義理之根本，於此有差，則無所不差矣。程子譏之，以爲不識大本，信哉！楊氏所謂：『未發之時，以心驗之，則中之義自見；執而勿失，無人欲之私焉，則發必中節矣。』又曰：『須於未發之際，能體所謂中。』其曰『驗之』、『體之』、『執之』，則亦吕氏之失也。大抵楊氏之言，多雜於佛老，故其失類如此。」《中庸或問》

按《語類》：朱子謂「陸子静學者欲執喜怒哀樂未發之中，不知中如何執得？那事來面前，只得應他，當喜便喜，當怒便怒，如何執得？」正與此相發。按：《中庸或問》辨程門諸子淫於老佛之失甚詳，今姑録此，餘不盡也。

又按《語類》：「僧常總，龜山鄉人，住廬山東林。龜山嘗往見之，問孟子道性善之說。」其言之雜佛，有自來矣。

朱子《答張敬夫書》云：「上蔡所謂知覺，正謂知寒煖饑飽之類。推而至酬酢佑神，亦只此耳。謂仁者心有知覺則可，謂心有知覺謂之仁則不可。至於伯逢又謂『上蔡之意自有精神，得其精神，則天地之用皆我之用矣』。此說甚高甚妙，而反之於身，愈無根本可據之地。所謂天地之用即我之用，殆亦其傳聞想像如此耳，實未嘗到此地位也。」《朱子文集》

朱子曰：「上蔡說得覺字太重，便相似說禪。」

「上蔡多說知覺。自上蔡一變而爲張子韶。」並《朱子語類》

謝上蔡以知覺言仁，猶佛氏以知覺言性，其失一也。精神之說尤陷釋氏，與象山吾心宇宙之說正同。

《事文類聚》云：「佛者，漢言覺也，將以覺悟群生也。」宋豐稷對神宗曰：「佛者，覺也，覺則無所不了。」張子韶曰：「覺之一字，衆妙之門。」陳白沙曰：「人惟覺，便我大而物小，物有盡而我無盡。」皆是說得覺字太重也。

朱子曰：「程門諸子，在當時親見二程，至於釋氏卻多看不破，是不可曉。」

因論《上蔡語録》，如云「見此消息，不下工夫」之類，乃是謂儒佛本同，而所以不同者，但是

下截耳。龜山亦如此。並《朱子語類》〔一〕

謝氏雖程門高弟〔二〕，亦看不破，其惑人至此。

朱子《答吴公濟書》云：「來書云『儒釋之説本同末異』，熹謂本同則末必不異，末異則本必不同，正如兩木同是一種之根，無緣卻生兩種之實。」《朱子文集》

此論簡要直截，片言折獄矣。

朱子曰：「正獻爲温公言佛家心法，只取其簡要。」《朱子語類》

正獻，呂申公公著也。《宋名臣言行録》云：「申公晚多讀釋氏書，益究禪理。温公博學有志行，而獨不喜佛，申公每勸其留意，且曰：『所謂佛學者，直貴其心術簡要耳，非必事事服習爲方外人也。』」按：申公之意，亦是取上一截。

朱子《答林擇之書》云：「《呂公家傳》論佛學，尤可駭歎。程氏之門，千言萬語只要見儒者與釋氏不同處；而呂公學於程氏，意欲直造聖人，盡其平生之力，乃反見得佛與聖人合，豈不背戾之甚哉？」〔三〕《朱子文集》

〔一〕「朱子語類」，原作「朱子語録」。
〔二〕「謝氏」，原誤作「佛氏」，據《叢書集成初編》本《學蔀通辨》改。（《叢書集成初編》，第六五四册，第一〇七頁。）
〔三〕「背」，原誤作「肯」，據《朱子文集》改。（朱熹撰：《朱子全書》，第二二册，第一九七〇頁。）

《呂氏家傳》云：「原明公自少既從諸老先生學，當世善士悉友之矣。晚更從高僧圓照師宗本、證悟師修顒遊，盡究其道，別白是非，斟酌淺深而融通之，然後見佛之道與聖人合。」按：原明，申公之子希哲也。

朱子《答呂東萊書》云：「《橫渠墓表》出於呂汲公。汲公尊橫渠，然不講其學而溺於釋氏，故其言多依違兩間，陰爲佛老之地。如云『學者苦聖人之微，而珍佛老之易入』，如此則是儒學異端皆可以入道，但此難而彼易耳；又稱『橫渠不必以佛老而合乎先王之道』，如此則是本由佛老然後可以合道，但橫渠不必然而偶自合耳。此等言語，與橫渠著書立言攘斥異學、一生辛苦之心全背馳了。」《朱子文集》

汲公，呂大防也。

朱子曰：「《華嚴合論》其言鄙陋無稽，不知陳了翁一生理會這個，是有甚麼好處。可惜極好底秀才，只恁地被他引去了。」〇又曰：「了翁好佛，說得來七郎八當。」《朱子語類》

了翁《金剛經說》曰：「佛法之要，不在文字而亦不離於文字。此經要處，只九個字，『阿耨多羅三藐三菩提』。梵語九字，華言一字，一『覺』字耳。《中庸》『誠』字，即此字也。」了翁之意，亦是見得佛與聖人合也。

朱子《辨蘇子由老子解》云：「蘇侍郎晚著此書，合吾儒於老子，以爲未足，又并釋氏而彌縫之，可謂舛矣。然其自許甚高，至謂『當世無一人可以語此者』，而其兄東坡公亦以爲『不意晚年見此奇特』。以予觀之，其可謂無忌憚者與？」《朱子文集》

蘇子由注《老子》，其《後序》曰：「《中庸》云『喜怒哀樂之未發謂之中，發而皆中節謂之和』，『致中和，天地位焉，萬物育焉』，此蓋佛法也。六祖謂『不思善不思惡』，則喜怒哀樂之未發也。蓋中者，佛性之異名；而和者，六度萬行之總目。致中和而天地萬物生於其間，非佛法何以當之？」觀此，則蘇氏彌縫之舛可知矣。按《文獻通考》：「宋仁宗時，僧契嵩以世儒多詆釋氏之道，乃著《輔教編》五卷，廣引經籍，以證三家一致，輔相其教焉。」蘇子由所見，正與契嵩合。《崇正辨》曰：「爲佛之徒者，所以擁護其道，無所不至。衣冠淺士，乃一聞佛說則傾意從之，甘心於僧役而不悔，豈非名教之罪人哉？」

朱子《雜學辨》：「張子韶《中庸解》云：『不見形象，而天地自章；不動聲色，而天地自變；垂拱無爲，而天地自成。天地亦大矣，而使之章，使之變，使之成，皆在於我。天地又自此而造化之妙矣。』」朱子辨之謂：「此語險怪不通。若聖人反能造化天地，則是子孫反能孕育父祖。凡此好大不根之言，蓋原於釋氏『心法起滅天地』之意。」《朱子文集》

按：蘇子由謂「致中和而天地萬物生於其間」云云，正同此「心法起滅天地」之意。又按：朱子《雜學辨》辨蘇、張溺佛之失甚詳〔二〕，今亦不能盡録，姑摘記緊要一二於此。

朱子曰：「張公始學於龜山之門，而逃儒以歸於釋，既自以爲有得矣，而其釋之師語之曰：『左右既得欛柄入手，開導之際，當改頭換面，隨宜説法，使殊塗同歸，則世出世間兩無遺恨矣。』用此之故，凡張氏所論著，皆陽儒而陰釋，其離合出入之際，務在愚一世之耳目，而使之恬不覺悟，以入乎釋氏之門，雖欲復出而不可得。」《朱子文集》

昔人謂西晉亂亡之禍，起於夕陽亭荀勖教賈充之一語；愚謂後世學術陽儒陰釋之禍，實起於宗杲教張公之一語矣。然荀勖一語，止禍一代；宗杲一語，遺禍無窮。上而千古聖賢學術爲所汩亂，下而天下萬世人心爲所蔀惑，不知其禍何時而已。嗚呼！酷哉！

按：宗杲爲人，權數陰謀秘計，大類呂不韋。不韋陰以其子爲秦王之子，而秦人不覺；宗杲陰以其學易吾儒之學，而後世亦鮮知之。始皇既立，名號猶襲嬴秦，而血脈骨髓則已移於呂無垢；象山繼作，名號不殊於孔孟，而血脈骨髓則已移於禪。嗚呼！六國并兵合力以攻秦，不能得秦人之尺寸，而不韋奪其國於几席談笑之間；昌黎伊洛終身闢佛，

〔二〕「辨」字原脱，據和刻本《學蔀通辨》補。（岡田武彦、荒木見悟主編：《和刻本近世漢籍叢刊》，第十六册，第三四八頁。）

曾不能少殺其勢，宗杲乃從容一語而遺吾道無窮之禍。二人者，其古今之大盜與！

通按：有宋一代，禪學盛行。然汴宋以前，蘇子由諸人明以儒佛爲同；南渡以後，張子韶輩始陽儒而陰佛。以儒佛爲同，其好佛也直；陽儒而陰佛，其好佛也譎。此世道升降之幾，所關非細故也。孔子曰：「古之愚也直，今之愚也詐而已矣。」閱歷古今世變，同一令人增慨。

朱子《答石子重書》云：「此道寂寥，近來又爲邪説汩亂，使人駭懼。聞洪适在會稽盡取張子韶《經解》版行，此禍甚酷，不在洪水夷狄猛獸之下，令人寒心。人微學淺，又未有以遏之，惟益思自勉，更求朋友之助，庶有以追蹤聖徒，稍爲後人指出邪徑，俾不至全然陷溺，亦一事耳。」《朱子文集》

朱子惓惓爲後人指出邪徑，而近日學者乃有故蹈邪徑而反詆朱子者，其是非識見，何相遼乃爾！

朱子《雜學辨》曰：「呂氏曰：『聞見未徹，正當以悟爲則。所謂致知格物，正此事也。比來權去文字，專務體究，尚患雜事紛擾、無專一工夫。若如伊川之説，物各付物，便能役物，卻恐失涉顢頇爾。』愚謂以悟爲則，乃釋氏之法而吾儒所無有，呂氏顧以爲致知格物之事。又云去文字而專體究，猶患雜事紛擾不能專一，則是理與事爲二，必事盡屏而後理可窮也。顧謂伊川顢

頊，豈不惑哉？」《朱子文集》

呂氏，即呂居仁，亦嘗參禪宗杲。杲以「無事省緣，静坐體究」爲教，故呂氏有此見解。其去文字、屏事尚悟、詆伊川，全與象山同見解。象山曰：「格物者，格此者也。」陽明曰：「格物致知之功，即佛氏之常惺惺。」皆與呂氏同見解。顢頊，出佛書云「儱侗真如，顢頊佛性」。

朱子辨《呂氏大學解》云：「彼其陽離陰合，自以爲左右采獲而集儒佛之大成矣，曾不悟夫言行不類、出入支離之爲心害，而莠亂苗、紫奪朱之患又將無所不至也〔二〕。近世之言道者，蓋多如此，其誤後學深矣。」

朱子《答陳明仲書》云：「汪丈每以呂申公爲準則，比觀其《家傳》所載學佛事，殊可笑。彼其德器渾厚謹嚴，可爲難得矣。一溺其心於此，乃與世俗之見無異。又爲依違中立之計，以避其名，此其心亦可謂支離之甚矣。顧自以爲簡易，則吾不知其説也。」《朱子文集》

汪丈，即汪聖錫尚書也，名應辰。二書所言「陽離陰合」、「左右采獲」、「依違中立」、

〔二〕「亂苗紫」三字原脱，據《朱子文集》補。（朱熹撰：《朱子全書》，第二四册，第三四九二頁。）而和刻本《學蔀通辨》則將「莠［亂苗、紫］奪朱」改補爲「莠奪苗、紫奪朱」。（岡田武彦、荒木見悟主編：《和刻本近世漢籍叢刊》，第十六册，第三五四頁。）

「出入支離」之弊，皆一種學術〔二〕。

朱子曰：「某初師屏山、藉溪。藉溪學於文定，又好佛老，以文定之學爲論治則可，而道未至。屏山少年能爲舉子業，官莆田，接塔下一僧，能入定數日，後乃見了老，歸家讀儒書，以爲與佛合，故作《聖傳論》。其後屏山先亡，藉溪在。某自見於此道未有所得，乃見延平。」

或問屏山《十論》。朱子曰：「他本是釋學，但只是翻謄出來説許多話爾。」《朱子語類》

屏山劉子翬、藉溪胡憲，皆朱子少時師也。朱子初年學禪，亦以二人之故。《聖傳十論》，見《屏山文集》。「翻謄」二字，切中世學之病。象山、陽明講學，皆是翻謄出來。

朱子《答李伯諫書》云：「詳觀所論，大抵以釋氏爲主。而於吾儒之説，近於釋者取之，異於釋者，在孔孟則多方遷就以求其合，在伊洛則無所忌憚而直斥其非。夫直斥其非者，固未識其旨；所取所合，亦竊取其似是而非者耳。故語意之間，未免走作。然敢詆伊洛而不敢非孔孟者，直以舉世尊之，而吾又身爲儒者，故不敢耳，豈真知孔孟之可信而信之哉？是猶不敢顯

〔二〕「皆一種學術」，原作「一種學術皆」，然句後有小注云：「『皆』字在『一』字上。」兹據小注徑爲改正。此句，和刻本《學蔀通辨》作「一種學術皆然」。（岡田武彦、荒木見悟主編：《和刻本近世漢籍叢刊》，第十六册，第三五五頁。）似因未注意到原刻本之小注而誤。

然背叛，而其毁冠裂冕、拔本塞源之心固已竊發。學者豈可使有此心萌於胸中哉？」《朱子文集》

此書説透伯諫心髓，説透近世一派雜學心髓。

朱子《答江德功書》云：「釋氏之學爲主於中，而外欲强爲儒者之論，正如非我族類而欲强以色笑相親，意思終有間隔礙阻。」《朱子文集》

與前書「遷就」、「走作」等語相發。

朱子曰：「學佛者常云儒佛一同。某言你只認自家説不同，若果是，又何必言同？只這靠傍底意思，便是不同，便是你不是、我底是了。」《朱子語類》

此語説得直截痛快，尤可施於近世之欲同朱陸者。

朱子《答江德功書》云：「近世學者溺於佛學，本以聖賢之言爲卑近，而不滿於其意；顧天理民彝有不容殄滅者，則又不能盡叛吾説以歸於彼。兩者交戰於胸中而不知所定，於是因其近似之言，以附會而説合之。凡吾教之以物言者，則引而附之於己；以身言者，則引而納之於心；苟以幸其不異於彼，而便於出入兩是之私。至於聖賢本意，則雖知其不然，而有所不顧也。」《朱子文集》

此書説世學之病亦痛切。

朱子《答汪太初書》云：「近世學者不知聖門實學之根本次第，而溺於老佛之説。無致知之功，無力行之實，而常妄意天地萬物、人倫日用之外〔二〕，别有一物空虚玄妙不可測度，其心懸懸然，惟徼幸於一見此物以爲極致。」

朱子《答廖子晦書》云：「詳來喻，正謂日用之間，别有一物光輝閃鑠，動蕩流轉，是即所謂『無極之真』，所謂『谷神不死』，所謂『無位真人』。此釋氏語，正谷神之酋長也。」並《朱子文集》

「無極之真」，儒也；「谷神不死」，老也；「無位真人」，佛也。此即以老佛之似，亂吾儒之真也。「一物」，即鏡象之見也。

朱子《答李周翰書》云：「示喻縷縷，備見本末。但原説之辨，髣髴其間頗有陽尊孔子而陰主瞿、聃之意耳。」《朱子文集》

瞿、聃，瞿曇、老聃也。當時講學之弊，類如此。

或謂佛之理比孔子爲徑。伊川程子曰：「天下果有徑理，則仲尼豈欲使學者迂遠而難至乎？故外仲尼之道而由徑，則是冒險阻、犯荆棘而已。」《程氏遺書》

朱子曰：「信州龔安國聞李德遠過郡，見之。李云：『若論學，惟佛氏直截；如學周公、孔子，乃是抱橋柱澡洗。』」

〔二〕「常」，原作「嘗」，據《朱子文集》改。（朱熹撰：《朱子全書》，第二三册，第二一一八頁。）

朱子曰：「禪學只一喝一棒，都掀翻了，也是快活。卻看二程説話，可知道不索性。奚特二程？便夫子之言亦如此。『學而時習之不亦説乎』，看得好支離。」並《朱子語類》

按：前人於孔、佛，猶有支離直截之論，則夫近世之以支離直截論朱陸者，即前人之餘涎耳。蘇子由謂：「後世因老子之言，以達道者不少；而求之於孔子者，常苦其無所從。」呂汲公謂：「學者苦聖人之微，而珍佛老之易入。」皆同此意。《崇正辨》曰：「聖人之道，不可躐等；釋氏之教，一超直入。故儒生以吾聖人爲迂，以彼釋氏爲徑。今以登十三級浮屠明之，不可躐等者，猶自最下用足歷級升而上也；一超直入者，猶自平地不用足歷忽飛而至也。此實而彼虛，實難而虛易，士大夫樂於無稽超勝之説，以爲孔子所不到，孟子所不知，而實無所得。使世習日以淪胥，莫可救也。」

愚按：前世溺禪者必詆聖人，近世溺禪者必詆朱子。孔聖猶不免譏，詆朱固無足怪矣。

朱子曰：「今之學者往往多歸異教，何故？蓋謂自家這裡工夫有欠缺處，奈何這心不下，没理會處；而禪者之説，則自以爲有個悟門，一朝得入則前後際斷。説得恁地見成捷快，如何不隨他去？」《朱子語類》

朱子《答汪尚書書》云：「道在六經，何必他求，誠如台諭。然世之君子不免於淪胥者，何哉？以彼之爲説者曰：『子之所求於六經者，不過知性、知天而已。由吾之術，無屈首受書之勞而有其效，其見解真實，有過之者無不及焉。』世之君子，既以是中其好徑欲速之心，而不察乎他求之賊道；貴仕者，又往往有王務家私之累，聲色勢利之娛，日力亦不足矣。是以雖知至道不外六經而不暇求，不若一注心於彼，而徼幸其萬一也。至於蘇氏其言，高者出入有無而曲成義理，下者指陳利害而切近人情；其智識才辨，謀爲氣概，又足以震耀而張皇之，使聽者欣然而不知倦，此其亂人心、妨道術，主名教者不得恝然而無言也。狂妄僭率，極言至此。熹之愚昧么麽，豈不知其力之不足？所以慨然發憤而不能已，亦決於此而已矣，天下豈有二道哉？」《朱子文集》

此書尤切中世學之病。所稱蘇氏之病，象山、陽明正同。朱子嘗謂「伊川快説禪病」，今由此編觀之，朱子真可謂「快説禪病」矣。李果齋謂：「析世學之謬，辨異教之非，擣其巢穴、砭其隱微、摧陷廓清之功，非近代諸儒所能彷彿其萬一。」究觀此編，然後知斯言之非阿所好矣。蓋朱子未出以前，佛學盛行，雖經傅太史、韓文公、二程、張子之辨而不息。直至朱子出，而後邪説退伏，不敢與吾儒爭衡；而後學者曉然知佛學心迹本末之皆邪，而儒佛異同之辨息；而後一切雜學以佛旨釋儒書者，不得以愚後學之耳目；而後士大夫無復參禪於叢林，問道於釋子，甘爲僧役而不恥者矣。是朱子未出以前，一禪佛世界；朱子出而後，復吾儒世界也。魏鶴山謂「朱子之功，不在孟子下」。不究辨至此，夫豈知斯言之不我欺？

通按：近世溺佛之弊，有以佛氏勝於周孔者，有以佛氏與聖人同者，有以儒佛本同末異者，有陽儒而陰佛者。是數説者，實以漸而變。以佛氏爲高妙徑捷勝於周孔者，其陷溺病根也；以爲與聖人同者，少變其説以誘人也；以爲本同末異者，其説之又變也；至於陽儒陰佛，則其變之極，而爲術益精、爲説彌巧也。嗚呼！君子觀於此編，亦可以少窮禪蔀之變態矣。

明道程子曰：「道之不明，異端害之也。昔之害，近而易知；今之害，深而難見。昔之惑人也，乘其迷暗；今之惑人也，因其高明。自謂窮神知化，而不足以開物成務；言爲無不周徧，實則外於倫理。窮深極微，而不可以入堯舜之道。天下之道，非淺陋固滯，則必入於此。自道之不明也，邪誕妖異之説競起，塗生民之耳目，溺天下於汙濁，雖高才明智，膠於見聞、醉生夢死不自覺也。是皆正路之榛蕪、聖門之蔽塞，闢之而後可以入道。」

伊川程子曰：「世之博聞强識者衆矣。其終無有不入於禪學者，特立不惑，子厚、堯夫而已。」又曰：「今日卓然不爲此學者，惟景仁與君實耳。」並《程氏遺書》

按：當時舉天下高才明智醉夢於邪説，而足音空谷，僅張、邵、范、馬四君子焉耳。蓋佛學惑人之害，於此極矣。

明道程子曰：「昨日之會，大率談禪，使人情思不樂，歸而悵恨者久之。此談天下已成風，其何能救？古亦有釋氏，盛時只是崇設象教，其害至小；今日之風，便先言性命道德，先驅了智者，才愈高明則陷溺愈深。然據今日次第，便有數孟子，亦無如之何。只看孟子時，楊墨之害能有甚？況之今日，殊不足言。此事亦係時之隆污。清談盛而晉室衰，然清談爲害，卻是閑言語，又豈若今日之害道？」《程氏遺書》

按此言，則知異端之害，不獨繫聖道之明晦，尤關繫世道之盛衰。嗚呼！清談盛而晉室衰，五胡亂華矣；禪談盛而宋室不競，女真入據中國矣。二代之禍如出一轍，然後知程子之憂深而慮切矣，豈非後學之永鑑乎？

愚嘗因此而通究之，達磨以前，中國文士皆假莊列以文飾佛學；達磨、慧能而後，中國文士則假儒書以文飾佛學矣。假莊列以飾佛者，假儒書以飾佛之漸；假儒書以飾佛者，則陽儒陰佛之漸也。是後世佛學所以日益高妙惑人者，皆中國之人相助爲惑之罪也。不然，則以《四十二章》等經之侏離鄙俚，《傳燈》一録之誕幻無稽，何能惑人至此之甚哉？故何叔京曰「非浮屠之能惑人也，導之者之罪也」，斯言深燭其弊矣。水心葉適氏曰：「佛學至慧能自爲宗，此非佛之學然也，中國之學爲佛者然也。今夫儒者於佛之學不敢言，曰異國之學也；於佛之書不敢觀，曰異國之書也。彼夷術狄技，絶之易耳。不幸以中國之人，爲非佛之學；以中國文字，爲非佛之書。行於不可行，立於不可立，儒者知不能知，力不能救也。蕩佚縱恣，終於不返，是不足爲大慼與！」愚按：假莊列、假儒書、陽儒陰佛三者，皆是「以中國之人爲非佛之學」，「以中國文字爲非佛之書」譸張爲幻也。問之，則曰：「吾學，心學也；吾之學，非虚空而寂滅也。」世衰道微，程朱世不常出，儒者知不能知，力不能救，坐視其蕩佚縱恣、猖狂叫呶而不返也。愚故集程朱遺論，著爲此編，以俟後之君子。

學蔀通辨續編卷下

此卷所載，著近年一種學術議論，類淵源於老佛，其失尤深而尤顯也。

王陽明《答人書》云：「『不思善不思惡時認本來面目』，此佛氏爲未識本來面目者設此方便。『本來面目』，即吾聖門所謂良知。『隨物而格』，是致知之功，即佛氏之『常惺惺』，亦是常存他本來面目耳。體段工夫大略相似，但佛氏有個自私自利之心，所以始有不同耳。」〔一〕

王陽明《答人書》云：「聖人致知之功，至誠無息；其良知之體，皦如明鏡。妍媸之來，隨物見形，而明鏡曾無留染，所謂情順萬事而無情也。『無所住以生其心』，佛氏曾有是言，未爲非也。明鏡之應物，妍者妍、媸者媸，一照而皆真，即是『生其心』處；妍者妍、媸者媸，一過而不留，即是『無所住』處。」

〔一〕「始」，《傳習録》作「便」。（王守仁撰：《王陽明全集》，上海，上海古籍出版社，一九九二年，上册，第六七頁。）

問：「佛氏有『常提念頭』之説，其猶孟子所謂『必有事』、夫子所謂『致良知』之説乎？其即『常惺惺、常記得、常知得、常存得』者乎？於此念頭提在之時，而事至物來應之必有其道，但恐此念頭提起時少，放下時多，則工夫間斷耳。雖曰常提不放，而不加戒懼克治之功，恐私欲不去；若加戒懼克治之功焉，又爲思善之事，而於本來面目又未達一間也。如之何則可？」陽明先生答曰：「『戒懼克治』，即是『常提不放』之功，即是『必有事焉』，豈有兩事邪？此節所問，前一段已自説得分曉，末後卻是自生迷惑，説得支離。」

此三條謂佛氏與聖人同，下三條謂仙家與聖人同，陽明學術根源骨髓盡在此矣。朱子嘗論陸氏，謂「道聽塗説於佛老之餘，而遽自謂有得」，蓋嘗笑其陋而譏其僭。使朱子而今生也，當以陽明爲何如？

《傳習録》：問仙家元氣、元精、元神。陽明先生曰：「只是一件，流行爲氣，凝聚爲精，妙用爲神。」

王陽明《答人書》云：「精一之精以理言，精神之精以氣言。理者氣之條理，氣者理之運用，原非有二事也。但後世儒者之説與養生之説各滯於一偏，是以不相爲用。前日精一之論，雖爲愛養精神而發，然而作聖之功實亦不外是矣。」又曰：「夫良知一也，以其妙用而言謂之神，以其流行而言謂之氣，以其凝聚而言謂之精，安可以形象方所求哉？真陰之精，即真陽之氣之母；真陽之氣，即真陰之精之父。陰根陽，陽根陰，亦非有二也。苟吾良知之説明，則凡若此類，皆可以不言而喻。不然，則如來書所謂『三關』、『七返九還』之喻〔二〕，尚有無窮可疑也。

王陽明《答人書》云：「養德養身，只是一事。果能戒謹不睹、恐懼不聞而專志於是，則神住、氣住、精住，而仙家所謂長生久視之説，亦在其中矣。」

按：陽明良知之學，本於佛氏之「本來面目」，而合於仙家之「元精、元氣、元神」。據陽明所自言，亦已明矣，不待他人之辨矣，奈何猶强稱爲聖學、妄合於儒書以惑人哉？《程氏遺書》曰：「神住則氣住，是浮屠入定之法。論學若如是，則大段雜也。」朱子《雜學辨》謂：「蘇子由合吾儒於老子，以爲未足，又併釋氏而彌縫之，可謂舛矣。」愚謂：陽明良知之説，其爲雜爲舛孰甚？近日士大夫乃有以陽明爲真聖學，尊信傳授而隨聲以詆朱子者，亦獨何哉？

陽明謂「佛氏有個自私自利之心，所以不同」。

愚按：良知之説歸於養生三住，無往非自私自利也。陽明奈何責人而忘己，同浴而譏裸裎邪？使佛氏反唇相稽，陽明其將何辭以對？

〔二〕「喻」，《傳習録》作「屬」。（王守仁撰：《王陽明全集》，上册，第六七頁。）

《傳習録》：問：「佛以出離生死誘人入道，仙以長生久視誘人入道，究其極至，亦是見得聖人上一截，後世儒者又只得聖人下一截。」陽明先生曰：「所論上一截、下一截，亦是人見偏了如此。若是論聖人大中至正之道，徹上徹下，只是一貫，更有甚上一截、下一截？」

按：陽明講學，通仙佛儒，上下而兼包之，謂爲聖人中正一貫之道，誠舛矣。昔朱子辨吕舍人，謂「左右采獲而集儒佛之大成」；今陽明又廣爲籠罩而併集仙佛儒三教之大成也，誠雜矣。

王陽明《答人問神仙書》云：「吾儒亦自有神仙之道，顔子三十二而卒，至今未亡也，足下能信之乎？後世上陽子之流，蓋方外技術之士，未可以爲道。若達磨、慧能之徒，則庶幾近之矣。然而未易言也。足下欲聞其説，須退處山林三十年，全耳目，一心志，胸中洒洒不挂一塵，而後可以言此。」

陽明一生講學，只是尊信達磨、慧能，只是欲合三教爲一，無他伎倆。謂顔子「至今未亡」，此語尤可駭。豈即佛氏所謂「形有死生，真性常在」者邪？

王陽明《答人問道詩》云：「饑來喫飯倦來眠，只此修行玄更玄。説與世人渾不信，卻從身外覓神仙。」

《傳燈録》：「或問慧海禪師修道如何用功？曰：『饑來喫飯，困來即眠。一切人喫飯時不肯喫，百種思量；睡時不肯睡，千般計較。』」考陽明講學，一切宗祖《傳燈》。

王陽明《示諸生詩》云：「爾身各各自天真，不用求人更問人。但致良知成德業，謾從故紙費精神。乾坤是易原非畫，心性何形得有塵？莫道先生學禪語，此言端的爲君陳。」

王陽明《送門人詩》云：「簦笈連年愧遠求，本來無物若爲酬。」又《書太極巖詩》云：「須知太極原無極，始信心非明鏡臺。」又《無題詩》云：「同來問我安心法，還解將心與汝安。」

「心非明鏡」、「心性何形」、「本來無物」等語，皆本《傳燈録》慧能一偈也。「安心」之說，本於《傳燈録》達磨示二祖也；「故紙」之説，本於《傳燈録》古靈譏僧看經也，皆已見前矣。朱子嘗謂「試取《大慧語録》一觀，則象山之來歷可見」，愚謂今學者試取《傳燈録》一觀，則陽明之來歷不容掩矣。

按：象山、陽明雖皆禪，然象山禪機深密，工於遮掩，以故學者極難識得他破；若陽明則大段漏露，分明招認，端的爲君陳矣。今略與拈出，其禪便自顯然矣。近日乃有以陽明爲聖學而尊信之者，又有以爲似禪流於禪而不察其爲達磨、慧能正法眼藏者，區區皆所未喻。

王陽明《示門人詩》云：「無聲無臭獨知時，此是乾坤萬有基。拋卻自家無盡藏，沿門持鉢效貧兒。」

陽明此詩説禪甚高妙，首句即説「鑑象」之悟也，第二句「心法起滅天地」也，後二句皆《傳燈録》語也。陽明於禪學卷舒運用熟矣。朱子嘗謂「陸子静卻成一部禪」，愚謂陽明亦成一部禪矣。

王陽明《雜詩》云：「至道不外得，一悟失群闇。」又云：「悟後六經無一字，静餘孤月湛虚明。」又云：「謾道六經皆註脚，憑誰一語悟真機。」又云：「悟到鳶魚飛躍處，工夫原不在陳編。」

朱子嘗謂「以悟爲則，乃釋氏之法，而吾儒所無有」，又謂「才説悟，便不是學問，不可窮詰，不可研究，一味説入虚談，最爲惑人」。陽明奈何以爲至道，拾先賢所棄以自珍哉？嘗記昔人作舉，用有過官吏判語一聯云：「將唾去之果核，重上華筵；吹已棄之燼灰，再張虐燄。」陽明之講學，亦當以此語判之。

陽明撰《山陰學記》，有曰：「聖人既没而心學晦，支離決裂，歲盛月新。間有略知其謬而反本求源者，則又鬨然指爲禪學而群訾之，駭以爲禪而仇視之，不自知其爲非，不亦大可哀乎？」愚謂：陽明既明宗禪，又諱人訾己爲禪，履其實而欲避其名以惑人，何耶？若陽明曾不自知其爲非，可哀；而顧以非人、哀人，何耶？

王陽明作《見齋説》：或曰：「道有可見乎？」曰：「有。有而未嘗有也。」曰：「然則無可見乎?」曰:「無。無而未嘗無也。」曰:「然則何以爲見乎?」曰:「見而未嘗見也。道不可言也,强爲之言而益晦;道無可見也,妄爲之見而益遠。夫有而未嘗有,是真有也;無而未嘗無,是真無也;見而未嘗見,是真見也。顔子『如有所立卓爾』,夫謂之『如』,則非有也;謂之『有』,則非無也。非有非無〔一〕。是故『雖欲從之,末由也已』。故夫顔氏之子爲庶幾也。文王望道而未之見,斯真見也已。夫有無之間、見而不見之妙,非可以言求也。子求其見也,其惟人之所不見乎!夫亦戒慎乎其所不睹也已,斯真睹也已,斯求見之道也已。」

陽明此説,推援儒佛,翻謄作弄,高妙奇詭。禪陸鏡象之見,正是「有無之間、見而未嘗見之妙」也。《朱子語類》曰:「如今所論,卻只於渺渺茫茫想見一物懸空在,更無捉摸處,將來如何頓放,更没收殺。」又曰:「古之聖賢未嘗説無形影底話,近世方有此等議論,談玄説妙,便如空中打個筋斗。」《大學或問》曰:「今欲藏形匿影,别爲一種幽深恍惚、艱難阻絶之論,務使學者莽然措其心於言語文字之外,而曰道必如此,然後有以得之,則是近世佛學詖淫邪遁之尤者,而欲移之以亂吾儒之實學〔二〕,其亦誤矣。」三復斯言,深中陽明之病。

〔一〕《見齋説》無「非有非無」一句。(王守仁撰:《王陽明全集》,上册,第二六二頁。)
〔二〕「吾儒之實學」,《大學或問》作「古人明德新民之實學」。(朱熹撰:《朱子全書》,第六册,第五二八頁。)

朱子嘗謂「伊川快説禪病，如湖南龜山之病，皆先曾説過」。愚謂如近日陽明諸人之病，朱子皆「先曾説過」，朱子真「快説禪病」也哉！

老子曰：「道可道，非常道。名可名，非常名。」「玄之又玄，至道之門。」莊子曰：「夫道不可聞，聞而非也；道不可見，見而非也；道不可言，言而非也。知形形之不形乎？」

按：此言即陽明議論宗祖。

《傳習録》：問：「顔子没而聖人之學亡，此言不能無疑。」陽明先生曰：「見聖道之全者，惟顔子，觀喟然一歎可見。道之全體，聖人亦難以語人，須是學者自修自悟。『雖欲從之末由也已』，即文王『望道未見』意。望道未見，乃是真見。顔子没，而聖學之正派遂不盡傳矣。」

此條即同前意。《見齋》一説，皆是説道難語人也。愚按：聖賢言道，不外人倫日用，故曰「達道」，曰「道不遠人」，曰「道在邇」，曰「道若大路」，固非所謂「窈冥昏默」，何嘗曰「道無可見」、「道難語人」也？惟禪學識心，鏡象之見，然後窈冥恍惚，見而不見，難以語人。陽明奈何亟援文王、顔子妄爲印證，其誣道、誣聖、誣學、誣人不亦甚乎？惜夫建生也晚，不得與陽明同時，鳴鼓對壘，奉此編竊効箴規，觀陽明何以爲復。不有益於彼，必有益於我。

又按：「顔子没而聖學亡」，陽明《送湛甘泉文》有此言也。信斯言，則曾、思、孟子皆不足以語聖學，而陽明直繼孔、顔之絶學矣。《傳習録》又謂：「堯、舜猶萬鎰，文王、孔子猶九千鎰，禹、湯、武王七八千鎰。」信斯言，則文王、孔子均未得爲至聖矣。陽明之猖狂無忌憚甚矣。嗚呼！陽明一生所尊信者達磨、慧能，而於孔、曾、思、孟皆有所不滿。顔子非有『喟然一歎』，類其禪見，亦不能免於陽明之疑矣。朱子所謂「是猶不敢顯然背叛，而其毁冠裂冕、拔本塞源之心固已竊發」，一種心髓，大抵皆然。

王陽明《送門人歸文》：或問：「儒與釋孰異乎？」陽明子曰：「子無求其異同於儒釋，求其是者而學焉，可矣。」曰：「是與非孰辨乎？」曰：「子無求其是非於講説，求諸心而安焉者，是矣。」

陽明此説，正朱子所謂「依違兩間，陰爲佛老之地」。如前所陳，皆其求是而學、求心而安焉者也。又按：《朱子語類》云：「項平父嘗見陳君舉門人説儒釋，只論其是處，不問其同異，遂敬信其説，此是甚説話？原來無所有底人，見人胡説話，便惑將去。」考陽明溺禪之弊，無一不經朱子之闢，真拾先賢所棄以自珍矣。

又按：陽明《答人書》云：「夫學貴得之心。求之於心而非也，雖其言之出於孔子，不敢以爲是也；求之於心而是也，雖其言之出於庸人，不敢以爲非也。」愚惟求心一言，正陽明學術病根。自古衆言淆亂折諸聖，未聞言之是非折諸心，雖孔子之言不敢以爲是者也。其陷於師心自用、猖狂自恣甚矣！夫自古聖賢，皆主義理，不任心。故不曰「義之與比」、「惟義所在」，則曰「以禮制心」、「在正其心」，一毫任心師心無有也。惟釋氏乃不説義理而只説心，惟釋氏乃自謂「了心」、「照心」、「應無所住以生其心」，而猖狂自恣。嗚呼！此儒釋之所以分，而陽明之所以爲陽明與！

王陽明《月夜與諸生歌》：「處處中秋此月明，不知何處亦群英。須憐絶學經千載，莫負男兒過一生。影響尚疑朱仲晦，支離羞作鄭康成。鏗然舍瑟春風裏，點也雖狂得我情。」

按：陽明學專説悟，雖六經猶視爲糟粕影響，故紙陳編，而又何有於朱子？陽明一生，尊信達磨、慧能，雖孔、曾、思、孟猶不免於疑，而尚何有於朱子？蓋儒釋之不相能，猶冰炭之不相入。朱子一生闢佛，而陽明以爲至道，欲率天下而趨之，無惑乎牴牾朱子而亟加詆訾矣。羅整庵謂：「拾先賢所棄以自珍，反從而議其後。」至哉斯言！

或曰：陽明嘗非朱子解格物，而别釋《大學》古本矣，其是非，子亦嘗考之耶？曰：嘗考之矣。陽明之訓格物曰：「物者，意之用也。格者，正也，正其不正以歸於正，而必盡乎天理也。」此其訓，與正心、誠意淆複窒礙，乖經意矣。又《傳習録》云：「吾心之良知，即所謂天理也。致吾心良知之天理於事事物物，則事事物物皆得其理矣。致吾心之良知者，致知也；事事物物皆得其理者，格物也。」如此言，則是先致知而後格物，益顛倒舛戾之甚矣。陽明乃以此議朱子，寧不顔汗？原其失，由於認本來面目之説爲良知，援儒入佛，所以致此。朱子嘗謂：「釋氏之説爲主於中，而外欲强爲儒者之論，正如非我族類而欲强以色笑相親，意思終有間隔礙阻。」羅整庵亦云：『世有學禪而未至者，略見些光影，便要將兩家之説和合爲一，彌縫雖巧，敗闕處不可勝言，弄得來儒不儒、佛不佛，心勞日拙，畢竟何益之有？』陽明正是此病。

或曰：陽明講學，每謂「知行合一」，「行而後知」，深譏程朱先知後行之説，如何？曰：陽明莫非禪也，聖賢無此教也。聖賢經書，如曰「知之非艱，行之惟艱」，曰「知至至之」，曰「知及仁守」、「博文約禮」、「知天事天」之類，未易更僕數。而《中庸》「哀公問政」章言知行尤詳，何嘗有「知行合一」、「行而後知」之説也？惟禪宗之教，然後存養在先，頓悟在後；求心在先，見性在後；磨鍊精神在先，鏡中萬象在後。故曰「行至水窮山盡處，那時方見本來真」。此陽明「知行合一」、「行而後知」之説之所從出也。大抵陽明翻謄作弄，横説豎説，誑嚇衆生，無一字不源於佛。

或曰：近世爲此説者，夷考其行，而尤多不掩焉，何邪？曰：此有數説，朱子已備言之矣。謂「只守此心而理未窮，致有錯認人欲爲天理」；謂「不察氣稟情欲之偏而率意妄行，便謂無非至理，此尤害事」，此一説也。又曰「禪是佛家自舉一般見解，如秀才家舉業相似，與行己全不相干。學得底人，只將許多機鋒來作弄，到其爲人，與俗人無異，只緣禪自是禪，與行不相應耳」，此又一説也。又曰「釋氏之學，大抵謂若識得透，應千罪惡即都無了。然則此一種學在世上，乃亂臣賊子之三窟耳。王履道做盡無限過惡，遷謫廣中，剗地在彼説禪非細，此正謂其所爲過惡皆不礙其禪學耳」，此又一説也。觀此數説，其故可知矣。故朱子謂：「近世爲此説者，觀其言語動作，略無毫髮近似聖賢氣象。」又謂：「其修己治人之際，與聖賢之學大不相似。」嗚呼！象山且然，而況瞠乎其後者？

《程篁墩文集》有《對佛問》一篇，論辨數千言，謂佛爲賢知之流，使生與孔子同時，當爲孔子所與；謂佛教爲其流之弊，同於夷惠之隘不恭；謂梁武亡國，非好佛之罪；謂佛徒奉佛像、守佛法，爲吾儒忠孝之倫；謂盜賊呼佛免罪，爲聖人大改過；謂建齋救度，爲《周官》小祝禱禳；謂佛骨佛牙、天堂地獄、閻羅夜叉之説，皆爲非誕；謂佛教歸於爲善，而謂儒者斥其徒爲不仁，闢其妄爲不智。

愚按：篁墩素志佑佛，故作此編，惓惓曲爲辨解，推此而《道一編》之作，又何足多怪邪？昔人稱吾儒左右異端者，爲「作法門外護」，爲「張皇佛氏之勢」。若陽明良知之説、篁墩佛問之對，真所謂「作法門外護」，以「張皇佛氏之勢」哉！

篁墩《對佛問》設爲問答，凡十餘節，今舉一節以見其謬，餘不足盡辨也。或曰：「先正嘗病學佛者之髡也、緇也，奉佛之居太麗也，以爲勿髡勿緇而廬其居，則其教可漸虧也。」曰：「此非子之所知也。古有三年無改於父道者，孔子以爲孝；爲楚因南冠而不易者，君子以爲忠；父肯堂、子肯構者，見稱於先王之世。佛之去今千餘年矣，爲其徒者奉其師、飾其居、守其法而不變，則其立法之嚴明與受教之堅定，固世之所難也。《詩》云『他山之石，可以攻玉』，則存其徒以勵吾人，亦無所不可也。」

按：篁墩此對，不以佛法爲非，而以能奉佛爲美，正與象山《贈僧允懷》同意。至引儒書忠孝之道以掩飾「無父無君」、「詖淫邪遁」之教，尤爲非倫。篁墩學識乖謬，大率類此。

昔韓絳、呂惠卿代王安石執政時，號韓絳爲傳法沙門、呂惠卿爲護法善神。愚謂近日繼陸學而興者，王陽明是傳法沙門、程篁墩則護法善神也。二事相類。

陳白沙詩云：「元神誠有宅，灝氣亦有門。神氣人所資，孰謂老氏言。下化囿乎迹，上化歸其根。至要云在兹，自餘安足論。」又曰：「人惟覺，便我大而物小，物有盡而我無盡。」「夫無盡者，微塵六合，瞬息千古，生不知愛，死不知惡，尚何暇銖軒冕而塵金玉邪？」

愚按：白沙神氣之説，溺於老氏之「谷神不死」也；無盡之説，溺於佛氏之「法身常住，形雖死而神不滅」也，視陽明無二轍也，抑豈知吾儒正理？「夭壽不貳，修身以俟之」而已，更無許多貪想。佛祖戒貪嗔癡，近世爲此説者，墮落貪癡窠臼矣。

近日陽明門人有著《圖書質疑》，附録專詆朱子，專主養神，至謂「神爲聖人之本」，而引《易》、《孟子》説神處以證者。

愚按：「神」字有三義，有鬼神造化之神，有在人精神之神，有泛言神妙之神。如《易》説「神以知來」、「以神道設教」、「陰陽不測之謂神」、「神無方而易無體」，皆是説鬼神造化之神；《孟子》説「所存者神」、「聖而不可知之之謂神」〔二〕，此是説神妙之神；《易》説「至精至神」、「精義入神」，亦只是説神妙，皆非指人心之精神也。未聞以神爲聖人之本也。惟莊列之流，然後説「神全者聖人之道」，説「心之精神是謂聖」，其所指與《易》、《孟子》自殊，何得混淆推援，借儒飾佛？

胡文定論達磨謂：「此土之人，拱手歸降，不能出他圈套。」愚謂：達磨之説，不獨當時之人拱手歸降，不能出他圈套；由唐及宋以來，談道之士，皆拱手歸降，不能出他圈套；象山、陽明一派，尤拱手歸降，不能出他圈套。孟子曰：「吾聞用夏變夷，未聞變於

〔二〕「之謂」二字原脱，據《孟子・盡心下》補。（朱熹撰：《四書章句集注》，上海、合肥：上海古籍出版社、安徽教育出版社，二〇〇一年，第四三九頁。）

夷也。」韓子曰：「今也舉夷狄之教，而加之先王之教之上，幾何其不胥而爲夷也。」嗚呼！奈何使世道變於夷、胥爲夷而恬不覺也？

愚嘗因此而深有感於夷狄亂華之禍之烈也。五胡雲擾，金元迭興，固以夷亂華也；達磨西來，慧能嗣法，亦以夷亂華也。胡元之禍，至於舉中國之人而臣服之；禪佛之禍，至於舉天下之士而拱手歸降之。胡元之禍，以異類而干吾中國帝王之統〔一〕；禪佛之禍，以異學而亂吾中國聖賢之學。胡元之禍，人莫不知其爲亂華；禪佛之禍，非惟不知其爲亂華，而且尊信以爲聖學。胡元之禍，禍人之身；禪佛之禍，禍人之心。胡元之禍，我聖祖起而驅逐廓清之，而左衽之患息；禪佛之禍，雖以程朱之深距痛闢，昌言顯排，而其流害猶未已焉。是何中原之戎虜易逐，而人心之蔽溺難解耶？嗚呼！安得大聖人復作，行韓子「火書廬居」之策，一掃明心見性之虛談，使中國無復佛學亂華之禍，豈非世道一大快哉？

〔一〕「干」，原誤作「于」，據和刻本《學蔀通辨》改。（岡田武彥、荒木見悟主編：《和刻本近世漢籍叢刊》，第十六册，第四一〇頁。）

學蔀通辨終編敘

愚著《學蔀通辨》終編畢，或曰：吾子所著前、後、續編三編，其於三蔀之辨，亦既詳且明矣，乃復有終編之辨者何？曰：前、後、續三編，闢異説也；終一編，明正學也。前、後、續三編，撤蔀障也；終一編，著歸宿也。前、後、續三編，外攘也；終一編，内修自治之實也。苟徒明於議人，而不知正學之所歸以内修而自治，非聖賢爲己之學也，蔀雖辨，無益也。此愚所以於三編之後，而尤不容已於終編之辨也。曰終編云者，辨至此而始終也。嗚呼！終編之辨，其辭雖約，然而於朱子一生所以講學而教人者，其大要不出於此矣。不獨朱子一生所以講學而教人者，其要不出於此，雖千古聖賢所以傳道而教人者，其要不出於此矣。學者欲求儒釋真似是非之辨，其要亦無出於此矣。一得之愚，不忍自棄，敬裒成衰，繫三編之後，以俟天下與來世知道君子相與正之。東莞清瀾居士陳建謹敘。

學蔀通辨終編卷上

此卷所載，心圖、心説，明人心、道心之辨，而吾儒所以異於禪佛在此也，此正學之標的也。

心				
	仁義禮智	德性	義理	道心
	虛靈知覺	精神	氣稟	人心

《虞書》曰：「人心惟危，道心惟微。」

張子曰：「合性與知覺，有心之名。」

愚按：性即道心也，知覺即人心也，此論心之的也。

朱子曰：「人心是有知覺嗜慾者。道心則是義理之心，可以爲人心之主宰，而人心據以爲準者也。」

又曰：「如人知饑渴寒煖，此人心也；惻隱羞惡，道心也。」

又曰：「如喜怒，人心也；喜其所當喜，怒其所當怒，乃道心也。饑欲食、渴欲飲者，人心也；得飲食之正者，道心也。」

又曰：「人心是個無揀擇底心，道心是個有揀擇底心。」

觀此數言，人心道心之辨明矣。

朱子曰：「吾儒所養者，仁義禮智；禪家所養者，只是視聽言動，只認得那人心，無所謂道心。」

又曰：「釋氏棄了道心，卻取人心之危者而作用之。遺其精者，取其粗者以爲道。」並《朱子語類》

儒佛不同，樞要只此。愚嘗究而論之，聖賢之學，心學也。禪學陸學，亦皆自謂心學也。殊不知心之名同，而所以言心則異也。心圖具，而同異之辨明矣。是故孔孟皆以義理言心，至禪學則以知覺言心。孔子曰「其心三月不違仁」，孟子曰「仁義禮智根於心」，曰「豈無仁義之心」，曰「不忍人之心」，曰「仁，人心也」，皆是以義理言心也，並不聞說知、說覺也。禪學出而後精神知覺之說興，曰「知之一字，衆妙之門」，曰「覺則無所不了」，曰「識心見性」，曰「淨智妙圓」，曰「神通妙用」，曰「光明寂照」，皆是以精神知覺言心也；《孔叢子》曰「心之精神是謂聖」，張子韶曰「覺之一字，衆妙之門」，陸象山曰「收拾精神，萬物皆備」，楊慈湖曰「鑑中萬象」，陳白沙曰「一點虛靈萬象存」，王陽明曰「心之良知是謂聖」，皆是以精神知覺言心也。儒釋所以雖皆言心而不同，以此也。近世不知此，而徒譊譊曰：「彼心學也，此亦心學也。陸氏之學，是即孔孟之學也。」嗚呼！惑也久矣。

儒以義理爲主，佛以知覺爲主，學術真似同異、是非邪正皆判於此。孔子曰：「非禮勿視，非禮勿聽，非禮勿言，非禮勿動。」孟子曰：「非仁無爲也，非禮無行也。」周子曰：「仁義禮智四者，動静言貌視聽無違之謂純。」此以義理爲主也。《傳燈録》曰：「作用是性，在目曰見，在耳曰聞，在鼻嗅香，在口談論，在手執捉，在足運奔。」陸象山曰：「吾目能視，耳能聽，鼻能知香臭，口能知味，心能思，手足能運動，更要甚存誠持敬？」楊慈湖曰：「吾目視、耳聽、鼻嗅、口嘗、手執、足運，無非大道之用。」王陽明曰：「那能視聽言動底，便是性，便是天理。」此以知覺爲主也。愚謂義理於人所係甚重，全義理則爲聖爲賢，失義理則爲愚爲不肖；知覺則夫人有之，雖桀、紂、盜跖亦有之，豈可謂能視聽言動底便是天理，無非大道之用邪？此理甚明，豈容誣也？

仁義禮智，理之精也，所以主正乎知覺，而使之不差者也；虛靈知覺，氣之妙也，所以引翼乎仁義，而爲之運用者也。二者相爲用也。

義理，所以主宰乎知覺；知覺，所以運行乎仁義。朱子曰：「人心如卒徒，道心如將帥。」

仁義禮智，心之德；　虛靈知覺，心之才。《傳》曰：「才者德之資，德者才之帥。」

或曰：「誠若子言，則胸中不如有二物相對耶？」曰：「不然也。二者相爲用也，雖謂之一亦可也，然非初學者所遽及也。夫惟聖人其始一之者乎！何也？聖人者，性焉安焉，其所知覺者無非義理。理與知覺渾融爲一，所謂『從心所欲不逾矩』矣，所謂『動容周旋中禮』矣。若夫學者，不能無氣稟之拘，而虛靈爲之所累，義理因之以蔽；其所知覺者，未免多從於形氣之私，而未能中禮而不逾矩。故必格物致知，窮乎義理，以爲虛靈知覺之主，務使心之所欲必不至逾於矩也，動容周旋必欲其中於禮也，所謂道心爲主而人心每聽命也。故夫學者，其始未能一而欲求一之者也；　聖人者，自然而一之者也。是故不能合其二以爲一者，非至學也。」

周子《太極圖説》謂「人得其秀而最靈，形既生矣，神發知矣」，正是指虛靈知覺而言；至「聖人定之以中正仁義」，便是以義理爲知覺之主。

平時已致窮理之功，臨事又復加審慎然後發，此是吾儒之道；　若禪學，則只完養一個精神知覺便了，任渠自流出去，以爲無不是道矣。

學問思辨，窮其理於平時也；　非禮勿視聽言動，審其發於臨事也〔二〕，皆是以義理爲知

〔二〕「其」字原缺，據《叢書集成初編》本《學蔀通辨》補。（《叢書集成初編》，第六五四册，第一三七頁。）

覺之主。

吾儒惟恐義理不明，不能爲知覺之主，故必欲格物窮理以致其知； 禪家惟恐事理紛擾，爲精神知覺之累，故不欲心泊一事，思一理。

吾儒之學主敬而窮理，異端之學主静以完養精神。

朱子嘗謂「佛氏最怕人説這理字，都要除掉了」。愚按： 楊慈湖謂「學者沉溺乎義理之意説，胸中常存一理，不能忘捨」，此豈非「最怕人説這理字都要除掉了」耶？ 象山説「善能害心」，豈非將善字亦「都要除掉了」耶？ 嗚呼！ 吾人除了理、掉了善惡不管，不知成甚麽人。下梢只成得個猖狂自恣而已，奈何猶假「先立其大」藉口欺人？

朱子曰：「儒者以理爲不生不滅，釋氏以神識爲不生不滅。」胡敬齋曰：「儒者養得一個道理，釋老只養得一個精神。」此言剖判極直截分明。自孔孟、老莊以來，只是二道迭爲盛衰，如陰陽治亂相對相乘，不知何時定於一。

道也者，不可須臾離，道即仁義禮智也。君子尊德性而道問學，德性亦仁義禮智也。若禪學，則以精神靈覺爲德性、爲道、爲不可須臾離矣。儒禪所爭只此。

朱子謂「人心猶船，道心猶柁」，譬喻極親切。若禪學，則以人心靈覺爲柁矣。

《傳習録》謂：「朱子説道心爲主而人心聽命，説得不是。」觀《論語》「非禮勿視聽言動」，周子謂「仁義禮智四者，動静言貌視聽無違之謂純」，豈非分明道心爲主而人心聽命乎？何得主禪學以疑朱子也？

道心爲人心之主，從古聖賢垂訓，皆不外此意，但不曾有如此明言。至朱子序《中庸》，始申虞庭之訓，明言直指以示人，一言而盡入德之要，大有功於學者。後學所當拳拳服膺不暇，尚何得暴棄妄議耶？

《商書》「以義制事，以禮制心」、《孟子》「非仁無爲，非禮無行」等語，皆是以道心爲人心之主。

人與天不同。論天地之化，氣爲主而理在其中；論聖賢之學，理爲主而氣聽其命。盈天地間皆一元之氣，未聞氣之外别有所謂元亨利貞，蓋天地理氣不相離，二之則不是。在人，精神作用皆氣也，所以主宰其間而使之不差者，理也。是理氣在人不能無二，欲混之有不可，何也？蓋天地無心而人有欲故也。

北溪陳氏曰：「心含理與氣。理固全是善，氣尚含兩頭在，未便全是善底，纔動便易從不善上去。」心含理與氣，正與張子謂「合性與知覺」同。

心含理與氣。理形而上，氣形而下。心也者，形而上下之間。

朱子曰：「人心者，氣質之心也，可爲善可爲不善。」陳北溪所謂氣含兩頭，即此意也。

或曰：「人心虚靈知覺，何得言無揀擇也？」曰：「此即告子『生之謂性』、『未分善惡』也。如目能視，耳能聽，心能思，手足能運動，固虚靈知覺也；知趨利避害者，亦虚靈知覺也；善權謀術數、機械變詐者，亦虚靈知覺也；爲善爲惡，皆虚靈知覺也。此正揚雄所謂『善惡混』也。故朱子以爲『無揀擇底心』，而陳北溪以爲『氣尚含兩頭在』，以此也。」

或曰：「仁義禮智，性也，而子屬於心，何也？」曰：「仁義禮智，人心所具之理也，非混然一物也，非判然二物也。孟子曰『仁，人心也』，非判然二物也；孔子曰『其心三月不違仁』，非混然一物也。大抵心也，性也，一而二，二而一者也。」

《朱子語類》説：「心性元不可相離，捨心則無以見性，捨性則無以見心。故孟子言心性，每相隨説。」愚謂不獨吾儒言心性，每相隨説；如釋氏説識心見性，亦是相隨説也。但其所指以爲心性者不同，而遂爲儒佛之異爾。

析而言之，則仁義禮智爲性，虚靈知覺爲心；統而言之，則二者皆心也，亦皆性也。然雖皆心，而有道心、人心之别；雖皆性，而有義理之性、氣質之性之殊。君子以統同辨異，須析之極其精而不亂。

或曰：「精神靈覺，自老莊禪陸皆以爲至妙之理，而《朱子語類》乃謂『神只是形而下者』，《文集·釋氏論》曰『其所指爲識心見性者，實在精神魂魄之聚，而吾儒所謂形而下者耳』，何耶？」曰：「以其屬於氣也。精神靈覺，皆氣之妙用也，氣則猶有形迹也。故陸學曰『鏡中觀花』，曰『鑑中萬象』，形迹顯矣，影象著矣，其爲形而下也宜矣。蓋形而上謂之道，道即仁義禮智，如何有形影？若以精神知覺爲形而上，則仁義禮智謂何？其爲形而下，無疑矣。」

孔門每説見，陸學亦每説見。《論語》曰「參前倚衡」、曰「如有所立卓爾」，《大學》曰「顧諟天之明命」，此孔門之所謂見也。楊慈湖曰「鑑中萬象」，徐仲誠曰「鏡中觀花」，陳白沙曰「隱然呈露，常若有物」，此禪陸之所謂見也。此等處甚相似，如何不惑人？殊不知孔門之見，見理而無形影；禪陸之見，則著形影而弄精神。此儒佛所以似同而異。

禪陸以鏡象之見爲見道，爲識心見性，爲虚靈知覺作用之本體。愚竊謂不然。蓋心性道如何有形影？虚靈知覺如何有形影可見？故朱子謂「與天理人心、敘秩命討之實了無交涉」，胡敬齋謂：「釋氏見道只如漢武帝見李夫人，懸空見出一個假物事。以爲識心見性，其實未嘗識心、未嘗見性也。」此言看破禪學之極矣。

孟子曰「仁，人心也」，言仁者人之所以爲心也，不可謂仁即心、心即仁；「義，人路也」，言義者人之所當由行也，不可謂義即路、路即義。若謂仁即是心，心即是仁，則其他「以仁存心」、「其心三月不違仁」等語，皆窒礙而不通矣。是故必言仁者人之所以爲心，而學者之存心不可違於仁，然後爲聖門事業，合於聖賢之旨。若謂仁即是心，心即是仁，學者能存此心便了，則即與釋氏「即心是佛」、陸學「即心是道」同轍。蓋差之毫釐之間，而儒釋千里之判。

陸學皆謂「即心是道」。楊慈湖詩云：「此道元來即是心。」愚謂由「心三月不違仁」及孟子「理義之悦我心」等語觀之〔二〕，則心與道有辨，明矣。由「以禮制心」及孟子「物皆然心爲甚」之訓觀之，則心不可謂即道，明矣。

《孟子》一書言心，皆是以義理之心爲主，不使爲利欲陷溺而喪失其良心。如説「四端之心」、「同然之心」、「放其良心」、「失其本心」等語，皆一意。「仁，人心也」，「放其心而不知求」，蓋言失其仁而不知求。故學問之道無他，求其所失之仁而已。求仁者，去人欲存天理而已。若陸氏乃以静坐收拾精神，不令散逸爲求放心，失之遠矣。奈何爲惑？

學問求放心。《大全》註中有一説，謂「『仁人心也』，是指義理之心而言。若將求放心做收攝精神，不令皆放，則只説從知覺上去，與『仁人心也』不相接了。蓋求放心即是求仁，學問即是求仁之方。如學問思辨，持守踐行，涵養省察，擴充克治，凡此學問之道，無非所

〔二〕「理義」，原作「義理」，據《孟子・告子上》改。（朱熹撰：《四書章句集注》，第三八九頁。）

以求吾既失之仁也。」愚謂此説似得孟子之意，與《集註》、程朱小異。程朱説求放心，乃是先立個基本，而後從事於學問，尋向上去。玩孟子文意，學問即所以求放心；程朱之意，則學問在求放心之後。鄙意所疑如此，明者觀之，如何？

《孟子・告子上》章説〔一〕：「存乎人者，豈無仁義之心哉？其所以放其良心者，亦猶斧斤之於木也。」觀此，則求放心正是指仁義之心，而不可指爲精神之心，尤明矣。或曰：「然則《集註》求放心之説，與陸子將無同邪？」曰：「不同。程朱是將求放心做主敬看，以爲學問基本；陸子教人求放心，則是主静以收拾精神，不使心泊一事，不復以言語文字爲意。二者惡得同？」

禪學「收攝精神」之説，與孟子「求放心」之説甚相似，真所謂彌近理大亂真，所以至今人看陸子静不破。

孟子言心，陸子亦言心；孟子言陷溺，陸子亦言陷溺。然孟子惟恐人陷溺於利欲，而無以存其仁義之心；陸子惟恐人陷溺於文義知見，而無以存其精神之心。

孟子專言利欲害心，陸子則言「善亦能害心」，言「心不可泊一事」，言「逐外傷精神」，

〔一〕「告子」二字原缺，因所引文字見《孟子・告子上》（朱熹撰：《四書章句集注》，第三九〇頁），故將其補出。

其視孟子何啻燕越？胡敬齋曰：「吾儒之一，一於理，而不爲利欲所雜；佛老之一，一於虛無，而不爲事物所雜、思慮所牽。」觀此明矣。

《象山語録》云：「此道與溺於利欲之人言猶易，與溺於意見之人言卻難。」

按：此分明是言利欲猶未爲甚害，而意見之爲害甚矣，豈所以爲訓？《草木子》曰：「金谿之學謂：『收斂精神，自作主宰，何有欠缺〔一〕？至於利欲未爲病，纔涉於思，即是害事。』全似告子。」據此語，亦看破象山矣。

孟子、陸氏言心不同之故，此儒釋分別路頭處，此名同實異、毫釐千里處，此看破陸氏緊要處。數百年來，學者皆爲渠所謾，無人理會到此。昔嚴滄浪評詩，自謂「猶那查太子析骨還父、析肉還母」；蘇老泉自言其著書，謂「方其致思於心也，若或起之；及其得之心而書之紙也，若或相之」。愚作《通辨》，自覺亦頗有此意。豈孔、孟、程、朱在天之靈有以啓之，而欲明此一事也邪？

〔一〕「何有」，《草木子》作「有何」。（葉子奇撰：《草木子》，北京，中華書局，一九九七年，第一八頁。）

學蔀通辨終編卷中

此卷所載，著朱子教人之法，在於敬義交修、知行兼盡，不使學者陷一偏之失而流異學之歸也。此聖學之塗轍也。

或曰：「子之爲學，不求諸心而求諸迹，不求之內而求之外，吾恐聖賢之學不如是之淺近而支離也。」朱子曰：「人之所以爲學，心與理而已。心雖主乎一身，而其體之虛靈，足以管乎天下之理；理雖散在萬物，而其用之微妙，實不外乎一人之心，初不可以內外精粗而論也。然或不知此心之靈而無以存之，則昏昧雜擾而無以窮衆理之妙；不知衆理之妙而無以窮之，則偏狹固滯而無以盡此心之全。此其理勢之相須，蓋亦有必然者。是以聖人設教，使人默識此心之靈，而存之於端莊靜一之中，以爲窮理之本；使人知有衆理之妙，而窮之於學問思辨之際，以致盡心之功。巨細相涵，動靜交養，初未嘗有內外精粗之擇。及其真積力久而豁然貫通焉，則亦有以知其渾然一致，而果無內外精粗之可言矣。今必以是爲淺近支離，而欲藏形匿影，別爲一種幽深恍惚、艱難阻絶之論，務使學者莽然措其心於言語文字之外，而曰道必如此然後有以得之，則是近世佛學詖淫邪遁之尤者，而欲移之以亂古人明德新民之實學，其亦誤矣。」《大學

或問》

此條言存心致知相須互發，正所以示入道之要，而不陷於異學之失也。

朱子曰：「學者工夫，惟在居敬、窮理。此二事互相發。能窮理，則居敬工夫日益進；能居敬，則窮理工夫日益密。」涵養本原，思索義理，須用齊頭做，方能互相發。程子下「須」字、「在」字，便是要齊頭着力。並《朱子語類》

此卷所載，乃真朱子定論。王陽明乃摘取朱子救偏藥病之言爲定論，援朱入陸，夫豈其然？

朱子曰：「知行常相須，如目無足不行，足無目不見。論先後，知爲先；論輕重，行爲重。」《朱子語類》

此尤萬世不易之論。《傳習録》乃謂「知行合一」、「行而後知」，其横説竪説，誑嚇衆生甚矣。

或問：「有只教人踐履者。」朱子曰：「義理不明，如何踐履？」曰：「他説行得便見得。」曰：「如人行路，不見便如何行？」《朱子語類》

陸學一派有此説，朱子闢之明矣。

朱子曰："《書》曰『知之非艱，行之惟艱』，工夫全在行上。"《朱子語類》

上論先後，知爲先也；此論輕重，行爲重也。皆確論也。

朱子曰："涵養、致知、力行三者，便是以涵養做頭，致知次之，力行次之。不涵養，則無主宰；既涵養，又須致知；既致知，又須力行。若致知而不力行，與不知同。亦須一時並了，非謂今日涵養，明日致知，後日力行也。要當皆以敬爲本。敬只是提起這心，莫教放散，恁地則心便自明，這裏便窮理格物，見得當如此，便是；不當如此，便不是。既見了，便行將去。"《朱子語類》

朱子平日論爲學工夫，多因事因人而發，未有若此條之完全而曲盡者，可謂至言矣。

朱子《答項平父書》云："人之一心，萬理具備，若能存得，便是聖賢，更有何事？然聖人教人所以有許多門路節次，而未嘗教人只守此心者，蓋爲此心此理雖本完具，卻爲氣質之稟不能無偏。若不講明體察，極精極密，往往隨其所偏，墮於物欲之私而不自知。近世爲此說者，觀其言語動作略無毫髪近似聖賢氣象，正坐此耳。"又曰："此心固是聖賢本領，然學未講，理未明，亦有錯認人欲作天理處，不可不察。伊川先生云：『涵養須用敬，進學則在致知。』此兩句，與從上聖賢相傳指訣如合符契。"

朱子《答曾光祖書》云："求其放心，乃爲學根本田地，既能如此，向上須更做窮理功夫，方

見所存之心、所具之理不是兩事，隨感即應，自然中節，方是儒者事業。不然，卻亦與釋子坐禪、攝念無異矣。」並《朱子文集》

此二書言不可偏於存心而缺於致知，其弊將流於禪學。「近世爲此説者」，正是指陸學也。

朱子《答胡廣仲書》云：「來喻謂『知』之一字，便是聖門傳授之機。以聖賢之言考之，似皆未有此等語意，卻是近世禪家説話多如此。若必如此，則是未知以前，可以怠惰放肆、無所不爲〔二〕，而必若曾子一『唯』之後，然後可用力於敬也。此説之行，於學者日用工夫大有所害，恐將有談玄説妙以終其身而不及用力於敬者，非但言語之小疵也。」

朱子《答符舜功書》云：「嘗謂『敬』之一字，乃聖學始終之要。未知者，非敬無以知；已知者，非敬無以守。若曰先知大體而後敬以守之，則夫不敬之人，其心顛倒繆亂之不暇，亦將何以察乎大體而知之耶？」並《朱子文集》

此二書言不可偏於致知而缺於持敬，其弊亦流於禪學也。

朱子《答張敬夫書》云：「儒者之學，大要以窮理爲先。蓋凡一物有一理，須先明此，然後

〔二〕「怠惰」，《朱子文集》作「怠慢」。（朱熹撰：《朱子全書》，第二二册，第一八九七頁。）

心之所發，輕重長短各有準則。若不於此先致其知，而但見其所以爲心者如此，識其所以爲心者如此，泛然而無所準則，則其所存所發亦何自而中於理乎？且如釋氏擎拳豎拂、運水搬柴之説，非不見此心，非不識此心，而卒不可與入堯舜之道，正爲不見天理而專認此心以爲主宰，故不免流於自私耳。」○又答書云：「以敬爲主，則内外肅然，不忘不助，而心自存。不知以敬爲主而欲存心，則不免將一個心把捉一個心，外面未有一事時，裏面已有兩頭三緒不勝其擾擾矣。就使實能把捉得住，只此已是大病，况未必真能把捉得住乎？儒釋之異，亦只於此便分了。如云常見此心光爍爍地，便有兩個主宰，不知光者真心乎？見者是真心乎？」並《朱子文集》〔一〕

此二書，一言不窮理而務識心，一言不主敬而欲存心，其弊皆流於禪學也。

朱子曰：「《孟子》曰『博學而詳説之，將以反説約也』，《語》云『博我以文，約我以禮』，須是先博然後至約。人若先以簡易存心，不知博學、審問、謹思、明辨、篤行，將來便入異端去。」

朱子曰：「如《論語》『一貫』、《孟子》『自得』之説，只是説一番，何曾全篇如此説？今卻是懸虚説一個物事，不能得了，只要那一去貫，不要從貫去到那一。如此，則《中庸》只消『天命

〔一〕「朱子文集」，原誤作「朱子語類」，徑改。

之謂性」一句及『無聲無臭至矣』一句便了，中間許多『達道』、『達德』、『達孝』、『九經』、『禮儀三百』、『威儀三千』之類，皆是粗迹，都掉卻，更不去理會，只恁懸虚不已，恰似村道説無宗旨底禪樣，瀾翻地説去也得，將來也解，做頌燒時也有舍利，只是不濟得事。」並《朱子語類》

此二條言爲學工夫當致其博，不可偏於約也。偏約則流於禪矣。

楊道夫言：「羅先生教學者静坐中看『喜怒哀樂未發謂之中』，未發作何氣象？」朱子曰：「此説終是偏病。道理自有動時，自有静時，學者只是『敬以直内，義以方外』，見得世間無處不是道理。雖至微小處亦有道理，便以道理處之，不可專要去静處求。所以伊川謂『只用敬，不用静』，便説得平也。是他經歷多，故見得恁地正而不偏。」

朱子曰：「濂溪言『主静』，『静』字只好做『敬』字看。故又言『無欲故静』。若以爲虚静，則恐入釋老去。」

朱子《答張元德書》云：「明道教人静坐，蓋爲是時諸人相從，只在學中，無甚外事，故教之如此。今若無事，固是只得静坐，若特地將静坐做一件工夫，則卻是釋子坐禪矣。但只着一『敬』字，通貫動静，自無間斷，不須如此分别也。」《朱子文集》

此三條言爲學工夫當主於敬，不可偏於静也。偏静則流於禪矣。按《程氏遺書》：

「問：『敬莫是静否？』伊川先生曰：『纔説静，便入於釋氏之説也。不用静字，只用敬字。纔説着静字，便是忘也。』」朱子之説本此。

按：吾儒所説静字，與禪學説静，辭同意異。吾儒主於無欲而静，禪學主於無事而静。故曰「心不可泊一事」、曰「無事安坐瞑目澄心」，此陸學之主於無事而静也；《太極圖説》曰「無欲故静」、《通書》曰「一者無欲也，無欲則静虚動直」，此聖賢之主於無欲而静也。無欲而静，則即爲敬、爲誠；無事而静，則入於空虚，流於寂滅。此正所謂「差毫釐而謬千里」，所謂「句句同，事事合，然而不同」。近世學者疏略，於此等處未嘗看破，所以坐爲陸子所惑。

問：「先生所作《李先生行狀》云『終日危坐，以驗乎喜怒哀樂未發之前氣象爲如何，而求所謂中者』，與伊川之説，若不相似。」朱子曰：「這是舊日下得語太重。今以伊川之語格之，則其下工夫處亦是有些子偏。今終日危坐，收斂在此，勝如奔馳。若一向如此，又似坐禪入定。」問：「伊川《答蘇季明》云：『求中於喜怒哀樂，卻是已發。』觀延平亦謂『驗喜怒哀樂未發之前氣象爲如何』，此説又似與季明同。」朱子曰：「但欲見其如此耳，然亦有病。若不得其道，則流於空。故程子云『今只道敬』。」並《朱子語類》

朱子《答吕士瞻書》云：「程先生云：『涵養於未發之前則可，求中於未發之前則不可。』此語切當，不可移易。李先生當日用功，未知何如，後學未敢輕議。但今當只以程先生之語爲

正。」《朱子文集》

此二條即與前三條之意相發[二]，而於未發工夫不可毫釐有差矣。續編載朱子辨呂與叔、楊龜山未發之説，與此相表裏，當參考。

按：朱子初年嘗答何叔京書云：「李先生教人，大抵令於静中體認大本未發時氣象分明，即處事應物自然中節。此乃龜山門下相傳指訣。」此書王陽明採入《晚年定論》。朱子作《延平行狀》亦深取此説，後來乃以爲不然者。蓋子思作《中庸》，止説「喜怒哀樂未發謂之中」，平鋪示人，未嘗教人静坐體認以求見乎中也。静坐體認之説，非聖賢意也，起於佛氏也。六祖所謂「不思善不思惡，認本來面目」，宗旨正此也。宗杲所謂「無事省緣，静坐體究」，亦此也。後世學者，做存心工夫，不得其真，多流於此也。在昔惟程伊川識破此弊，至門人呂與叔、楊龜山輩，皆倍其師之説而仍主此説，傳之豫章、延平，以至朱子早年亦主此説，以爲入道指訣。迨晚年見道分明，始以爲不然。

《居業録》曰：「與儒道相似，莫如禪學。後之學者，做存心工夫，不得其真，多流於禪。」又曰：「學一差便入異教，其誤認聖賢之意者甚多。」按：近世静坐求中之説，正是

[二]「此二條」，應作「此三條」。

此病。

或曰：「然則豫章、延平二先生，亦流於禪而同於陸學邪？」曰：「豫章學於龜山，延平學於豫章，體驗未發之説轉相承沿，蓋尊信其師之過，所見有似於禪耳，初非有心於禪也。即其平日，亦未嘗恃此而廢讀書窮理之功也。非如陸學一派，則明宗禪旨，而以經書爲糟粕、註脚，以讀書窮理爲逐外、爲障蔽也。二者烏得同耶？」

朱子曰：「未發固要存養，已發亦要審察。無時不存養，無事不省察。」

或問：「工夫當養於未發。」曰：「未發有工夫，既發亦用工夫。既發若不照管，也不得，也會錯了。」

「如涵養熟者，固自然中節。便做到聖賢，於發處亦須審其是非而行。涵養不熟底，雖未必能中節，亦須直要中節可也。要知二者可以交相助，不可交相待。」並《朱子語類》

此三條又與前三條之意相發，而於未發、已發工夫不可毫釐有偏矣。又按：《朱子文集》有《中庸首章説》，以「致中」爲「敬以直内」，以「致和」爲「義以方外」，以「涵養省察」爲「敬義夾持」，即與此同意。

按：子思作《中庸》，發明中和之旨，内外兼該，動静畢舉，未嘗有所輕重。朱子釋之，亦以涵養、省察交致並言，工夫不容少缺，此聖賢萬世無弊之道也。近世陸學一派，惑於佛氏「本來面目」之説，謂合於《中庸》「未發之中」，於是只説「未發」，不説「已發」；只説「涵養」，不説「省察」。陷於一偏，流於空寂。全非聖賢之旨。

按：孔子教人，未嘗言及於未發。其語門弟子，只説「非禮勿視聽言動」，「居處恭，執事敬，與人忠」，「言忠信行篤敬」之類，皆是就已發處言之也。夫孔子豈不知未發之旨哉？誠以爲未發工夫微妙無形而易差，已發工夫則明顯有迹而易力；未發難於捉摸，而已發有可辨别據依。與其以無形示人而啓學者騖虚好高之弊，孰若就有形易見處求之之爲務實而無失也？至於子思喫緊爲人中和之論，兼該並舉，心學之秘發洩盡矣。豈可復重彼輕此，捨孔門中正平實之道，而徇禪宗偏弊浮虚之説，亂道而誤人哉？志於學者，不可以不辨。

《朱子文集》有《觀列子偶書》云：「向所謂未發者，即《列子》所謂『生之所生者死矣，而生生者未嘗終；形之所形者實矣，而形形者未嘗有』爾。豈子思《中庸》之旨哉？」朱子論佛學剽掠《莊》、《列》及此見近世講學之弊，類如此云。

朱子曰：「今人論道，只論理不論事，只説心不説身。其説至高而蕩然無守，流於異端空虚之説。且如『天下歸仁』，只是天下與其仁，程子云『事事皆仁』是也；今人須要説『天下皆歸吾仁之中』。其説非不好，但無形無影，全無下手脚處。夫子對顔淵『克己復禮』之目，亦只是就視聽言動理會。蓋人能制於外，則可以養其内，固是内是本，外是末〔一〕。但偏説存於中，不説制於外，則無下手脚處，此心便不實。外面儘有過言過行，更不管，卻云『吾正其心』，有此理否？」《朱子語類》

此語與前後皆相發。

説爲學次第。朱子曰：「本末精粗雖有先後，然一齊用做去，且如致知格物而後誠意，不成説自家物未格、知未至，且未要誠意，須待格了、知了，方去誠意？安有此理？聖人亦只説大綱，自然底次序是如此。」

自「格物」至「平天下」，聖人亦是略分個先後與人看，不成做一件淨盡無餘，方做一件？如此何時做得成？並《朱子語類》

此論於《大學》尤有功。

朱子《答吴晦叔書》云：「《大學》之書，雖以格物致知爲用力之始，然非謂初不涵養踐履而直從事於此也；又非謂物未格、知未至，則意可以不誠、心可以不正、身可以不修、家可以不

〔一〕「末」，原誤作「未」，據和刻本《學蔀通辨》改。（岡田武彦、荒木見悟主編：《和刻本近世漢籍叢刊》，第十六册，第四六七頁。）

齊也。但以爲必知之至，然後所以治己治人者始可以盡其道耳。若曰必俟知至而後可行，則夫事親從兄、承上接下，乃人生之所不能一日廢者，豈可謂吾知未至而暫輟以俟其至而後行哉？」《朱子文集》

此書即同前意。近日王陽明講學，謂「世儒不當分先知後行」，謂「朱子不當作格致補傳」、「必待豁然貫通地位然後誠意，則有白首不及爲之患」。今考朱子意正不然，而陽明不知而妄譏也。

近世東陽盧正夫著《荷亭辨論》一書以譏朱子，其中有云：「《大學》格物，乃先格明德、新民之所在。朱子乃謂盡格天下之物，而於草木塵息無不窮究，則是初入大學者，先於明德、新民之外用工夫，旁詢博訪，徧觀盡識。非惟泛無指歸，日亦不足矣。」按：此言即與陽明所譏同意，皆未嘗深考而妄譏之過也。今考證於左。

朱子曰：「程子謂：『今日格一件，明日又格一件，積習既多，然後脱然有貫通處。』某嘗謂他此語便是真實做工夫來，他也不説格一件後便會通，也不説盡格得天下物理後方始通，只云積習既多，然後脱然有個貫通處。」

明道云：「窮理者，非謂必盡窮天下之理，又非謂止窮得一理便到，但積累多後，自當脱然有悟處。」又曰：「自一身之中，以至萬物之理，理會得多，自當豁然有個覺處。今人務博者，卻要盡窮天下之理；　務約者，又謂反身而誠，則天下之物無不在我者，皆不是。如一百件事，理會得六七十件了，這三四十件雖未理會，也大概是如此。向來某在某處有訟田者，契數十本，中間一段作僞，崇寧、政和間至今不決，將正契及公案藏匿，皆不可考。某只索四畔衆契，比驗前後所斷，情僞更不能逃者，窮理亦只是如此。」

「『致知』一章，此是《大學》最初下手處，程子此處説得節目甚多，皆是因人之資質耳。雖若不同，其實一也。見人之敏者太去理會外事，則教之使去父慈子孝處理會，曰：若不務此而徒欲泛然以觀萬物之理，則吾恐其如大軍之遊騎，出太遠而無所歸。若是人專只去裏面理會，則教之。以求之情性固切於身，然一草一木亦皆有理。要之，内事外事，皆是自己合當理會底，但須是六七分去裏面理會、三四分去外面理會方可。若工夫中半時，已自不可，況在外工夫多、在内工夫少耶？此尤不可也。」並《朱子語類》

朱子《答陳齊仲書》云：「格物之論，伊川意雖謂眼前無非是物，然其格之也，亦須有緩急先後之序。如今爲學而不窮天理、明人倫、講聖言、通世故，乃兀然存心於一草木、一器用之間，此是何學問？如此而望有所得，是炊沙而欲其成飯也。來喻似未看破此處。」《朱子文集》

按：近世疑朱子格物之訓，大概不過曰「務知而緩於行也」、「騖外而遺於内也」、「功博而難盡也」、「學泛而無歸也」。今觀此數條，其於此弊，朱子皆已見之豫、籌之熟。而近世察言不精、立論輕率、妄毁儒先、賺惑來學之罪，不能免矣。愚不忍朱子之受誣，懼道術之分裂，憂横議之日新月盛，其禍不知何時而已也，特考著於篇。

《居業録》曰：「程朱發明道理如此明白，開示爲學工夫如此真切。今人又做差了。講學道之興喪，不係於天乎？」愚嘗竊論之，三代而下，人物而至於程朱，亦可以無譏矣；而至於程朱〔一〕，亦可以無議矣。其言亦儘精儘密、儘美儘備矣，今之學者所急惟一「行」字耳。誠能實循其言，亦足以造道而成德矣；誠能主敬以立其本、窮理以致其知、反躬以踐其實，過則聖，及則賢，不及則亦不失於令名矣。而何必騁其聰明，矜其辨慧，另出一機軸以求勝於古人哉？吾見求勝未能，而已淪於佛老之謬妄矣。學者舍程朱不爲，而欲爲佛老，烏在其爲智？

〔一〕「程朱」，原作「朱程」，據和刻本《學蔀通辨》（岡田武彦、荒木見悟主編：《和刻本近世漢籍叢刊》，第十六册，第四七五頁）及《叢書集成初編》本《學蔀通辨》（《叢書集成初編》，第六五四册，第一五三頁）改。

學蔀通辨終編卷下

此卷所載，著朱子著書明道、闢邪反正之有大功於世，學者不可騁殊見而妄議，末附總論遺言，以明區區通辨之意云。

薛文清公曰：「堯、舜、禹、湯、文、武、周公、孔子、顔、曾、思、孟、周、程、張、朱，正學也。不學此者，即非正學也。」又曰：「《四書集註》皆朱子萃群賢之言議，而折衷以義理之權衡，至廣至大、至精至密，學者但當精思熟讀、潛心體認而力行之，自有所得。竊怪後人於朱子之書之意尚不能徧觀而盡識〔一〕，或輒逞己見，妄有訾議，或勦拾成説以衒新奇，多見其不知量也。」按：文清之言，真萬世確論。

近年閣下輔臣發策禮闈，謂「朱陸二家簡易支離之論，終以不合，而今之學者顧欲强而同之，何所見與？豈樂彼之徑便而欲陰詆吾朱子之學與？究其用心，其與何澹、陳賈輩亦豈大

〔一〕「竊怪」，原誤作「切怪」，據《讀書録》（薛瑄撰：《讀書録》，《景印文淵閣四庫全書》，臺北，商務印書館，一九八六年，第七一一册，第五四九頁）及《叢書集成初編》本《學蔀通辨》（《叢書集成初編》，第六五四册，第一五五頁）改。

相遠與？甚至筆之簡册，公肆詆訾以求售其私見者，禮官舉祖宗朝故事，燔其書而禁斥之，得無不可乎？」按：此策亦義正詞嚴。燔書故事，考《皇明政要》：永樂間，饒州士人朱季友獻所著書，專毁濂洛關閩之説，文廟與大學士楊士奇議，命禮部焚其書，罪斥之。

王陽明《答人書》云：「孟子闢楊墨，墨子兼愛，行仁而過者耳；楊子爲我，行義而過者耳。此其爲説，亦豈滅理亂常之甚？而其流之弊，孟子至比於夷狄禽獸，所謂『以學術殺天下後世』也。今世學術之弊，吾不知其於洪水猛獸何如？孟子云：『予豈好辯哉？予不得已也。』楊墨之道塞天下，孟子[之]時[一]，天下之尊信楊墨，當不下於今日之崇尚朱説。而孟子獨以一人呶呶於其間，可哀也已。若某者，其亦不量其力也已。」愚按：陽明此書，是以朱子比楊墨矣，是以朱子學術爲殺天下後世、爲洪水猛獸矣。嗚呼！其公肆詆訾至此，甚矣！無怪乎禮闈發策，謂欲燔其書，而且擬諸何澹、陳賈也。蓋澹、賈輩詆朱子，欲使其學不得行於當時；陽明輩詆朱子，欲使其學不得行於後世，其用心一也。悲夫！

盧正夫《荷亭辨論》深非朱子解《易》主卜筮，深非朱子修《通鑑綱目》書「莽大夫揚雄死」。愚按：《周易》卦爻列吉凶、悔吝、利往、無咎之象，無非爲卜筮設；《繫辭》説「卜筮者尚

[一]「之」字原缺，據《傳習録》補。（王守仁撰：《王陽明全集》，上册，第七七頁。）

其占」，説「極數知來之謂占」，説「蓍之德圓而神，卦之德方以智，以定天下之業，以斷天下之疑」，説「神以知來，知以藏往，是興神物以前民用」。由此觀之，《易》非是爲卜筮作而何？朱子解《易》主卜筮，何過？揚雄仕漢，歷事三朝，遭遇莽篡，既不能效龔勝之伏節，又不能效梅福之深遁，則亦已矣，何至作《劇秦美新》之文以諛莽希寵，欲爲新室佐命之臣？程子謂：「光武之興，使雄不死，能免於誅乎？」則夫《綱目》書「莽大夫」、書「死」以誅之，聖人復起，不易矣。《荷亭辨論》乃左右揚雄，非詆朱子，吾不知其説。

羅整庵曰：「嘗見近時十數種書，於宋諸大儒言論，有明詆者，有暗詆者，直是可怪。既而思之，亦可憐也。坐井觀天而曰天小，不自知其身在井中爾。然或往告之曰：『天非小也，子盍從井外觀之？』彼方溺於坐井之安，堅不肯出，亦將如之何哉？」又曰：「今之學者，概未嘗深考其本末，但粗讀《陸象山遺書》數過，輒隨聲逐響，横加詆訾，徒自見其陋也已矣，於朱子乎何傷？」

陽明講學，詆朱子解格物爲義外，爲支離。

愚按：《孟子》曰「舜明於庶物」，《易》曰「知周乎萬物」，《大學》曰「格物」，三言一意。朱子訓格爲至，周即至也，明猶至也。朱子之訓，深合聖經。若陽明訓格物爲正意念之用，援儒入佛，不通之甚，乃欲以此議彼，可駭可笑。

《草木子》曰：「《論語》『天下歸仁』，朱子訓歸爲與字。或者淺其説。愚謂苟人能克己，行一事合天理，問之家而準，問之鄉而準，問之國而準，問之天下而準，所謂天下莫不與也，放之四海而皆準也。若謂克己天下皆囿於吾仁之中，如吕與叔《克己銘》云『洞然八荒，皆在我闥』，氣象雖豁然可喜，事理則茫然無據。」愚按：近世陸學，説「人能克己而存此心，則天下皆歸於吾仁之中」，與吕與叔説相似。考其説，不獨與朱子相牴牾，且與孔子相牴牾。孔子之意，謂克去己之私欲以復乎禮，方始是仁。故下文説非禮勿視聽言動。吕與叔言克己是克去人己町畦，無復禮底意思，與「四勿」殊無干涉。若陸學之説，則援儒入佛，尤爲不可。朱子之訓，不可移易。《草木子》良有見。

近世陸學一派，不獨於程朱之言有疑，雖於孔、曾、思、孟亦不免。象山謂「顔子没，夫子事業自是無傳」，楊慈湖謂「子思、孟子言多害道」，王陽明謂「顔子没而聖人之學亡」，即此也。象山疑《易・繫》非夫子作，疑《繫辭》首章近推測之辭，惟「默而成之，不言而信」兩語可信而已。《慈湖遺書》於《大學》「格致誠正」，於《中庸》「忠恕違道不遠」，於《繫辭》「形而上下」等語，皆以爲支離害道。王陽明所謂「求心而非，雖其言之出於孔子，不敢以爲是」者，即此也。嗚呼！言出於孔子猶不敢以爲是，而況於曾、思、孟子？而又何有於程朱？邪説横流，壞人心術。痛哉！痛哉！

朱子嘗與學者論解經云：「南軒《語》、《孟》，某嘗説這文字不好看。蓋解經不必做文字，止合解釋得文義通，則理自明，意自足。今多去上做文字，少間説來説去，只説得他自一片道理，經意卻蹉過了。嘗見一僧云：『今人解書，如一盞酒本自好，被這一人來添些水，那一人又來添些水，次第添來添去，都淡了。』他禪家儘見得這樣，只是他又忒無註解。」愚按：添水固失之，忒無註解者亦非也。忒無註解者入於禪，添水者流於宋末諸儒箋註破碎煩猥之失，均之爲過不及也。必如朱子集註《四書》，而後爲得中道，爲天下不可少之書。

或曰：然則朱子平日言語文字，果能一一盡善而無毫髮可議耶？曰：是難言也。夫人之意見不同，難乎其盡如吾意也。君子論人，惟當觀其大端大本，而不可求瑕責備於一二言語文字之未合也。讀書未到康成處，安敢高聲議漢儒？近世之好議朱子者，其學問之功，何敢望朱子藩籬？而徒逞一隅之意見，拾佛老之緒餘，以妄議爭勝、矜世盜名，多見其不知量也。近日羅整庵説得極公。《困知記》曰：「宋諸大儒言論文字，豈無小小出入處？只是於大本大原上見得端的，故能有以發明孔孟之微旨，使後學知所用力之方，不爲異説之所迷惑。所以不免小有出入者，蓋義理真是無窮，其間細微曲折，如何一人便見得盡？後儒果有所見於其小小出入處，不妨爲之申明，亦先儒以俟後之君子之本意也。」愚謂此論使朱子復生亦當弗咈。

或曰：佛學之害，經傳太史、韓文公辨之，不息；至二程子辨之，亦不息；自朱子出而後佛學衰，何也？曰：緣朱子尤深中禪病，始盡禪病也。昔達磨謂某人得吾皮，某人得吾肉，道育得吾骨，慧可得吾髓。愚謂近世闢佛，如傅太史武德一疏得其皮，韓文公《原道》一篇得其肉，至二程子而後得其骨，至朱子而始得其髓。是故闢佛至朱子而後盡。故佛學至朱子出而始衰，而儒佛異同之辨始息，而後士大夫自此無復參禪問道於釋氏之門者矣。佛書云：「我佛爲一大事因緣出現於世。」愚謂朱子正是爲此一大事出現於世，蓋天有意於斯文云。

或曰：宋世雜學最盛，如横浦、永嘉、永康之學，蘇黄門、吕舍人、葉水心之學，紛紛籍籍，皆因朱子辨之而息，惟金溪之學辨之不息，排之不止，遂起吴草廬、趙東山一派議論，其故何邪？曰：緣朱子未嘗説破養神一路也。養神一路非他也，即其假似亂真之實，即其遮掩而陰佛之實也。辨陸學而不辨其養神一路，譬之詰盗而不獲贓，固無以服人心而成獄也。此朱子之辨所以無以息陸學，而卒來寃陸之疑也；此朱子之辨所以必得區區此編繼之以發其所未盡，然後其禪實昭然暴白而寃陸之疑自息也。曰：然則子之辨陸也，朱子不如邪？曰：朱子何可當也？象山禪機深密，遮掩術精，當是時也，天下盡爲所蔀矣，雖南軒、東萊之賢，猶看他不破矣，非朱子晚年深覺其弊，昌言而顯排之，則後世亦盡爲所蔀矣，今日又孰從而知其假似亂真，孰從而辨其陽儒陰佛，以發其未盡之藴邪？嗚呼！「道喪千載，聖遠言湮，不有先覺，孰開我人？」朱子此言，實自況也。朱子何可當也？

朱子未出以前，蘇子瞻以佛旨解《易》，游定夫以佛旨解《論語》，王安石、張子韶以佛旨釋諸經，程門諸子以佛旨釋《中庸》，吕居仁以佛旨釋《大學》。自朱子出，而後其書皆廢。愚嘗因此通論之：六經非得朱子出，六經之旨不明；佛學非得朱子出，佛學不衰；宋世雜學非得朱子出，雜學不息；陸學非得朱子出，陸學無人識得他破。昔人謂「天不生仲尼，萬古如長夜」，愚謂天不生朱子，萬古皆豐蔀。究辨至此，然後知朱子之功。胡敬齋曰：「孔子賢於堯舜，以事功言也；孟子功不在禹下，亦以事功言也。」愚以爲顔、曾、思、孟之功賢於稷、契、皐、夔，程、朱之功賢於伊、吕。後世若非程朱，則天下貿貿然，高者入於佛老，卑者趨於功利，人欲肆，天理滅矣。由此言之，朱子何可當也？

有帝王之統，有聖賢之統。如漢祖、唐宗、宋祖開基創業，削平群雄，混一四海，以上繼唐、虞、夏、殷、周之傳，此帝王之統也；孟子、朱子距異端，息邪説，闢雜學，正人心，以上承周公、孔子、顔、曾、子思之傳，此聖賢之統也。然究而論之，皆不若朱子之爲難，何也？開基創業，以智力而服一時，固難；明道闢邪，不假智力而服天下萬世之人心，尤難也。孟子闢楊墨，去孔子未遠；至朱子，則去孔子幾二千年，而佛氏盛行中國，亦逾千載，其陷溺人心已久，舉天下賢智冥然被驅，斯時也，非命世豪傑之才，孰能遏其滔天之勢，而收摧陷廓清之功乎？嗚呼！君子不觀此編，無以知禪佛之害之大；君子不觀此編，無以知朱子闢禪佛之功之大。朱子何可當也？

朱子一生，釋群經以明聖道，辨異學以息邪説，二者皆有大功於世。然釋經明道之功，天下莫不知之；至於闢異息邪，則近世學者未之盡知也。區區述爲此編，然後朱子闢異息邪之功著矣。蓋嘗謂釋經明道，朱子之功也顯諸仁；闢異息邪，朱子之功也藏諸用。

通按：佛學自入中國至今，大抵三變，每變而爲障益深。始也，罪福輪迴之障，愚者陷之，智者鮮焉，其爲害猶淺也；中焉，變爲識心見性之障，則智者亦陷之，蓋彌近理而大亂真矣；終焉，又變爲改頭换面之障，則術愈精而説愈巧，而遂謀即真而辨之愈難矣。今人只知陸學之爲陸，而不知陸學之即禪、禪學之即佛、佛學之即夷也。嗚呼！周孔之教不能行於西戎，戎狄之教乃盛行乎中國，至於拱手歸降，不能出他圈套，可爲痛哭流涕。朱子曰：「楊墨只是差了些子，其末流遂至於無父無君，孟子之辨，只緣是放過不得。今人於佛，或以爲其説似勝吾儒之説，或以彼雖説得不是，不用管他，此皆是看他不破，故不能與辨。若真個見得是害人心、亂吾道，豈容不與之辨？所謂孟子好辨者，非好辨也，自是住不得也。」又曰：「陳君舉謂某不合與陸子静諸人辨，只是見他不破。」愚謂近世學者通病無他，只是爲他所蔀，看他不破。今輯爲此編，誠欲與天下後世學士大夫同看破此事，無復歸降夷狄之教之患，一洗近代之惑云。

通按：近世學者之弊，惟以禪佛之道爲高妙，爲簡徑而易造也，以聖賢之道爲粗淺，爲迂遠而難至也，故舍儒而趨佛，其本心矣。其後也，乃變爲儒佛同之説，又變爲本同末異之説，又變爲改頭換面、陽儒陰佛之説，是蓋屢變其説而誘人以入於佛也。於朱陸亦然，蓋惟以朱子爲支離而陸學爲簡易也，故疑朱而宗陸，其本心矣。其後也，乃變爲朱陸同之説，又變爲早異晚同之説，又變爲陽朱陰陸之説，是蓋屢變其説而誘人以入於陸也。嗚呼！欺蔀重重，日新日巧，其弊至於今日極矣。建行年逾五十，分毫無補於世，所幸此心之靈不泯，沉潛典籍，究觀今古，於此學頗有所見，此蔀頗有所覺。昔人著書，謂得之於天者，不忍棄且不敢褻。愚爲此辨，實天啓其衷，何忍棄褻，不爲天下後世布之？

佛書云「初以欲鈎牽，後引入佛智」，與吾儒「納約自牖」之説相似。陸學正是用此術。象山見世人所信者孔孟也，於是即孔孟之言以誘之，而一語不及於佛，人但知其爲孔孟之言，不可不從也，無不爲所鈎牽而入其佛智矣。陽明見世人所信者朱子也，於是集爲朱子定論以誘之，而一語不及於陸，人但知其爲朱子之言，何疑而不從也，無不爲所鈎牽而入其佛智矣。嗚呼！禪蔀至此，其術精説巧，至矣，盡矣，無以復加矣。朱子嘗謂：「近世人大被人謾，蓋術精説巧至此，不得不爲他所謾矣。所謂離合出入之際，務在愚一世之耳目，而使之恬不覺悟以入於禪。」此言真取心肝劊子手！愚初未有知，亦頗爲二氏所惑，後來乃察其蔀，著爲此辨。

或曰：「近歲胡敬齋、羅整庵、霍渭厓之辨如何？」曰：「諸君子皆心朱子之心，而有意於明學術矣。然胡敬齋之《居業録》詳於辨禪，而辨陸則略，於象山是非得失猶多未究也；羅整庵、霍渭厓目擊陽明之事，故所論著專攻陸學，其言切，其辨詳矣，然於象山養神底藴，與夫近日顛倒早晚之弊，亦未暇究竟，觀者猶未免有寃陸之疑也。此編摘録諸君子之言，而補其所未備，亦以成諸君子之志也。朱子嘗謂：『讀書如猛將用兵，直是鏖戰一陣；如老吏治獄，直是推勘到底。』愚爲此辨，真是與象山、篁墩、陽明諸人鏖戰一陣，直是推勘到底，而三蔀廓如，迷人障自此打開；妖魔變怪，自此無所逞其伎倆矣。昔嚴滄浪《詩辨》自謂『參詩精子』，而引釋妙喜自謂『參禪精子』以況，使滄浪見愚此編，得無有『辨禪精子』之戲耶？」

昔人論著書，謂非窮愁不能著。張南軒見朱子諸經解，謂：「乃知閑中得就此業，殆天意也。」由此言之，書非閑居不能著。張横渠云：「天不欲斯道復明，則不使今人有知者；既使今人有知斯道，必有復明之理。」由此言之，書非天畀有知不能著。愚也天既畀之窮，畀之閑，又畀以薄有知，三者會矣，此蔀之辨，愚所以不得而辭。嗚呼！是豈天厭斯蔀之深，而假手於愚以啓告天下後世與？

或曰：「此編闢佛，視胡致堂《崇正辨》，異同如何？」曰：「致堂辨佛下一截，粗迹之蔀也，懼其惑庸愚也；此編辨佛上一截，心性之蔀也，懼其惑高明也。同異大概如此。」

朱子《答詹元善書》謂：「儒名而釋學，潘、張猶其小者，蘇氏兄弟乃以儀、秦、老、佛合爲一人，其爲學者心術之禍最爲酷烈，而世莫之知也。」愚謂近世倡爲陽儒陰佛、顛倒早晚、援朱入陸者，正是儀、秦、老、佛合爲一人，其爲學者心術之禍尤烈。嘗閲吾《廣州志》，宋有梁觀國者，生在朱子前，卓識特行，力排釋老。時蘇氏文章擅名天下，獨觀國不與也，謂其「雜以禪學，飾以縱横，非有道者之言」。著《議蘇文》五卷以駁之，胡敬堂亟稱焉。嗚呼！蘇氏之學，在朱子前無人敢置喙竊議者，而觀國獨議之；陸氏之學，自朱子後無人敢昌言顯排者，而霍渭厓亟排之。吾郡若二公可謂超世豪傑之士。

近見河南崔后渠侍郎銑序《楊子折衷》湛甘泉著，謂「佛學至達磨、曹溪，論轉徑截，宋大慧授之張子韶，其徒得光又授之陸子静，子静傳之楊慈湖，衍説詡章，益無忌憚，詆毁聖賢，重爲道蠹。不有整庵、渭厓諸公，中華其夷乎！」

按：崔公此敘甚確，第未詳得光授子静來歷出何書。必有明據，恨聞見孤陋，不及見崔公扣之。姑記俟考。

古今天下，大都被一個豐蔀爲害。朝廷有朝廷之蔀，家庭有家庭之蔀，官府有官府之蔀，學者有學者之蔀。朝廷之蔀，姦邪欺蔽人主，如趙高、恭、顯、虞世基、李林甫之徒是已；家庭之蔀，溺愛不明，如前史記尹吉甫爲其妻所蔽，《天順日録》記楊東里爲其子所蔽之類是已；官府之蔀，以下蔽上，如《祥刑要覽》宋祭酒記工獄之枉，歐陽永叔閲夷陵架閣，公案見在，枉直違錯不可勝數之類是已。蔀于家者害于而家，蔀于國者凶于而國，蔀于學術者亂天下萬世學術，此豐蔀見斗之象聖人所以著戒之深。是故一蔀除而天下治矣，蔀之所繫大矣哉！愚嘗因此而推陰陽消長之義，究往昔盛衰之故，竊有慮焉。吾儒，人道也，陽也；禪佛，鬼道也，陰也。孔子生於中國之東，震日也，陽也；佛生於西域之西，巽位也，陰也。中國，陽明之區也；戎狄，幽陰之域也。儒道宜行於中國，佛道宜行於戎狄，斯陰陽各止其所，華戎各安其分也。苟中國而尊禪佛之教，華夏而行戎狄之道，則陽失其爲陽而陰得以乘之，烏得而不啓猾夏亂華之禍乎？西周中葉，西域已有佛矣，然是時文武治隆，孔孟繼作，聖賢道盛，佛無由至也。迨及東漢，聖賢不作，中國道衰，佛於是乘間而入。魏晋繼之，其教益盛，夷狄之道遂大行於中國，馴有五胡亂華之禍。以陰召陰，固其氣類之相感也。梁武帝不鑑，崇奉浮屠益力，於是達磨又自西方而至，明心見性之説惑人益甚。歷唐及宋，至於舉中國之學士大夫而從之，陰氣感召，戎狄益横。安史禍唐，遼金禍宋，馴及胡元，遂盡四海而左衽之，其效亦可覩矣。今日士大夫柰何猶尚禪尚陸，使禪佛之魂騒騒又返耶？區區通辨，蓋亦杞憂殷鑑，抱此耿耿云。

或曰：「子嘗集爲《周子全書》，又爲《程氏遺書類編》矣，二書何爲而作？」曰：「二書序備言之矣。周子之書，朱子嘗表章《太極圖》、《通書》以傳矣，而其遺文、遺詩、遺言、遺事猶多散佚，今集《全書》，庶學者得以覩大賢言行之全也。二程講學之詳，朱子嘗集爲《遺書》以行世矣，然皆因諸氏舊録之本，人爲一卷，言論散見無統，今分門類輯，庶學者便於考閲而聖賢之旨益燦然矣。愚之著爲《學蔀通辨》者，因朱子之所已明辨者而益明辨之也；愚之編集周、程二書者，因朱子之所已表章者而益表章之也。二者皆遵朱子之志，成朱子之志也。非遵朱子也，遵聖賢之正學也。」

維昔嘉靖癸巳甲午之歲，建竊禄南閩，適今少宰婺源樸溪潘公時宗主多士，承教之餘，間語及朱陸異同之故。建議論頗與公合，公因命考訂。建初稿止爲編年二編，嘗呈似沐教。今十餘年矣，日居月諸不輟，討論修改，探究根極，始列爲四編，稿至六七易，兹乃克就梓。今公進秉鈞衡，雍容廊廟，而建遯于巖野，竊伏海瀕，雲泥異路，長安日遠，可望不可攀，就正無由。緬懷疇昔，曷勝竊歎？建謹識。

附：序跋、提要

刻學蔀通辨序

東粤清瀾陳先生嘗爲書著朱陸之辨，而曰此非所以拔本塞源也，於是乎搜及佛學，而又曰此非所以端本澄源也，於是乎特揭吾儒之正學終焉，總而名之曰《學蔀通辨》。大指取裁於程子本天本心之説，而多所獨見，後先千萬餘言〔一〕，其憂深，其慮遠，肫懇迫切，如拯溺救焚，聲色俱變，至爲之狂奔疾呼，有不自知其然者。內黄蛟嶺黄公受之先生，奉爲世寶，什襲而授厥嗣直指雲蛟公。雲蛟公顧諟庭訓，憮惋時趨，謂盱眙令禮庭吴侯嘗讀書白鹿洞，出以示之，侯慨然請任剞劂之役，而其邑人慕岡馮子爲問序於不佞。

先是，高安密所朱公從吾邑高存之得《朱子語類》，屬其裔孫諸生崇沐校梓，且次第行其《全集》與《小學》、《近思録》諸編。及聞是役也，崇沐復欣然樂佐厥成。相望數百里間，一時聲氣

〔一〕「千萬」，疑應作「十萬」。《學蔀通辨》全書共十萬字左右。

應合，俯仰山川，陡覺神旺。不佞憲作而歎曰：「美哉！諸君子之注意於正學也，有如是哉！其不謀而契也，吾道其將興乎！何幸身親見之也？」已伏而思曰：朱陸之辨凡幾變矣，而莫之定也，由其各有所諱也。左朱右陸，既以禪爲諱；右朱左陸，又以支離爲諱，宜乎競相持而不下也。竊謂此正不必諱耳。就兩先生言，尤不當諱。何也？兩先生並學爲聖賢者也。學爲聖賢，必自無我入，無我而後能虛，虛而後能知過，知過而後能日新，日新而後能大。有我反是。夫諱，我心也，其發脉最微，而其中於人也，最粘膩而莫解，是無形之蔀也，其爲病，病在裏；若意見之有異同，議論之有出入，或近於禪，或近於支離，是有形之蔀也，其爲病，病在表。病在表，易治也；病在裏，難治也。是故君子以去我心爲首務。予於兩先生，非敢漫有左右也。

然而嘗讀朱子之書矣，其於所謂支離，輒認爲己過，悔艾刻責時見乎辭，曾不一少恕焉；嘗讀陸子之書矣，其於所謂禪，藐然如不聞也，夷然而安之，終其身曾不一置疑焉。在朱子，豈必盡非，而常自見其非；在陸子，豈必盡是，而常自見其是。此無我有我之證也。朱子又曰：「子静所説，專是尊德性事；而某平日所論，卻是道問學上多了〔二〕。今當反身用力，去短集長，庶幾不墮一邊耳。」蓋情語也，亦遜語也，其接引之機微矣。而象山遽折之曰：「既不知尊德

〔二〕「了」字原缺，據《朱子文集》補。（朱熹撰：《朱子全書》第二三册，第二五四一頁。）

性，焉有所謂道問學？」何歟？將朱子於此果有所不知歟？抑亦陸子之長處短處朱子悉知之，而朱子之喫緊處陸子未之知歟？昔子路使子羔爲費宰，孔子賊之，乃曰：「有民人焉，有社稷焉，何必讀書然後爲學？」彼其意寧不謂是向上第一義，而竟以佞見訶也，其故可知已。是故如以其言而已矣，朱子岐德性、問學爲二，象山合德性、問學爲一，得失判然；如徐而求其所以言，則失者未始不爲得，而得者未始不爲失。此無我有我之别也。然則學者不患其支離，不患其禪，患其有我而已矣。辨朱陸者，不須辨其孰爲支離、孰爲禪，辨其孰爲有我而已矣。此實道術中一大蔀，非他小小牴牾而已也者，而《通辨》偶未之及，敢爲吴侯誦之。惟慕岡子進而裁焉，且以就正於雲蛟公，不審與蛟嶺公授受之指，有當萬分一否也？時萬曆乙巳十二月之朔，無錫顧憲成謹序。（據和刻本《學蔀通辨》。見岡田武彦、荒木見悟主編：《和刻本近世漢籍叢刊》，日本京都，中文出版社，一九七七年影印本，第十六册，第一至一一頁。）

學蔀通辨跋

自尼山誕聖，道集大成，閱千餘載，而有紫陽闡繹紹明，聖學赫然中興焉。譬之承家者然，吾夫子固百世不遷，而紫陽其嫡派也，學者惟不謬於紫陽，而後不謬於夫子，吾道之祖禰可知已。獨惜鵝湖辨熾，左袒子静者遂爲正學蔀；又譬則支裔漫衍，令箕裘真脈晦塞而不傳。此清瀾陳先生《學辨》所由作也。辨成，未遍宇内，而直指黄公實世守焉。公即靡監不遑，隨所至必攜篋中，蓋佩服庭訓，亦冀以啓佑當時，特有待而發耳。兹公按淮南，直己秉道，風厲諸司，自公之暇，每進所屬，闡發名理。馮觀察其最相善者，一日詢觀察尊人崑岡子，知其學本清瀾，公爲之作而言曰：「有是哉！陳氏之學其不孤乎！」即出所受於庭者謀壽諸梓。儀部汪斗崙聞之，喜曰：「此先君子素志，不肖日購焉而未得也。」夫南北異産，先後異時，顯晦異位，胡一陳氏書而是三族者皆傳之先君，纘之厥嗣如此也？無乃天開吾道，令學者追遡嫡派而禰紫陽，故以喬梓授受之奇默寓其意乎？不肖中立屬直指公宇下，公不鄙，命董雕蟲之役。嗟乎！風塵下吏，茅塞何堪？惟昔聞鹿洞之遺，於兹有感感焉，懼負委命，殫心校梓，不越月而帙成。敬綴言簡末，紀此編之所由傳，亦以告天下士人，毋負公惓惓至意也。屬吏白鹿洞後學吴中立頓首謹識。（據和刻本《學蔀通辨》。見岡田武彦、荒木見悟主編：《和刻本近世漢籍叢刊》，日本京都，中文出版社，一九七七年影印本，第十六册，第五一三至五一八頁。）

顧序

朱陸異同之辯，祖分左右者數百年於兹矣，左朱右陸，左陸右朱，二者若不相下。至近來言理諸家，同聲附和，竟謂朱不異陸、陸不異朱，調停回護，幾莫窮其首尾，從未有以禪學斥陸氏者。嗚呼！援儒入墨，推墨入儒，似是而非，賢者不免。若不究極根底，考辯始終，將使得伊洛真傳者與頓悟良知之説並傳流於天壤，而莫知適從，不幾異端充斥而爲孔孟罪人耶？此清瀾陳子《學蔀通辨》之所由作也。採輯群書，編次年月，俾學者曉然知陸之爲禪，朱之爲正學，而紛紛聚訟者始定，其有功於世道人心不淺矣。余生也晚，不獲從先生游，讀其書，想見其爲人，心竊嚮往之。緣其版籍灰燼，好學深思者未能家户而户祝也，敬復授梓，以自附於内黄黄子之後。至其學問源流，聖賢底藴，則涇陽公「有我無我」之論，固直探其本，小子何多贅焉？康熙十七年歲在戊午皋月吉旦，當湖後學顧天挺蒼巖甫敬題於滎陽公署。（據《叢書集成初編》本《學蔀通辨》。見《叢書集成初編》，北京，中華書局，一九八五年，第六五三册，卷首，第一頁。）

四庫全書總目·學蔀通辨提要

《學蔀通辨》十二卷，明陳建撰。大旨以佛與陸、王爲學之三蔀。分前編、後編、續編、終編，每編又自分上中下，而採取朱子《文集》、《語類》、《年譜》諸書以辨之。前有嘉靖戊申自序，云「專明一實以抉三蔀。前編明朱陸早同晚異之實，後編明象山陽儒陰釋之實，續編明佛學近似惑人之實，而以聖賢正學不可妄議之實終焉」。按：朱陸之書具在，其異同本不待辨。王守仁輯《朱子晚年定論》，顛倒歲月之先後以牽就其説，固不免矯誣；然建此書痛詆陸氏，至以「病狂失心」目之，亦未能平允。觀朱子集中與象山諸書，雖負氣相争在所不免，不如是之毒詈也。蓋詞氣之間，足以觀人之所養矣。（據《四庫全書總目》，北京，中華書局，一九九五年影印本，上册，第八一三頁。）

附録：傳記資料

陳建傳

陳伯陶　撰

陳建，字廷肇，號清瀾，阮《通志》亦號清瀾釣叟。瞿九思《墓誌》恩季子。張《志》弘治十年丁巳八月二十日，誕于南安之學署。《墓誌》自幼純心篤學。年十九，丁父憂，服未闋，有勸隨俗權娶者，弗聽。年二十三，補邑弟子員，試輒居首，巡按督學余、涂、歐、蕭四公咸器異之。

嘉靖戊子，領鄉薦。兩上春官，皆中乙榜。年三十六，選授侯官教諭。《家傳》勤於訓迪，士之貧者贍之，堂齋中無虛席。與諸生論文，謂文有九善九弊，因作《濫竽録》。與巡撫白賁論李西涯樂府，因作《西涯樂府通考》。督學汪以達命校《十三經注疏》，因代作進呈疏上於朝，逐頒行天下。《廣州鄉賢傳》又代海道汪公作《海防長策奏疏》。郭棐《粵大記》七載，遷臨江府教授。部使者皆重其才，稱先生而不名。《廣州鄉賢傳》兩任間，聘考江西、廣西、湖廣、雲南鄉試，所取皆名士，《粵東名儒言行録》如都御史王士翹，大參易寬，太守錢邦偁、蔣時行，冢宰嚴清，其卓卓者也。《家傳》然不汲汲仕進，聞有引薦則力辭。循資升陽信令，至則以教養爲急，勸課農桑，申明條約，不事蒲鞭而邑大治。《廣州鄉賢傳》又以其暇，頒小學古訓，令家誦而人習之。《家傳》以母老乞養，邑民攀留，三詳力請乃得歸，時年四十八。《廣州鄉賢傳》○按《粤東名儒言行録》載建第三次詳文云：「看得通縣里民留職之情固切，而卑職歸養之念更殷。懷邑先年猺亂，卑職奉令提兵，躬擐甲胄，登山涉水，或撫或擒，今緑林寂無嘯聚矣，各峒猺蠻不復反矣。喪亂既平，嗷嗷之哀鴻，雖百堵未集，然安宅有期矣。四民漸皆復業，即殘野荒郊職亦多方勸諭，源源開闢矣。後來任斯土者，自有良牧。職魯鈍迂儒，教養乏術，奚當衆民攀留？況職哀求終養，實爲老母年逼桑榆，倚閭西望，度日如年，非圖後日補用，乞亟據題，俾得早歸一日，永戴二天。」詳文出，即繳印棄官歸。據此，則建似由陽信調廣西之懷遠或懷集，平峒蠻後，乃乞終養。而《家傳》、《墓誌》及他書皆只稱其爲陽信令，不半載告歸，無官懷邑事，姑記之以備考。建貌寒素，人望而輕之。然性縝密，《寶瀚堂藏書考》博聞强記，《福建通志》究心學術邪正之分，及國家因革治亂之故。《粤大記》

歸後，搆草堂于郭北，《廣州鄉賢傳》益鋭志著述。阮《通志》丙午，母卒，謝邦信《陳理庵合葬墓誌》○按建母顧氏生天順戊寅，年八十九。遂隱不出。先是，建官南安，與督學潘潢論朱陸異同，作《朱陸編年》。《廣州鄉賢傳》及官臨江，復輯《周子全書》、《程氏遺書類編》，因朱子所表章者而益表章之，《學蔀通辨·終編》以裨來學。《廣州鄉賢傳》時王守仁所輯《朱子晚年定論》，羅欽順雖嘗貽書與辨，然學者多信之。《日知録》會揭陽薛侃學於守仁，請祀陸九淵廟廷，《明史·薛侃傳》建憂學脈日紊，《洛閩源流録》以前所著朱陸之辨非所以拔本塞源也，顧憲成《通辨序》乃取朱子年譜、行狀、文集、語類及與陸氏兄弟往來書札，逐年編輯，《日知録》因編年二編，討論修改，探究根極，列爲前、後、續、終四編，《通辨》末自識凡閲十年，至戊申夏乃成，名曰《學蔀通辨》，共十二卷。《通辨》自序自序稱：「佛學近似惑人，爲蔀已非一日。象山陸氏假其似亂吾儒之真，又援儒言以掩佛學之實，於是改頭換面，陽儒陰釋之蔀熾矣。幸而朱子深察其弊而終身力排之，其言昭如也。不意近世一種造爲早晚之説，乃謂朱子初年所見未定，晚始悔悟而與象山合。其説蓋萌于趙東山之《對江右六君子策》，而成于程篁墩之《道一編》，王陽明因之又集爲《朱子晚年定論》，後人不暇復考，一切據信，而不知其顛倒早晚、矯誣朱子以彌縫陸學也，其爲蔀益甚矣。建爲此懼，慨然發憤，究心通辯，專明一實，以抉三蔀。前編明朱陸早同晚異之實，後編明象山陽儒陰釋之實，續編明佛學近似惑人之實，而以聖賢正學不可妄議之實終焉。」《通辨》總序其書破陽明之説，而批禍根於横浦，證變派於江門。《洛閩源流録》終編載心圖心説，明人心道心之辨，吾儒所以異於禪佛。又著朱子教人之法在於敬義交修、知行兼盡，及著書明道，辟邪反正之大有功於世。《通辨》終編自序當時壓于王氏，不得傳。周《志》至萬曆間，無錫顧憲成悟心體無善無惡之非，作《證性篇》以詆守仁，高攀龍《涇陽先生行狀》盱眙吴令因梓是編，憲成序之，謂「其憂深慮遠，肫懇迫切，如拯溺救焚，聲色俱變」。顧憲成《通辨序》自是始行於世。《粤大記》建成是書時，王氏之學弊未極，張《志》故建祗論象山師弟顛倒錯亂、癲狂失心之弊，以爲禪病昭然。《通辯》後編自序其後王門高弟爲王艮、王畿。艮之學一傳而爲顔鈞，再傳爲羅汝芳、趙貞吉；畿之學一傳而爲何心隱，再傳而爲李贄、陶望齡。論者謂李斯亂天下至於焚書坑儒，皆出於其師荀卿高談異論而不顧者也。羅欽順《困知記》及建是書，並今日中流砥柱云。《日知録》建又以本朝之法積久弊滋，著《治安要議》六卷，言宗藩、賞功、取士、任官、制兵、備邊，《要議》自序及目録務於變通以救其弊。《粤大記》○自序稱「嘉靖戊申」，與《通辨》皆是年成書，時年五十二。莆田林潤爲都御史，修葺宗藩條例，即採其説。《粤大記》初著《皇明啓運録》，香山黄佐見之，謂「漢中葉有荀悦《漢紀》，宋中葉有李燾《長編》，我朝自太祖開基垂二百載而未有紀者，宜纂述以成昭代不刊之典」。《通紀》自述乃裒輯洪武以來迄於正德，爲《皇明通紀》三十四卷。阮《通志》其書載録信，是非公，文義簡暢，岳元聲《通紀序》號稱直筆。瞿九思《謁墓文》乙卯書成，《通紀》自序○按建時年五十九。遂爲海内宗寶。岳元聲《序》庚申，湖南瞿九思得是書，自譬爲國家聾瞽至是始有目有耳。後入粤，拜建墓，徒跣行數十步，爲《謁墓文》，並焚所著書以獻。《謁墓文》他著有《古今至鑑》、《經世宏辭》、《明朝捷録》、《陳氏文獻録》等書。《粤大記》

隆慶元年丁卯，以上書終於南都之留城，年七十一。《墓誌》建學識温醇，議論純正，至於崇正黜邪，則毅然賁育莫之奪。《粤大記》嘗曰：「士君子得其時行其道，則無所爲書，身後虚名亦何益耶？」《家傳》其所著述，蓋爲天下萬世慮也。《墓誌》巡撫陳聯芳、侍郎萬士和、恭順侯吴繼爵、都御史李義莊，均稱建「明體達用，可以開古今未決之疑，立百王不易之法」，其爲時所重如此。《粤

大記》吾粵有新會之學，有增城之學，至建書出，世稱之東莞學。學者稱清瀾先生。周《志》

論曰：余讀顧亭林《日知録》，其論陽明之學之流弊，而謂清瀾《通辨》比羅文莊《困知記》尤精詳，足稱中流砥柱。其推許至矣！及讀張楊園、陸清獻書，乃知楊園初講蕺山慎獨之學，後得《通辨》，深歎夫功夫枉用，老而無成；而清獻與友人論學書，必舉《通辨》令閲，晚欲爲《四書困勉録》，乃謂陸王禪學，《通辨》已詳，不必多辯，其服膺如是。然則楊園、清獻之學，清瀾導之也。清獻《答徐健庵論明史書》，謂清瀾立傳，最足爲考亭干城。而《明史稿》無清瀾傳，豈萬季野删之耶？文莊、亭林、楊園、清獻今皆從祀廟廷，史既無清瀾傳，而二百餘年來，亦無其學術奏聞於朝者，則《通紀》一書累之也。《通紀》列禁書目之首，當時功令森嚴，故嘉慶初修邑志時，不敢道清瀾一字。然《明通紀》二十七卷、續十卷，陳建撰，《明史・藝文志》載之矣。原書迄正德，時我朝固未興也。海内風行，續之者衆，禁書目所列，如高汝栻、陳龍可輩，皆續至隆萬間，而余所見岳元聲、袁黄、董其昌本，有續至天啓七年者，其語多觸悖。續者有之，清瀾無是也。清瀾自序謂：「是書之作，考據群籍，直書垂鑑，不敢虚美隱惡。」故世推直筆，以荀悦、李燾書例之，自當與正史並行，乃因禁毁之故，並其學術之正而亦不敢以聞，倘太史公所謂「巖穴之士，趨舍有時」耶？或疑《通辨》之詆象山未免過激，不知清瀾爲程朱學時，象山固未從祀。至嘉靖九年，陽明門人揭陽薛侃奏請，報可，時清瀾年三十四矣。清瀾以象山禪學流弊，而預知陽明流弊之所必至，語雖過激，此乃其衛道之苦衷，未可議也。孟子言誦詩讀書必論其世，余故表而出之，以俟夫後之議先儒祀典者。（據陳伯陶纂修：《東莞縣志》，臺北，學生書局，一九六八年影印本，第二二六七至二二七四頁。）

圖書在版編目(CIP)數據

陳建著作二種／(明)陳建撰；黎業明點校.—上海：上海古籍出版社，2015.11
(嶺南思想家文獻叢書)
ISBN 978-7-5325-7871-9

Ⅰ.①陳… Ⅱ.①陳… ②黎… Ⅲ.①陳建(1497～1567)—文集 Ⅳ.①B248.99-53

中國版本圖書館 CIP 數據核字(2015)第 260713 號

嶺南思想家文獻叢書
陳建著作二種
[明]陳　建　撰
黎業明　點校
上海世紀出版股份有限公司
上　海　古　籍　出　版　社　出版
(上海瑞金二路 272 號　郵政編碼 200020)
(1) 網址：www.guji.com.cn
(2) E-mail：guji1@guji.com.cn
(3) 易文網網址：www.ewen.co
上海世紀出版股份有限公司發行中心發行經銷
惠頓印刷實業公司印刷
開本 890×1240　1/32　印張 9.25　插頁 2　字數 178,000
2015 年 11 月第 1 版　2015 年 11 月第 1 次印刷
ISBN 978-7-5325-7871-9

B·925　定價：39.00 元

如有質量問題，請與承印公司聯繫